経済活動と背任罪

品 田 智 史 著

成 文 堂

はしがき

　背任罪（刑法247条）は、他の財産犯に比べて歴史が浅く、また、比較的に抽象・不明確な文言で構成されているため、これまでにも本格的な研究が少なからず行われてきた。もっとも、従来、背任罪を巡る議論の中心は、背信説と権限濫用説の対立に代表される、いわゆる背任罪の本質論が中心であり、そこでは「誰が背任罪の主体であるのか」という点が主な問題であった。しかしながら、実際に背任罪が問題となる多くの事件——例えば銀行の不正融資事案——においては、背任罪の主体が問題となることはほとんどなく、重要なのは、当該主体が行った措置が背任罪に該当するのかどうかという問題である。本書の問題関心は、この「どのような行為が背任罪なのか」という点に向けられている。

　この問題関心を、刑法247条との関係で具体化すれば、真っ先に問題となるのは、行為の要件である「任務に背く行為」（任務違背行為）であるが、従来、この背任行為の要件は、理論的には等閑視されてきた感があり、そのせいもあってか、実務においては同要件に相対することを避けてきたとすら言える状況にあった。本書では、まず、この背任行為の問題を解明することに取り組み、ドイツ刑法との比較法の手法を用いて、背任行為の判断において、従来、曖昧にしか位置付けられてこなかった刑法外の規範をどのように考慮すべきかを明らかにしたほか、法益帰属主体である「本人の意思」を背任行為の中核的基準とすることを提唱した。

　続いて、その検討結果を前提に、「どのような行為が背任罪なのか」に関わる他の要件、すなわち、結果要件である「財産上の損害」、主観的要件である「自己若しくは第三者の利益を図り又は本人に損害を加える目的」（図利加害目的）の要件について検討を加えている。どちらの要件についても、任務違背要件に比べると研究の蓄積は多いものの、問題点を残したまま議論が収束してしまった感があり、それらの解明に取り組むものである。

　本書は、以上の内容を中心に、著者がこれまでに公表してきた研究成果のうち、背任罪に関するものを一冊にまとめたものである。第三編から第六編

については、基本的には論文初出時の内容をそのままに若干の加筆修正を加えたにとどまるが、第一編と第二編は、それぞれ、関連する複数の論文を統合した上で、書き下ろしとして、論文初出以降の日本とドイツの展開について若干の補足を行っている。

　本書を構成する最初の論文は2008年にその原型が完成していたので、15年以上も前のものになる。当時の著者は、経済犯罪については可罰と不可罰、あるいは、立件される・されない行為の区別が曖昧であり、経済活動に従事する者にとっても、より明確な基準を呈示すべきである、というある意味で素朴な問題意識を抱えており、それが論文に強く反映されていたと思われる。そのまま一直線に本書の刊行を目指すことができていれば、損害の精確な金銭的量的を必須とするドイツ連邦憲法裁判所の立場を基本的に支持し、ドイツ背任罪の「損害」要件から示唆を得ようと、より詳細な比較研究をしていたのかもしれない。しかし、実際の著者は、そうしなかった。背任罪の立件が活発なドイツの状況下で、その歯止めとして機能する上記連邦憲法裁の考え方を、全く運用状況の異なる日本の解釈論において導入することに躊躇を感じたためである。このような考えに至ったのは、背任罪研究以外の色々な寄り道を経て、著者の問題意識も多少複雑になったからであり、言い訳がましくなるが、それはそれで一定の価値あるものだと考えている。

　本書の作業に当たって、昔の論文にさかのぼるほど、言い過ぎている部分や、粗い記述が目に付き、かなりの気恥ずかしさを覚えた。もっとも、既に公表されている記述ということもあり、基本的にはそのままにしてある。

　西内康人先生（京都大学教授）には、大変お忙しいなか、そのような原稿を読んでいただき、校正にとどまらない貴重な助言をいくつも頂戴した。ここに厚く御礼申し上げる。

　本書の刊行は多くの人に支えられたものである。

　まず、本書の刊行をお認めいただいた成文堂社長の阿部成一氏、そして、編集作業を担当いただいた篠崎雄彦氏に感謝申し上げる。特に篠崎氏には、長期間にわたって、本書が刊行されるのを見守っていただいた。

また、本書の出版刊行に当たっては、公益財団法人末延財団から助成をいただいた。心より感謝申し上げる。

勤務先である大阪大学、および、同僚の先生方には、着任当初の名実ともに若手研究者の頃から、もはや若手と呼べなくなりつつある現在に至るまで、2年にわたる長期在外研究期間を含め十分な研究時間を確保できる職場環境のほか、様々な知的刺激をいただいた。とりわけ、佐久間修先生（大阪大学名誉教授）には、着任以来大変手厚く遇していただいただけではなく、常に新たな問題に取り組み続ける先生の姿勢は、私の目標となっている。

何よりも、家族の理解・協力があったからこそ、研究者としての活動を十分に続けることができた。

恩師である塩見淳先生には、学部生時代の刑法総論の授業にはじまり、ゼミ、法科大学院と様々な講義でお世話になり、益体もない私の質問に根気よくご対応いただいた。さらに、私が研究者の道を志してからは、右も左もわからない私にゼロから丁寧にご指導くださり、私の無知・不勉強に度々呆れられつつも、研究者として独り立ちできるようになるまで、粘り強くお付き合いいただいた。私の研究についてのスタンスは、塩見先生のそれに倣っているつもりだが、15年以上経っても、あるいは、経ったからこそ、理想は遥かに遠いと感じる。本書の刊行にとどまらず、今後も、塩見先生からいただいた学恩に少しでも応えていけるよう精進していきたい。

最後に、私が研究者の道に進むか悩んでいた際、母に驚くほど強く背中を押された。母には大変な苦労をして大学に入れてもらったので、少しでも葛藤を見せれば私が直ちに引き返すと見越しての態度だったのだと、今にして思う。現在、研究者として曲りなりにも活動できているのは母のお陰である。本書の刊行を機会に、母に感謝の言葉を捧げたい。

2024年5月末日

品 田 智 史

目　次

はしがき（i）

初出一覧（xiv）

第 1 編
背任罪における任務違背（背任行為）に関する考察

第 1 章　我が国の状況 ……………………………………… 3

第 1 節　問題の設定 …………………………………… 3

第 2 節　背任行為に関わるいくつかの視点 ……………… 4

第 1 款　背任罪の本質に関する議論からの帰結（4）

第 2 款　背任罪の主体（6）

第 3 款　図利加害目的（8）

第 3 節　背任行為を巡る議論 ……………………………… 11

第 1 款　「任務違背」の定義（11）

第 2 款　「任務違背」の判断基準（13）

　第 1 項　形式説？（13）　　第 2 項　実質説（14）

　第 3 項　「不利益」概念（16）

第 3 款　判例における「任務違背」の判断（18）

　第 1 項　形式的判断と実質的判断（18）　　第 2 項　「不利益」基準（21）

　第 3 項　その他の基準（23）　　第 4 項　まとめ（24）

第 4 節　小　括 ……………………………………………… 25

第 2 章　ドイツにおける議論 ………………………………… 27

第 1 節　背任罪規定の構造 ………………………………… 27

第 1 款　はじめに（27）

vi 目 次

第 2 款　ドイツ刑法266条の形成過程 (28)

第 3 款　二つの構成要件の関係 (29)

第 4 款　背任罪の主体 (31)

第 5 款　故意の厳格化 (34)

第 2 節　背任行為 …………………………………………………… 35

第 1 款　濫用構成要件——権限濫用 (35)

第 2 款　背信構成要件——財産配慮義務違反 (36)

第 3 款　財産保護義務違反 (36)

第 1 項　私法との関係 (37)　　第 2 項　同　意 (38)

第 3 項　個別の義務違反行為との関係 (38)　　第 4 項　冒険的取引 (41)

第 4 款　まとめ (43)

第 3 節　最近の動向 ……………………………………………… 44

第 1 款　判　例 (45)

第 1 項　連邦通常裁判所2000年 4 月 6 日判決 (BGHSt 46, 30 ff.) (45)

第 2 項　連邦通常裁判所2001年11月15日判決 (BGHSt 47, 148 ff.) (47)

第 3 項　連邦通常裁判所2001年12月 6 日判決 (BGHSt 47, 187 ff.) (48)

第 4 項　連邦通常裁判所2005年11月22日判決 (キノヴェルト〔Kinowelt〕事件判決、BGH NJW 2006, 453 ff.) (49)

第 5 項　連邦通常裁判所2005年12月 2 日判決 (マンネスマン〔Mannesmann〕事件判決、BGHSt 50, 331 ff.) (52)

第 6 項　まとめ (55)

第 2 款　学　説 (56)

第 1 項　刑法外の規範との関係——客観的帰属論の導入 (56)

第 2 項　義務違反の判断——とりわけ支持不可能性 (Unvertretbarkeit) について (60)

第 3 項　調査過程の考慮 (67)

第 4 節　小　括 ………………………………………………… 74

第 5 節　その後のドイツ背任罪をめぐる展開 ……………… 79

第 1 款　背任罪の合憲性についての連邦憲法裁判所第二法廷2010年 6 月23日決定 (79)

第1項　事案の概要（79）

第2項　罪刑法定主義（明確性の要請）について（81）

第3項　刑法266条の憲法適合性（84）

第4項　三つの事件について（86）

第5項　本決定の評価とその後の展開（89）

第2款　保護目的連関をめぐる最近の裁判例の展開（90）

第3款　義務違反の重大性をめぐる最近の裁判例の展開（92）

第4款　その後の展開のまとめ（93）

第3章　背任行為の画定 94

第1節　刑法外の規範との関係 94

第2節　任務違背の判断 96

第3節　調査過程の考慮 99

第4章　不正融資に対する刑事責任
——経営判断原則と背任罪 103

第1節　検討の対象 103

第2節　背任罪の成否について 106

第1款　任務違背（106）

第2款　図利加害目的（109）

第3節　経営判断原則と背任罪 110

第1款　任務懈怠責任と経営判断原則（110）

第2款　不正融資における経営判断原則と背任罪（113）

第1項　経営者に対する裁量の肯定——結果責任の否定との関係（113）

第2項　金融機関の融資業務における経営判断原則の限定（115）

第3項　取締役の法令遵守義務の意味（116）

第4項　図利加害目的と経営判断原則（116）

第4節　本章のまとめ 117

viii 目 次

第5章 むすび 118

第1節 本編のまとめ 118

第2節 私見への批判を受けて 119

第2編
財産上の損害概念の諸相と背任罪の「損害」要件

第1章 はじめに──問題の所在 125

第2章 背任罪の損害を巡る議論 129

第1節 全体財産の意義 129

第2節 全体財産に対する罪と個別財産に対する罪 132

第1款 二つの概念の異同 (132)

第2款 各財産概念と全体財産 (133)

第3節 損害の構成要素・評価方法 135

第1款 損害の構成要素 (135)

第2款 損害の評価方法 (138)

第1項 「実害発生の危険」と「経済的見地から見た損害」 (138)

第2項 債務負担事例と担保権喪失事例に見る判例・学説の「実害」と「経済的見地」 (140)

第3項 被害者の個別的・主観的事情の考慮 (144)

第4項 経済的見地による具体的な損害判断 (147)

第4節 小 括 151

第3章 詐欺罪の損害を巡る議論 153

第1節 従来の財産上の損害を巡る議論 153

第2節 詐欺罪独自の損害概念の展開 155

第3節 詐欺罪における損害の内容 159

目　　次　ix

第4節　小　　括 ……………………………………………… 161

第4章　その他の損害を巡る議論 ……………………… 163
第1節　権利行使と詐欺・恐喝 ……………………………… 163
第2節　財産上の利益に対する犯罪 ………………………… 165
第3節　不法領得の意思 ……………………………………… 167

第5章　ここまでのまとめ ………………………………… 170

第6章　背任罪の「財産上の損害」要件についての
　　　　検討 ………………………………………………… 172
第1節　背任罪の特徴 ………………………………………… 172
第2節　考慮される損害の範囲──実質的損害との関係

……………………………………………………………… 173

第1款　金銭的価値に限られるか（金銭的な量定、あるいは、
　　　　その可能性が必要か）（173）
第2款　詐欺罪の損害概念との違い（174）
第3款　経済的価値への限定（175）
第4款　背任罪の行為態様と損害（176）
第3節　損害の直接性 ………………………………………… 177
第4節　一時使用の取扱い …………………………………… 178
第5節　さらなる検討 ………………………………………… 179
第1款　任務違背と損害の一体化（限界撤廃）の問題（179）
第2款　私見による個別事例のいくつかの検討（181）

第7章　むすびにかえて …………………………………… 184

x　目　次

第3編

背任罪の図利加害目的について

第1章　はじめに ………………………………………………………… 189

第2章　図利加害目的の概要 ……………………………………… 190
第1節　沿　革 ………………………………………………………… 190
第2節　「利益」・「損害」の内容 ………………………………… 191
第3節　図利加害目的の意義 ……………………………………… 191
第1款　問題の所在 (191)
第2款　学　説 (192)
第3款　判　例 (193)
第4款　消極的動機説 (195)

第3章　検　討 ……………………………………………………………… 198
第1節　他の財産犯における「本人の利益を図る動機」
　　　　　 ………………………………………………………………… 198
第1款　横領罪 (198)
第2款　移転罪 (202)
第2節　客観的構成要件と「本人の利益を図る動機」の
　　　　　 関係 ………………………………………………………… 203
第1款　財産上の損害と「本人の利益を図る動機」(203)
第2款　任務違背と図利加害目的の関係 (203)
第3節　「本人の利益を図る動機」の意義 ……………………… 206
第1款　任務違背を形式的に捉える場合 (206)
第2款　任務違背を実質的に判断する場合 (207)
第3款　本人の意向と経済合理性 (212)

目　次　xi

第4章　むすびにかえて································· 214

第4編
背任罪の共犯──不正融資の借り手の刑事責任について

第1章　問題の所在································· 219

第2章　判例とそれに対する学説の対応··············· 221

第3章　若干の考察································· 224

第5編
会社法罰則（特別背任罪）のエンフォースの動向に対する理論的な評価

第1章　はじめに·································· 231

第2章　刑事罰によるエンフォース················· 234
　第1節　金融商品取引法のエンフォースとの異同········· 234
　第2節　会社犯罪の保護法益と刑事行政·············· 235
　第3節　会社犯罪の訴追選択基準·················· 239

第3章　特別背任罪の解釈と訴追状況··············· 242
　第1節　図利加害目的·························· 243
　第2節　任務違背··························· 244
　第3節　相手方の共犯························· 246
　第4節　まとめ···························· 248

xii　目　次

第4章　むすび 250

第6編
クレジットカードシステムと背任罪

第1章　はじめに 255

第2章　背任罪構成要件について 256
第1節　総　説 256
第2節　背任罪の本質 257
第3節　背任罪の構成要件一般 257
第1款　事務処理者 (257)
第2款　任務違背 (259)
第3款　財産上の損害 (259)
第4款　図利加害目的 (260)
第5款　他罪との関係 (260)

第3章　クレジットカードシステムにおいて背任罪が問題になり得る場面 262
第1節　カード会員が他人にカードを使用させていた場合 262
第2節　加盟店の従業員がカードの不正利用者と通謀している、若しくは、途中で不正利用に気付いた場合 264
第1款　加盟店との関係 (264)
第2款　カード会社との関係 (266)

第3節　加盟店の従業員が、架空売買により代金をカード
　　　会社から得る場合 ……………………………………… 268

第4章　おわりに ………………………………………… 270

判例索引 ………………………………………………… 271

初出一覧

第一編　背任罪における任務違背（背任行為）に関する考察

「背任罪における任務違背（背任行為）に関する一考察（1）（2・完）」阪大法学59巻1号（2009年）101-152頁、59巻2号（2009年）41-94頁

「不正融資に対する刑事責任」阪大法学61巻3＝4号（2011年）231-244頁

書き下ろし

第二編　財産犯における財産上の損害概念の諸相と背任罪の「財産上の損害」要件

「財産犯における財産上の損害概念の諸相と背任罪の『損害』概念」川端博ほか編『理論刑法学の探究6』（成文堂、2013年）165-200頁

「背任罪における財産上の損害要件について（1）」阪大法学61巻6号（2012年）79-109頁

書き下ろし

第三編　背任罪の図利加害目的について

「背任罪の図利加害目的について」阪大法学70巻1号（2022年）35-66頁

第四編　不正融資に対する借り手の刑事責任

「不正融資に対する刑事責任」阪大法学61巻3＝4号（2011年）244-256頁

第五編　会社法罰則によるエンフォース

「第3編　会社法規範のエンフォースの実際　第1章第2節　刑事法によるエンフォース」山田泰弘・伊東研祐編『会社法罰則の検証』（日本評論社、2015年）155-172頁

第六編　クレジットカードシステムと背任罪

「クレジットカードシステムと背任罪」立命館法学351号（2014年）429-440頁

第1編

背任罪における任務違背（背任行為）に関する考察

第1章　我が国の状況

第1節　問題の設定

　背任罪（刑法247条）は、その構成要件を見ると、処罰範囲が広範に及び得るものであり、かつ、その外延も明確とはいい難い。そこで、特に学説において、背任罪の成立範囲を限定し、明確化しようと様々に試みられてきた。もっとも、従来、考察の対象は、背任罪の本質論と、それに関連する「他人のためにその事務を処理する者」（事務処理者）という主体の要件であった。

　ところで、実際に背任罪が問題となる事件——例えば、銀行の不良貸付事例——では、行為者が「事務処理者」であることが明らかな場合がほとんどである。このような場合、重要となるのは、「事務処理者」か否かではなく、事務処理者が具体的に行うことのできる行為はどこまでかとの判断であろう。見方を変えて次のように述べてもよい。背任罪は、ホワイトカラー犯罪[1]及び経済犯罪[2]の一つとして挙げられ、経済活動と密接な関係を有する犯罪である。経済活動においては、合理的な計算に基づいて行動が決定されるため、許される行為の限界を画定する必要性が大きい、と[3]。

　刑法247条においてなすべきでない「行為」を規定している文言は「その任務に背く行為」（任務違背行為）である。しかし、この文言だけでは、窃盗罪（刑法235条）の「窃取する」や詐欺罪（刑法246条）の「欺いて財物を交付さ

（1）　同概念の創始者であるサザーランドによれば「名望ある社会的地位の高い人物がその職業上犯す犯罪」と定義される。Edwin Hardin Sutherland, White Collar Crime（1949）p.9. 邦訳として、E.H. サザーランド著、平野龍一＝井口浩二訳『ホワイトカラーの犯罪』（岩波書店、1955年）8頁以下参照。

（2）　「経済犯罪」という概念は多義的であるが、背任罪は「企業体の経済利益を脅かす犯罪」としてそこに含まれるといえよう。神山敏雄『経済犯罪の研究　第1巻』（成文堂、1991年）7頁参照。

（3）　平野龍一「経営者の刑事責任」同『犯罪論の諸問題（下）』（有斐閣、1982年）42頁。

せる」行為と比べ、文言から直ちに「行為」の中核部分を感得することは難しいといえよう。そのため、任務違背要件に関しても背任罪の他の要件と同様に限定・明確化の必要性があるはずだが、従来ほとんど議論されてこなかった。背任罪に関する判例の中には、「自己若しくは第三者の利益を図り又は本人に損害を加える目的」（図利加害目的）という主観的要件を判断する際に、任務違背に関わる客観的な事情を「手がかり」として考慮するものが見受けられる。このことは、任務違背要件の内容が不明確であり議論が尽くされていないため、本来そこで議論されるべきものが主観的要件に取り込まれているとも評価され得るのである。

　本稿は、主として経済活動の場面を念頭に置いた上で、今まで立ち入った議論のなかったように思われる背任罪における任務違背行為（以下では「背任行為」とも呼ぶこともある）を解明することを目的とする。以下では、まず、これまで我が国の判例及び学説において背任行為がどのように捉えられてきたのかを概観する。

第2節　背任行為に関わるいくつかの視点

第1款　背任罪の本質に関する議論からの帰結

　背任罪に関しては、その本質を確定することが従来の議論の中心となっていた[4]。では、背任罪の本質を巡る議論から背任行為の内容についてどのような帰結が導かれるのか。まずはその点から検討を始めたいと思う。

　背任罪の本質[5]を巡っては、周知の通り、権限濫用説と背信説が対立して

（4）　日本法における背任罪の沿革については、江家義男「背任罪の研究」『江家義男教授刑事法論文集』（早稲田大学出版部、1959年）86頁以下（初出：早稲田法学21巻〔1943年〕）、上嶌一高『背任罪理解の再構成』（成文堂、1997年）116頁以下、内田幸隆「背任罪の系譜、およびその本質」早稲田法学会誌51巻（2001年）105頁以下等を参照。近時の文献として、松宮孝明「背任罪における『財産上の損害』、『任務違背』、『図利加害目的』の関係」立命館法学375＝376号（2018年）422頁以下、林弘正『横領罪と背任罪の連関性』（成文堂、2022年）1頁以下、樋口亮介「背任罪の構造：二元的理解の構築に向けて」法曹時報75巻12号（2023年）1頁以下。

（5）　背任罪の本質を巡る議論一般について日独の沿革をまじえた詳細な研究を行っているのは、上嶌・前掲注（4）11頁以下。

いた。権限濫用説の主唱者は、我が国では瀧川幸辰とされる。瀧川は、背任罪の本質を「法律上の処分権限ある者が権限を濫用して事務を処理する点」に見出し、「『其任務ニ背キ』といふ以上は一定の権限あることを前提とする」と述べる[6]。ここに言う「権限」の内容について瀧川がどのように考えていたかは明らかではない[7]。しかし、一般的には、「権限」とは法的代理権を指すと理解されている。この権限——代理権——濫用説によれば、そもそも、法律上有効な代理権を有しない者は、背任罪の主体とはなり得ないことのほか、背任行為に関しては次のような帰結が導かれる。すなわち、代理権の範囲にある有効な法律行為でなければならず、代理権を逸脱した行為や無効な行為は含まれないこと、である[8]。

　他方、背任罪の本質を（特別な）信任関係の違反に求める背信説によれば、広く信任関係に違背する行為が背任行為となる。すなわち、行為が法律行為であるか事実行為であるか、法律上有効か無効か、作為か不作為かは問われない[9]。同説からは、背任行為に関する限定はほとんど引き出されないのである。

　もっとも、留意を要するのは、権限濫用説も、どのような行為が「権限濫用」と評価されるのかを明らかにするものではない点である。背任罪の本質論から導き出されるのは、背任行為は法律行為だけなのか、又は、事実行為も含むのかという大枠だけである。背任罪として処罰される行為と処罰されない行為の限界を画するためには、さらなる考察が必要となるのである。

（6）　瀧川幸辰「背任罪の本質」民商法雑誌1巻6号（1935年）11頁、また瀧川幸辰『刑法各論増補』（世界思想社、1968年）169頁参照。

（7）　この点に関して、団藤重光編『注釈刑法第6巻』（有斐閣、1966年）278頁〔内藤謙〕、平野龍一「横領と背任、再論」同『刑事法研究最終巻』（有斐閣、2005年）80頁（初出：判例時報1680号、1683号、1686号、1689号〔1999年〕）、塩見淳「背任罪」法学教室297号（2005年）48頁参照。

（8）　これらの点につき、木村亀二「背任罪の基本問題」法学志林37巻8号（1935年）5頁、江家・前掲注（4）120頁、上嶌・前掲注（4）21頁、林幹人『刑法各論〔第2版〕』（東京大学出版会、2007年）267頁等参照。

（9）　江家義男「背任罪の解釈学的考察」前掲『江家義男教授刑事法論文集』163頁（初出：早稲田法学23巻〔1945年〕）等参照。

6 第1編 背任罪における任務違背（背任行為）に関する考察

第2款 背任罪の主体

　我が国では背信説が多数説となっている[10]。しかし、単に「信任違背」
というだけでは、背任罪の成立範囲が広範に及ぶため、同説の論者は、個々
の要件、とりわけ、「事務処理者」の解釈に際して限定を加えている。具体
的な試みとしては、「事務」の範囲を財産的事務に限ること、「事務」の内容
を包括的あるいは裁量的なものとすること、本人との信任関係の程度を（と
りわけ横領罪と比較して）高度のものとすること、信任関係を内部的な委託に
基づくものにとどめること等である[11]。しかし、これらの限定は、背任罪
のいわば周辺部分に関わるものであって、背任行為の規定付けに関してさほ
どの意味を持つものではない。

　さらなる試みとして、権限濫用説の要素を再度取り入れようとする見解が
挙げられる。背信的権限濫用説、新しい権限濫用説と呼ばれる見解がそれで
ある。背信的権限濫用説は、背任罪の本質においては背信説を妥当としなが
らも、その主体を法的代理権に限られない一定の権限を有する者に限ること
とし、この権限の濫用に背任罪を認める見解であり[12]、新しい権限濫用説
とは、名称の通り権限濫用説を出発点としながらも、背任行為を法律行為の
みならず、「事実上の事務処理権限の濫用」と言い得る行為が含まれるとす
るものである[13]。出発点とする立場は異なるものの、背任罪の主体に一定

---

(10)　判例は、事実行為や権限逸脱行為に背任罪の成立を肯定していることから、少なくとも代理
　　権濫用説には立たないとされている（「任務違背」の判断に関して行為の有効無効の判断をし
　　なかった原審の判断を是認した最決昭和38年3月28日刑集17巻2号166頁参照）。
(11)　団藤重光『刑法綱要各論〔第3版〕』（創文社、1988年）652頁、中森喜彦『刑法各論〔第2
　　版〕』（有斐閣、1996年）170頁、林（幹）・前掲注（8）272頁、平川宗信「背任罪」芝原邦爾
　　ほか編『刑法理論の現代的展開―各論』（日本評論社、1996年）239頁、山中敬一『刑法各論
　　〔第2版〕』（成文堂、2009年）410頁、曽根威彦『刑法の重要問題　各論〔第2版〕』（成文堂、
　　2006年）233頁、佐久間修『刑法各論』（成文堂、2006年）229頁、前田雅英『刑法各論講義
　　〔第4版〕』（東京大学出版会、2007年）326頁、川端博『刑法各論講義』（成文堂、2007年）352
　　頁等参照。近時、今井猛嘉ほか『刑法各論』（有斐閣、2007年）215頁〔島田聡一郎〕は、背信
　　説を基本として、「被害者から、特定された財産管理を命じられまたは黙示に委ねられている
　　者が、その管理権を濫用または逸脱し、被害者に財産上の損害を加えること」を背任として理
　　解する（管理権説と名付けられている）。この見解は、従来なかった背任罪の限定方法を示す
　　ものであると思われる。
(12)　藤木英雄『刑法講義各論』（弘文堂、1978年）343頁、大塚仁『刑法各論上巻〔改訂版〕』（青
　　林書院、1984年）651頁。また、大谷實『刑法講義各論〔新版第3版〕』（成文堂、2009年）
　　315頁。

の「権限」を要求し、背任行為を「権限」濫用行為とする点で、両説の実際の内容は似かよっている[14]。

　これらの見解は、行為者に権限を要求するという意味で背任罪の主体を限定するだけではなく、権限の「濫用」が背任行為であるという意味で、同行為の内容を明らかにする主張であるようにも見える。しかし、近時の権限濫用説における権限の「濫用」は、背信説に比して背任行為の内容を絞り込むものではない。これらの見解の要点は、背任罪と同じく信任違背を処罰するための犯罪であるとされる横領罪から背任罪を区別するために、「権限逸脱」を横領罪に「権限濫用」を背任罪に分配することにある[15]と考えられるからである[16]。実際、この立場に立つ論者からは、横領罪の成立の余地がない財産上の利益に関しては、権限逸脱も背任罪になるとされている[17]。その点はひとまず措くとしても、「権限」の行使が濫用にあたるか許容されるものかの区別がどのように行われるのかの基準は、いずれにせよ示されていないと言わねばならない。

　そもそも、近時の権限濫用説による主体の限定も成功しているとはいい難いものであった。法律行為を行う権限に限られない事実上の事務処理権限が行為者に備わっていなければならないことはわかるものの[18]、権限の具体的内容が示されることはほとんどなかったからである[19]。ただし、少数な

---

(13)　内田文昭『刑法各論〔第3版〕』（青林書院、1996）345頁、平野・前掲注（7）34頁以下。

(14)　塩見・前掲注（7）47頁、松宮孝明『刑法各論講義〔第2版〕』（成文堂、2008年）277頁、また、川端・前掲注（11）349頁、前田・前掲注（11）322頁も参照。

(15)　植松正『再訂刑法概論Ⅱ』（勁草書房、1988年）452頁（もっとも、背任罪と横領罪は一般法と特別法の関係にあるとも述べている）、藤木・前掲注（12）354頁、大塚・前掲注（12）655頁。

(16)　山口厚『問題探究刑法各論』（有斐閣、1999年）194頁では、近時の権限濫用説は「処罰範囲の限定というよりも、むしろ背任罪と同様に信任関係の侵害を要件とする横領罪から背任罪を区別することに、主張の重点があると考えられる」と述べられている。

(17)　内田（文）・前掲注（13）347頁。

(18)　ここでは、そもそも背任罪の主体に「権限」が要求されるのかという点については詳しく立ち入らない。この点に関し、塩見・前掲注（7）47頁は、事務処理者に「権限」を要求する積極的根拠がないとする。

(19)　平川・前掲注（11）238頁、内田（幸）・前掲注（4）135頁。西田典之『刑法各論〔第4版〕』（成文堂、2007年）231頁は「権限の意義をここ〔事実上の事務処理権限〕まで広げるのであれば、その実質は背信説と異ならないとする」（〔　〕内は引用者挿入）と批判している。また、塩見・前掲注（7）48頁参照。

がら「権限」の内容を示そうとの試みも見られる。論者は、背任罪が「詐欺及び恐喝の罪」の章に置かれたところから、詐欺・恐喝罪と同様、背任罪を被害者の財産についての瑕疵ある処分意思を基礎とする財産犯と性格付けする。ここから、事務処理者とは、「本人に代わって法律行為による財産処分についての意思内容を決定することが許されている」者、具体的には、「本人の財産処分についての意思内容決定過程そのものに関与する者」及び「意思内容決定過程そのものには関与しないが、その決定過程を監督する者」であると説く[20]。

　この見解は、「権限」の内容を「財産処分の決定過程全般のいずれかに関わる権限」と見ているといえよう。これにより、背任行為には、監督行為も含まれ、法律行為に限られないことは明らかとなった。しかし、そのような「権限」のもと、どのような行使の態様が背任行為に当たるのかについては言及がなく、不分明なままに終わっているのである。

　以上の検討からは、背任行為の範囲は、背任罪の主体を限定しようとする様々な試みによっても、十分に画定されているとはいえないということがわかるように思われる。

第3款　図利加害目的

　刑法247条は、主観的要件として故意以外にいわゆる図利加害目的を要求している。同目的の意義・内容についても、背任罪の本質及び主体の範囲と並んで盛んに議論が行われてきた。留意されるべきは、本来背任行為において考慮されるべき客観的事情が、「図利加害目的」要件に取り込まれているように見える点である。判例は、伝統的に「（主として）本人の利益を図る目的」があれば図利加害目的を否定していると見られる[21]が、下級審裁判例は、そのような目的を「本人の利益を裏付ける客観的事情」を重視して認定する傾向にあるからである[22]。

---

(20)　上嶌・前掲注（4）245頁。意思内容決定権説と呼ばれる。
(21)　大判大正3年10月16日刑録20輯1867頁（銀行の取締役が、銀行の信用面目を保持するために不当な利益配当を行った事案）、大判大正15年4月20日刑集5巻136頁（震災により倒壊した寺の住職が、修繕費用を工面するため木像を買戻約款付きで売却したという事案）。
(22)　上嶌・前掲注（4）272頁、島田聡一郎「取引の相手方による背任行為への加功」上智法学

例えば、新潟地判昭和59年 5 月17日判時1123号 3 頁（大光相互銀行事件）は、「弁護人は、本件各融資がＡ社に対する既存の債権回収を図るため必要最小限度の範囲で行われたものであると主張するけれども、既に認定した本件当時のＡ社の業況、資産状態、担保の徴求状況等からすれば、客観的にみて既存債権の回収はもとより、本件各融資金の確実な回収は到底期待できない状況であったのであるから、被告人がその内心において債権回収を図る意図を有していたとしても、それは現実的可能性に乏しい単なる期待ないし願望に過ぎない」〔強調、引用者〕として図利加害目的を肯定し、また、大阪高判平成 8 年 3 月 8 日判時1590号149頁（大阪府民信組事件）も、「Ｂホテルの再開発プロジェクトなるものは、それ自体実現可能性の極めて乏しいものであり、被告人においても、……その当時、土地建物の権利関係や行政上の許認可の有無・可否等、再開発のための基本的な事項さえ監督官庁等関係機関で調査した形跡も見られないのであって、再開発利益による回収は、原判決がいうように、期待ないし願望に過ぎないものであり、これがあるために府民信組の利益を図る目的があったとか、府民信組を害する目的がなかったとか評価することはできない」〔強調、引用者〕と述べている。

　また、相互銀行の役員らが、土地の購入資金及び開発資金等の不正融資を行ったとして特別背任罪に問われた事案である最決平成10年11月25日刑集52巻 8 号570頁（平和相互銀行事件）は、「本件融資に際し、Ｃが募集していたレジャークラブ会員権の預かり保証金の償還資金を同社に確保させることにより、ひいては、Ｃと密接な関係にあるＯ相互銀行の利益を図るという動機があったにしても、右資金の確保のためにＯ相互銀行にとって極めて問題が大きい本件融資を行わなければならないという必要性、緊急性は認められないこと等にも照らすと、……それは融資の決定的な動機ではなく、本件融資は、主として右のようにＣらの利益を図る目的をもって行われたということができる」と判示して、本人図利の動機が決定的ではないという認定を行う際に、融資が本人（Ｏ相互銀行）に与える問題の大きさ、及び、融資の必要性・緊急性の不存在という客観的事情に言及している。

50巻 3 号（2006年）44頁等参照。

10 第1編 背任罪における任務違背（背任行為）に関する考察

　確かに、行為者の主観面を認定する際に、客観的事情も間接証拠として用いられるのは当然である[23]。しかし、問題となる行為に「本人の利益を裏付ける客観的事情」があるならば、そもそも客観的に背任行為ではない、ということも可能であるように思われる[24]。このような事情と背任行為の関係を議論する必要があるといわねばならないであろう。

　この点を巡っては、近時、任務違背と関係付けつつ図利加害目的の意義を捉え直そうとする見解も唱えられているところである。同説は、任務違背を「本人にとって実質的に不利益な行為」と捉え、その認識を故意の内容として要求することによって、図利加害目的は、本人に実質的に不利益な行為を行うことが許されるとの評価の錯誤のケースを不可罰とする旨を規定したものだと主張する[25]。この見解は、図利加害目的で考慮されていた客観的事情を任務違背要件の考慮要素として位置付けていると評価できよう[26]。もっとも、本説の要点は図利加害目的の意義を確定することにあり、任務違背に関して十分な議論が行われているわけではない。

　では、刑法247条の「その任務に背く行為」という要件自体に関しては、判例・学説においてどのような解釈が行われてきたのか。引き続いて検討する。

---

(23)　前掲最決平成10年11月25日が、明確にそのような判断を行っている点については上田哲・最判解刑事篇平成16年度434頁以下（最判平成16年9月20日刑集58巻6号524頁に関するもの）、佐伯仁志「判批」ジュリスト1232号（2002年）195頁も参照。

(24)　上田・前掲注（23）435頁参照。

(25)　上嶌・前掲注（4）263頁以下参照。

(26)　なお、山口・前掲注（16）204頁以下は、本人図利目的は意味の認識を含む「任務違背の認識」に解消されることになるということを前提として、図利加害目的に意味を持たせるために、図利加害目的要件に主観面に限らず客観面も積極的に取り込もうとする。すなわち、同書においては、任務違背の内実を「財産処分行為をそれ自体として見たときの、本人に対する不利益性」を問題とするものであるとし、客観的に「（トータルな判断として）本人に対する不利益性が否定されることにより信任関係を侵害する行為でなくなる」という理由で図利加害目的が否定されるとする。この見解と本文で紹介した見解は併せて「実質的不利益性認識説」とも呼ばれる。今井ほか・前掲注（11）215頁以下〔島田〕、伊藤渉ほか『アクチュアル刑法各論』（弘文堂、2007年）251頁〔鎮目征樹〕参照。また、内田幸隆「判批」刑事法ジャーナル5号（2006年）152頁も参照。

第1章　我が国の状況　　11

第3節　背任行為を巡る議論

第1款　「任務違背」の定義

　「任務違背」概念は、古くは、「任務に背くことは、法律上要求せられる注意を欠くことを謂ふ」[27]、「委託の趣旨に反する行為を謂ふ。其の委託の趣旨は信義誠実の観念によって考えなければならぬ」[28]、「任務とは当該事務の性質本旨に従い適当に之を処理すべき義務を謂ふ」[29]、「犯人の地位に照らして問題となる一定の義務違背の行為を謂ふ」[30]、「事務の性質上一般的な信義誠実義務の要求するところの信任関係に違反する行為」である[31]、などと定義されていた。

　以上の定義は、全て背信説に立つ論者によるものであるが、これ以降も、背信説からの定義に基本的な違いはない。すなわち、江家義男が、背任行為を、「信義誠実の観念に反する事務処理」であるとしている[32]のを筆頭に、「誠実な事務処理の法的期待に反する行為」[33]、「その事務の処理者として当該事情のもとで当然なすべく法的に期待される行為」[34]、「事務処理における信任関係に違背する行為、すなわち、その事務の処理者として当該事情のもとで信義則上当然なすべく期待される行為をしなかったこと」[35]、などと述べられている[36]。論者によって若干ニュアンスが異なるものの、内容は基本的に同一と考えてよいであろう。

---

(27)　牧野英一『日本刑法　下巻各論〔重訂版〕』（有斐閣、1938年）935頁。
(28)　小野清一郎『刑法講義各論〔新訂増補版〕』（有斐閣、1950年）597頁。
(29)　泉二新熊『刑法大要〔増補32版〕』（有斐閣、1936年）632頁。
(30)　宮本英脩『刑法大綱〔第4版〕』（弘文堂、1935年）395頁。
(31)　木村・前掲注（8）12頁。木村は四つの定義をほぼ同じ意味であると述べている。
(32)　江家・前掲注（9）163頁。
(33)　中森・前掲注（11）173頁。
(34)　団藤編・前掲注（7）286頁〔内藤〕。
(35)　大塚仁ほか編『大コンメンタール刑法13巻〔第2版〕』（青林書院、2000年）184頁〔日比幹夫〕。
(36)　なお、任務違背行為を、「組織的財産運用の場において実質的な財産処分事務に関わる者に通常要求されるような義務を実質的に侵害する行為」とする見解（平川・前掲注（11）248頁）も、限定されているのは主体の範囲だけであり、任務違背については他の定義と等しいといえるであろう。

12   第1編　背任罪における任務違背（背任行為）に関する考察

　このことは、背任罪の特別規定とされている特別背任罪（会社法960条等）における「その任務に背く行為」にも当てはまる。すなわち、「事務処理における会社との信任関係に違背すること」[37]、特別背任罪の「主体たる身分を有する者が、その任務である事務処理のうえで、性質上一般的に要求される信義則から生ずる信任関係に違反する行為をなすこと」[38]、などと定義されているのである。

　任務違背の定義という点では、権限濫用説のもとでも状況はさして変わらない。まず、代理権濫用説によれば、代理権の濫用が任務違背行為となる。しかし、前述のように、同説の論者によって「濫用」概念が具体化されているわけではない。瀧川は、任務違背要件につき、「『その任務に背き』という以上は一定の権限あることを前提とする」とし、「時宜に応じ適当の処置をとる権限ある者にして始めて『其任務に背きたる行為を為し』得るのである。謂ゆる誠実義務違反は種々の処置をとり得る権限のコレラートでなければならない」と述べるのみである[39]。

　背信的権限濫用説の論者においても、例えば、「任務違背とは、事務処理者がその権限・職責の行使として行った事務の処理が、当該の事情のもとで当然為すべきものと期待される基準にみたないことをいう」[40]、「本人の事務を処理する者として当然行うべき法律上の義務に違反した行為を意味する」[41]、「『任務』とは、その事務の処理者として当該具体的事情のもとで当然になすべきものと法的に期待される行為をいう」[42]、などと述べられている。「権限濫用」という以上、権限逸脱行為は含まれないことが前提となるが、その余の点で「任務違背」の定義それ自体は背信説と異なるものではない[43]。

　新しい権限濫用説からは、「事実上の事務処理権限の濫用」が背任行為と

───────────

(37)　上柳克郎ほか編『新版注釈会社法13巻』（有斐閣、1990年）561頁〔芝原邦爾〕。
(38)　平野龍一ほか編『注解特別刑法第4巻〔第2版〕』（青林書院、1991年）25頁〔佐々木史郎〕。
(39)　瀧川・前掲注（6）「背任罪の本質」16頁。
(40)　藤木・前掲注（12）345頁。
(41)　大塚・前掲注（12）660頁。
(42)　大谷・前掲注（12）318頁。
(43)　このことは、前述したように、同説の論者が、「権限濫用」という概念を、背任罪を横領罪から区別するために用いているということを示す論拠ともいえる。

して捉えられている[44]。ただし、同説の支持者においては、濫用説を出発点とする同説と背信説を出発点とする背信的権限濫用説の違いを重視して、「権限濫用」とは背信説と対立する意味で用いられているのであって、権限の「逸脱」も背任行為に含まれる、との指摘が見られる[45]。しかしながら、背任行為についてそれ以上の具体的な内容は示されていない。

以上を要するに、「任務違背」概念は、「信義誠実」、「事務の本旨」、「法的期待」等に対する違背という以上には定義されておらず、少なくとも定義のレベルでは、背任行為の内容は極めて曖昧であることが明らかといえる。それでは、学説及び判例が実際にどのような基準をもって任務違背の有無を判断しているのかを見ることにしよう。

第2款 「任務違背」の判断基準
第1項 形式説？

任務違背の判断基準を巡っては、まず、「法令、予算、通達、定款、内規、契約等に反する行為であれば、それが財産的損害を生ぜしめる性質のものであるかぎり」、原則的に任務違背になり、「あとは財産的加害の認識および図利加害目的（反対にいえば、本人のためにする意思）の有無を検討すれば足りると思われる」との指摘がある[46]。これは、任務違背を明示された規範に従って形式的に判断する説と理解されているようである[47]。しかし、本説が、実際に任務違背判断を形式的にのみ行っているとはいい難いように思われる。事務処理者が事務処理に際して守らなければならない規範は、手続規定のような形式的なものだけでなく、例えば、受任者の善管注意義務（民法644条）や株式会社の取締役の忠実義務（会社法355条）のような一般条項的な義務もある。しかし、そのような規範との関係は明らかにされていない。また、いわゆる冒険的取引の場面において、「裁量権の範囲内であるかぎり任務違背とはならない」とするのみで、法令等の義務の違反との関係が言及

---

(44) 内田（文）・前掲注（13）345頁。
(45) 平野・前掲注（7）84頁。
(46) 西田・前掲注（19）234頁。
(47) 山口厚『刑法各論』（有斐閣、2003年）320頁、上田・前掲注（23）435頁。

されていない[48]など、法令等に拠る形式的な判断という枠組は維持されていないと見られるからである。

特別背任罪に関しても、「当該行為が法令、定款、内規等に違反する場合は、そのことにより、ただちに任務違背ありということができ」、「実質的に会社の不利益になるかどうか」ということは、図利加害目的ないしは財産上の損害の点で評価されるべきであるとの見解が主張されている[49]。もっとも、一方で、法令等に違反していない場合は、「具体的事案に応じて、会社の信任に反したかどうかを吟味することになる」とし、「法令、定款、内規等に従っていたとしても、任務違背となる場合があることはいうまでもない」とされる。法令等の違反という形式的基準が任務違背を肯定する方向でのみ片面的に適用されることが正面から認められているのである。

以上の見解は、（形式的な）法令等の違反を、任務違背を判断する際の一つの資料と考えるというにとどまるといえよう。それらによっても、法令等の違反がなければ任務違背が否定されるわけではなく、別の実質的な基準によって任務違背の有無が審査されるのである。このような判断の実質は次のような主張においても変わらないと解される。すなわち、法令・内規を、「違背すれば本人に財産上の損害を及ぼす虞れのある性格のもの」、「違背しても会社に財産上の損害を及ぼす虞れのないもの」、「中間的色彩のもの」に分け、最初の分類に属する法令・内規に違反すれば直ちに任務違背となり、後二者の場合には、善管注意義務が決定的な基準となるとする主張[50]である。善管注意義務自体は法令に由来するが、その具体化は実質的基準の導入によらざるを得ないのである[51]。

第2項 実質説

学説の大勢は、任務違背行為の有無を、法規違反から離れて実質的に考え

---

(48) 西田・前掲注（19）235頁。
(49) 伊藤榮樹ほか編『注釈特別刑法第5巻』（立花書房、1986年）133頁〔伊藤榮樹〕。
(50) 吉永祐介「判例からみた特別背任罪の諸問題」警察学論集23巻7号（1970年）63頁。
(51) 任務違背の判断が善管注意義務の誠実な履行にかかると述べるのは平野ほか・前掲注（38）25頁〔佐々木〕。もっとも、善管注意義務に違反すれば、それがどのような内容の違反であっても直ちに任務違背となると考えているのかは不明である。

ようとしている。すなわち、処理すべき事務の性質に照らし具体的状況にお
いて、法令・契約等を参考にしつつ、個々の場合ごとに、信義誠実に反して
いるのか、通常の業務執行を逸脱しているのかを判断すると説く[52]。しか
し、「信義誠実」、「通常の業務執行」等を用いた説明は、先に述べた任務違
背概念の定義を超えるものではなく、個別事例に適用する「基準」としては
極めて不十分なものである。手続的制約に違反しても常に任務違背になるの
ではないという指摘はしばしば見られるものの、善管注意義務等の実体的基
準との関係について明示的には論じられていない。

　なお、任務違背の判断に関していわゆる「冒険的取引」[53]という概念が持
ち出されることがある[54]。しかし、この概念は、事務処理者の行為によっ
て結果として損害が発生したからといって直ちに背任罪が肯定されるわけで
はないという文脈で用いられるだけであって、一般的な任務違背の判断と比
べて独自の議論が行われているわけではない[55]。

---

(52)　江家・前掲注（9）165頁、団藤ほか・前掲注（7）288頁〔内藤〕、団藤・前掲注（11）656
　　頁、大塚・前掲注（12）660頁、大塚ほか・前掲注（38）185頁〔日比〕、平川・前掲注（11）
　　248頁、山中・前掲注（11）413頁、大谷・前掲注（12）319頁、佐久間・前掲注（11）230頁、
　　川端・前掲注（11）353頁等。
(53)　「冒険的取引」は、ドイツ語の「Risikogeschäft」を邦訳したものが語源であると思われる
　　（明示するのは、江家・前掲注（9）165頁である。なお、木村・前掲注（8）13頁は「冒険的
　　行為」と訳している）。
(54)　「冒険的取引」概念の内容は論者によって異なって捉えられている。多数の論者は、一定の
　　投機的な取引に限定している（「投機性を帯びたる所謂『冒険的行為』（Risikogeschäfte）」〔木
　　村・前掲注（8）13頁〕、「投資や株式の売買のように、事務自体が投機的性格を帯びるいわゆ
　　る冒険的取引（Risikogeschäft; riskantes Geschäft）」〔大塚・前掲注（12）661頁〕、「株式取
　　引、商品先物取引、デリバティブ取引等の一定の危険を伴ういわゆる冒険的取引」〔西田・前
　　掲注（19）235頁〕等）が、その他に、損害のリスクを負った行為全てを含む概念として使用
　　する論者（「企業活動や商取引では、場合によっては会社に財産上の損害を与える危険がある
　　程度予測される場合でも、会社のために利益を求めて取引を行うことが少なくない。このよう
　　ないわゆる冒険取引」〔上柳克郎ほか・前掲注（37）561頁〔芝原〕、「財産上の損害を生じさ
　　せる一定のリスクを有する冒険的取引」〔山口・前掲注（47）320頁〕、「ある程度本人に損害を
　　与えかねない取引（冒険的取引）」〔伊藤（渉）ほか・前掲注（26）247頁〔鎮目〕）や、「冒険
　　的取引」にすでに違法性評価を含む論者（「許される程度に危険な行為、すなわち、冒険的取
　　引は任務違背行為ではない」〔林（幹）・前掲注（8）274頁〕）がいる。
(55)　判例においても、冒険的取引の用語が用いられたことはあるものの（例えば、前掲大阪高判
　　平成8年3月8日等）、同概念自体が重要な考慮要素となったことはない。

16 第1編 背任罪における任務違背（背任行為）に関する考察

第3項 「不利益」概念

　近時、任務違背の判断基準として、事務処理者の行為が本人にとって「不利益」かどうかを掲げる見解が有力化している。すでに図利加害目的の項でも若干触れたが[56]、（任務違背を）「本人にとって実質的に不利益な行為」と考える見解[57]、さらに、「任務違背の要件の意義は、（本人の許諾意思を考慮した上での）本人にとって実質的に不利益な行為と解することができる。そのような行為を行うことが事務処理の委託の趣旨に反することだからである」[58]と述べる見解である。これらは、本人の「不利益」を基準とした判断の必要を説いている[59]。

　「不利益」基準は、遡れば、藤木英雄によっても唱えられていた。すなわち、藤木は、特別背任罪の任務違背行為の判断基準において、「形式的に、法令や職務執行のために定めた準則に違反したかどうかだけによってではなく、それが実質的にみて会社の不利益になるかどうかによって定められなければならない。実質的にみて、会社のために忠実にその職務を執行すべき立場にある役職員として最小限度要請される会社の利益に帰する措置がまもられたかどうかで判断すべきである」。「形式的手続違背は、実質的にそれが任務違背行為であることのひとつの徴表である。……形式的手続違背の取引であっても実質上とくに会社の不利益をもたらすことのないものについては、これをいちいち刑事上の問題とするまでの必要はない」と述べていた[60]。

　「不利益」の存否は「行為時に、総合的にみて本人に不利益が生じる可能

---

(56)　本章第2節第3款参照。

(57)　上嶌・前掲注（4）269頁。近時の文献として、西田典之ほか編『注釈刑法　第4巻』（有斐閣、2021年）360頁以下〔上嶌一高〕参照。

(58)　山口・前掲注（47）320頁。なお、山口・前掲注（16）204頁によれば、任務違背とは「財産処分行為をそれ自体として見たときの、本人に対する不利益性」であり、それ以外の要素も含めたトータルでの本人の不利益は、図利加害目的の要件において考慮されることになる（本章注（26）参照）。

(59)　内田（幸）・前掲注（26）152頁、今井ほか・前掲注（11）212頁以下〔島田〕も参照。

(60)　大森忠夫ほか編『注釈会社法（8）のII』（有斐閣、1969年）390頁〔藤木英雄〕。この記述を特別背任罪の考察において引用している文献として、上柳克郎ほか・前掲注（37）561頁〔芝原〕、平野ほか・前掲注（38）25頁〔佐々木〕。もっとも、藤木は、通常の背任罪については、このような「不利益」基準を明示的には援用しておらず、「法令・通達・内規の違背があっても、実質的に本人に利益を及ぼす意図でした行為であれば、任務違背ありとは断定できない」とするのみである（藤木・前掲注（12）345頁）。

性」によって判断される[61]。もっとも、「不利益」の内容は論者によって異なっている。例えば、「不利益かどうかの判断は……本人にとって生じる財産的利益・不利益・非財産的利益・不利益を総合して行われる」として非財産的要素を判断基礎に含めている見解がある[62]。一方で、任務違背を、「本人の財産を使用・処分する上で定められた、財産上の損害を回避するためのルールに反する権限の行使」と捉えて[63]、財産的利益・不利益にのみ着目している見解もある[64]。

　「行為時の不利益」は、一般に掲げられてきた「信義誠実」という抽象的な基準を本人との関係で具体化するものと捉えられよう。しかし、具体化が成功しているのかについては疑問がある。まず、損害の発生が不可避である事務に関して、この基準は役に立たない点を指摘できよう。損害の発生が避けられない場合であっても、許される行為は存在する。その場合、「不利益」は別の基準に代えざるを得ないからである。このような例は最高裁決定にも見られる。すなわち、信用保証協会の支所長代理であった被告人が債務保証を行った事案である最決昭和58年5月24日刑集37巻4号437頁は、信用保証協会の業務の性質上損害の発生が免れ難いとして、「同協会の役職員は、保証業務を行うにあたり、同協会の実損を必要最小限度に止めるべく、保証申込者の信用調査、資金使途調査等の確実を期するとともに、内規により役職に応じて定められた保証決定をなしうる限度額を遵守すべき任務がある」としている。このような場合、損害（＝財産減少）の発生は不可避であって、可罰性を左右するのは損害それ自体の存在ではなく、損害の「不当性」と考えられる。「不利益」とは単なる財産減少ではないと考えるならば、損害の発生が不可避であっても「不利益」はないとすることはできる。しかし、いずれにせよ、そこでは、行為時における財産減少の可能性に代わる「不利益」基準をあらためて呈示することが要請される。

　実際、「不利益」概念を用いる論者も、同概念を唯一の基準とはしていな

---

(61)　上嶌・前掲注（4）269頁。
(62)　上嶌・前掲注（4）267頁。同旨、伊藤（渉）ほか・前掲注（26）247頁〔鎮目〕。
(63)　内田（幸）・前掲注（26）140頁。
(64)　内田（幸）・前掲注（26）152頁。

18   第1編　背任罪における任務違背（背任行為）に関する考察

いと見られる。特に冒険的取引のような財産上の損害（又は不利益）を生じさ
せる危険性を有する行為については、委託関係から導かれる事務の性質等か
ら通常の業務を逸脱していないかという基準が採られている。すなわち、通
常の事務処理の範囲内にある行為ならば、本人に不利益を生じる可能性が
あっても任務違背とはならないとした上で、「具体的状況において、当該行
為者にどの程度の危険を冒すことが許されるのかは、本人と行為者との間の
事務処理についての委託関係から、本人にとって生じるであろう財産的利
益・不利益、非財産的利益・不利益のそれぞれの大きさと可能性を総合考慮
して」、通常の事務処理の範囲内かどうかを判断するとしている[65]。

　したがって、仮に「不利益」基準を採用するとしても、それは、「不利益
（財産上の損害）の生じる危険性のない行為は任務違背行為になり得ない」と
いう片面的な形でしか機能し得ないであろう[66]。「不利益」基準は、図利加
害目的における本人図利目的の排除を説明する過程で出てきた見解ともいえ
る[67]ので、このような帰結は本来予定されていたものであるが、それだけ
では、任務違背の基準とするにはなお十分でないであろう。

第3款　判例における「任務違背」の判断
第1項　形式的判断と実質的判断

　判例は任務違背をどのように判断しているのであろうか。形式的な法規違
反をどのように考慮するのかという点に関しては、定款や内規に違反してい
てもなお任務には違背していないとしたいくつかの下級審裁判例を挙げるこ
とができる。

---

(65)　上嶌・前掲注（4）269頁。引用部分は、冒険的取引に関するものであり、その限りで不利
　　益基準の例外が妥当すると考えられているのかもしれない。しかし、経済活動、特に企業活動
　　においては、常に一定の不利益の生じるリスクが存在するといってもよく、むしろ広い意味で
　　の冒険的取引における判断基準の明確化こそが重要な課題というべきであろう。
(66)　ただし、不利益基準の内容について議論をする以前に、任務違背性に本人の不利益が必要な
　　のか、その根拠が問われよう。この点について、伊藤（渉）ほか・前掲注（26）247頁〔鎮目〕
　　は、本人にとって実質的に利益となる行為は「本人による事務処理の委託の趣旨に反している
　　とは考えにくいこと」を理由に挙げている。しかし、このことは本人に不利益が生じなければ
　　任務に反しないということを意味するだけである。
(67)　本章第2節第3款参照。

中小企業等協同組合法に基づき組合員に対する貸付（手形の割引を含む）等を目的として設立された組合が、定款に違反し組合員ではない法人に対して融通手形を振り出したという事案について、熊本地判昭和39年6月26日下刑集6巻5＝6号780頁は、定款違反の点については、本件組合においては法人とその代表者とを同一視し実質上は法人が組合員たるべき場合に形式上はその代表者が組合員になっている場合もあること、振出しを受けた法人の代表者が組合員であることを指摘しているが[68]、任務違背を判断する際にはこの点に触れることなく、融通手形の振出しについてのみ検討し、次のように判示した。融通手形の振出しは、本人が不測の損害を被ることのないよう職務上の注意を尽くさなければならないが、諸般の事情からある時期において本人が受け取る以上の多額の融通手形を振り出してやることも已むを得ない場合もある。本件においては、本人と振出しを受けた側の「諸般の親密な相互扶助的関係を考えるとき被告人の本件融通手形の振出をもって直ちにその任務に背いたものというのは酷に過ぎるもの」である、と。

加えて、東京高判昭和53年3月29日東高刑時報29巻3号59頁は、信用組合の本店長が組合の内規に定められた稟議手続を取ることなく定期預金の一部を担保から解放したことが背任罪に問われた事案において、「一般に或る行為が背任罪の構成要件たる任務違反の行為に該当するか否かは、単に行為の外形のみによって形式的に決せられるべきではなく、当該行為がなされた際の具体的状況、行為の内容、動機意義等諸般の事情を総合し、その行為が委任の趣旨に違反するか否かを信義則に照らして実質的に判断しなければならない」と述べ、結論として、任務違背を否定した。

さらに、旧日本道路公団（以下、「JH」という）の理事であった被告人が、共犯者とともに、JH静岡建設局が平成16年度に一括発注を予定していた高速道路高架橋工事について、JHのOBで入札談合の受注調整を行っていたCから、受注業者数が増えるようにするため分割発注してほしいとの陳情を受け、経費が1億円以上増加するとの説明を受けながらも、自己ら、C及び

---

(68) この定款違反の点についても、本文記載の事実を認定したことをもって、実質的に違反がなかったと考えたと読むことは可能であろう。

入札談合を行っていた47社の利益を図る目的で、分割発注を指示し、JHに
損害を発生させたとして背任罪で起訴された事案にかかる東京高判平成19年
12年7日判時1991号30頁（旧日本道路公団鋼鉄製橋梁談合・背任事件）[69]は、一括
発注から分割発注に変更することには必ずしも合理性が認められないこと、
及び、分割発注の場合には不合理性が存在することを指摘して任務違背あり
と判断している。判決は、採られた措置の合理性を任務違背性判断において
審査し、談合への関与という明白な法令違反行為の存在は、弁護人による本
件行為が合理性を持つという主張に反論する形で持ち出すのみであるため、
任務違背を判断する際に実質的判断手法を採っているものと思われる。

　また、最判平成16年9月10日刑集58巻6号524頁（北國銀行事件）[70]は、信
用保証協会（以下「協会」という）の代表権を有する専務理事であるAらが、
協会が保証したD社の甲銀行に対する8000万円の債務について、協会が甲
銀行に保証条件違反を理由とする免責を通知し保証債務が消滅したにもかか
わらず、甲銀行の代表取締役頭取Xからの要請により、免責の通知を撤回
した上、甲銀行に対する8000万円の代位弁済を実行したという事案に関
わる。原審では、上記Aらが負担金の拠出と引き換えに代位弁済を行うこ
とは協会に対する任務に違背し、その実行を迫ったXは、Aらとの背任の
共同正犯であるとされた。最高裁は、Xに共犯関係を認めることに疑問が
残るとした上で、Aらの任務違背についても次のように否定的な判示を
行った。「甲銀行が協会に対する平成8年度の負担金の拠出を拒絶すること
が実際上も可能であり、かつ、AらがXから負担金の拠出に応じられない
旨を告げられていたとしても、協会としては、（ア）本件代位弁済に応ずる
ことにより、甲銀行の負担金の拠出を受け、今後の基本財産増強計画を円滑
に進めるべきか、それとも、（イ）甲銀行からの負担金を断念しても、本件
代位弁済を拒否すべきか、両者の利害得失を慎重に総合検討して、態度を決
定すべき立場にある。上記（ア）の立場を採ったとしても、負担金の拠出を

---

(69)　同判決の評釈として、塩見淳＝品田智史「判批」刑事法ジャーナル14号（2009年）106頁以
　　下がある。また、今井猛嘉「判批」公正取引730号（2011年）83頁以下も参照。
(70)　本判例については、品田智史「経済活動における刑事規制」法律時報82巻9号（2010年）26
　　頁以下も参照。

受けることと切り離し、本件代位弁済をすることが、直ちにAらの任務に背く行為に当たると速断することは、できないはずである」、と。本判決は、代位弁済が負担金拠出との関係で任務違背となることが否定されることを示唆しているため、学説においては、「利益・不利益の総合的な考慮に基づく実質的な判断によって決すべきであるとする立場をとることが基礎となっているもの」との評価が見られる[71]。

　したがって、任務違背の実質的判断と形式的判断という観点から見る場合、判例は、形式的な法規等の違反があっても任務違背を否定するなど、あくまで実質的に諸事情を考量して任務違背性を判断していると解される。

第2項　「不利益」基準

　いくつかの下級審判例においては、任務違背の判断において学説が挙げたような「不利益」基準と類似の判断手法が用いられている。

　まず、任務違背を否定したものとして、東京高判昭和52年9月14日判タ364号299頁がある。事案は、集金業務に従事していた被告人が、集金するにあたり、自己領得目的で、集金先に指示して被告人名義の普通預金口座に振込入金させたというものである。東京高判は、債務者の弁済した金員が背信的な集金人の占有下に入ったというだけでは、背任罪における財産上の損害またはその危険が生じたとはいえないと認定した上で、本件全証拠によっても、被告人が集金先に自己名義の口座に入金させた行為が、直ちに誠実に集金業務を実行しなかったものとして任務に背いたとは断定することはできないと職権で判断を下した。任務違背を否定した理由は本件判示から必ずしも明確ではないものの、判決文からは、自己名義の口座への入金が財産損害またはその危険を生じさせていなかったこと、従って、本人になお不利益が生じていないことがその理由の一つになっているものと推測される。さらに、前掲東京高判昭和53年3月29日が、本件の「行為は、たとえこれにより一時的には組合の把握する担保価値が債権額を大巾に下回るという結果を招いた

---

(71)　上嶌一高「判批」ジュリスト1336号（2007年）135頁、松宮孝明「経営判断と背任罪」立命館法学307号（2006年）101頁、上田・前掲注（23）438頁。

としても、長期的展望に立ってこれを見れば、組合の営業利益に沿った行為であったとの見方も十分可能である」と判示しているのもここに挙げられよう。

これらの判例は、本人にそもそも損害が発生していない、及び、短期的に見れば損害が発生しているが長期的に見れば損害が発生しない（短期的な損害を超える利益が得られる）ことを理由に任務違背を否定している。もっとも、同一の結論は、「損害」要件の観点から、損害発生の可能性がなかったとの理由によっても導き出され得ると思われる。

次に、「不利益」の観点から任務違背を肯定した判例として、会社法（旧商法）上の利益相反行為に関する大阪高判昭和45年6月12日刑月2巻6号626頁が挙げられる。同判決は、次のように判示している。利益相反行為に該当するか否かの判断は専らその行為の外形によって決すべきものであるから、利益相反行為であっても実質的に考察すれば、その行為が必ずしも会社にとって不利益を及ぼすものでなく、取締役の会社に対する誠実義務に反するものでないような場合も存在する。このような場合、（旧）商法265条に違反しても、任務違背にならない、と。大阪高判は、本件においては不利益がないとはいえないとして任務違背を肯定した。もっとも、この大阪高判の存在から、本人に「不利益」があれば任務違背を肯定するのが裁判例の立場だとはいえない点には留意を要する。大阪高判の事件は利益相反取引が旧商法265条に違反していた事案であり、同条の違反がない利益相反取引について、不利益の存在のみで任務違背が肯定されていたかは明らかではないからである。

また、前述のように、前掲最決昭和58年5月24日も、信用保証協会による債務の保証という性質上損害の発生が不可避である業務につき、損害を必要最小限度に止めるかどうかが任務であると判示しており、損害（＝不利益）の存在のみで任務違背を肯定していない[72]。

以上の紹介からは、判例において、本人の「不利益」と「財産上の損害」との関係が明確とはいえないこと、また、「不利益」性が、任務違背の有無

---

(72)　本節第2款第3項参照。

を決める唯一の基準というわけでもないと見られることを指摘できるように思われる。

第3項　その他の基準

任務違背性の判断について、以上のような実質的判断及び不利益基準とは異なった観点を掲げる裁判例に、神戸地判昭和56年3月27日判時1012号35頁（東洋レーヨン産業スパイ事件）がある。本件では、株式会社A社の従業員（技術職）であった被告人が、担当職員を欺罔して、あるいは無断で会社から持ち出した機密書類の原本を社外で複製して、他社に売却した行為について背任罪に問われた。神戸地判は、以下のように判示した。被告人の行為は、「被告人の担当事務の……事務処理としての所為ではなく、事務処理の範囲を逸脱した所為であるといわなければならない」。被告人の行為は、「雇用契約に基づく一般的忠実義務違反としての責任を生じることはあっても刑法247条の背任罪にいう事務処理についての任務違背として評価することはできない」、と[73]。

学説には、「事務処理の範囲を逸脱した所為」という表現から、神戸地判は、本件行為について、詐欺ないし窃盗に当たるような権限逸脱とみるべき行為であるから背任行為とはならないと解しており、権限濫用説的な考え方に依拠しているとする分析が見られる[74]。しかし、同判決を、単なる雇用契約上の関係だけでは背任罪の事務処理者たり得ないことを前提に、事務処理者たる地位の関係から生じたわけではない一般的な秘密保持義務は任務に該当しないと判断したものと捉えることも可能と考えられる[75]。そのよう

---

(73)　この判決に類似した判断手法を採っているものとして、東京高判昭和30年5月30日裁特2巻11号538頁（立木の伐採、伐採後の立木の管理、立木の搬出の業務を委託された者が、自己の利益を図るために立木を売却したという事案）、及び、千葉地判昭和34年12月3日下刑集1巻12号2577頁（顧客の委託を受けて入手し会社の保管に付していた株式につき、会社の係員を欺罔して同株式を売却させその代金の交付を受けたという事案）が挙げられる。これらの判決は、「任務とは関係のない行為」及び「事務の処理とは関わりない詐欺的手段」であることを理由に背任罪を否定している。

(74)　林（幹）・前掲注（8）275頁参照。林幹人「判批」ジュリスト768号（1982年）171頁は、判決が事務処理の範囲を逸脱した所為と認定したこと自体にも疑問を呈する。

(75)　山中・前掲注（11）413頁参照。また、前述の管理権説からは、特定された財産についての管理性が認められないと説明されている。今井ほか・前掲注（11）211頁〔島田〕参照。

な把握のもとでは、神戸地判は、具体的に担当している事務との関係で生じる個別化された義務の違反を背任罪の任務違背性の判断基準としているとも評価できるように思われるのである。

第4項　まとめ

判例は、基本的には実質的な基準によって任務違背の有無を判断している。そのような「実質的な基準」を具体化する観点としては、学説において提唱されている「不利益」の基準が、財産損害の可能性という形で、あるいは、端的に「不利益」として用いられることがある。しかし、それのみで任務違背が決せられているかどうかは疑わしく、また、財産上の損害との関係も不分明である。判例においても、任務違背性・背任行為の内容が明らかにされているとはいえないのである。

判例の中には、任務違背の判断を回避したように見えるものすら存在する。例えば、必要な行政庁の許可を得ずに財産処分を行った事案に関する広島高判昭和42年2月17日判タ208号213頁は、「当該行政庁の許可を得なかったことをもって直ちに刑法第247条所定の任務違背とはいいえない」と述べるのみで、任務違背に関してはそれ以上の判断を行わず、主観的要件（任務に違背したことの認識、及び、図利加害目的）を否定することで背任罪の不成立を導いた。

また、東京地判昭和41年2月15日判時459号10頁（武州鉄道汚職事件）もこのような例の一つといえる。事案は、「A社取締役であった被告人Xが他の被告人と共謀し、鉄道の用地買収を目的とするA社にX所有の宅地を不当な価格で買い受けさせるとともに、その代金支払に代えてA社にXがB銀行に対して負っていた債務を肩代わりさせた」として起訴されたものである。東京地判は、本件の背景には、鉄道の建設計画を巡るA社、B銀行、及びXの間の密接な関係があるとして、次のような事実を指摘した。すなわち、Xの放漫経営と個人負債が問題化したことから、前記三者において、「XがA社の経営から手を引く代わりに、XのB銀行に対する債務をA社が一旦肩代わりし、時価より高い価格による本件土地売買を行う。ただし、鉄道創立後にXが支出した費用の償還を受けたときは、XはA社に代金を

支払って土地を買い戻す」という解決案が合意されたものであり、本件土地売買はその解決案の一部であった、と。その上で、東京地判は、上記解決案は、決定の経緯、その他の客観情勢等に鑑みるときは、その内容において、すべての処置が不可分の一体をなすものとしてはじめて意義をもつものであり、本件のように、およそ企業経営の分野で少なからぬ利害が複雑に対立する事項につき、関係者あい集って一連の処置がとられた場合には、その処置の特定の一部分のみに着目し、しかもその単純なる計数上の面だけである当事者にとっての利害得失を論ずるのではなく、何よりもまず、相関連する各個の処置を全体との有機的な関係において観察することによって、その正しい意味を把握することに努めなければならない、と判示し、結論的には、解決案の内容、それによって生じる関係者の利害得失を精査した結果、客観的には、はなはだ適切、妥当な処置であったと認めるのが相当であるとした。ところが、東京地判は、これによって客観的に任務違背がなかったとは認定せず、被告人等は、（A 社取締役としての）「自己の任務に違背するとの意識をもっていたと解することは、とうていできない」、すなわち、背任罪の故意を否定したのである。

　これらの判決は、行政庁の許可の有無や全体として見た計画の妥当性といった事情を、任務違背の要件と関連付けなかった。おそらく、同要件の不明確さのゆえに、主観的要件で解決を図ったのであろう。しかし、任務違背の内実が不明であるのに、任務違背の故意を判断できるのかは疑問に思われる。

　一方で、学説においてはあまり議論されていない観点が判例において取り上げられていることは注目されてよい。すなわち、東洋レーヨン産業スパイ事件判決が着目したような、事務処理者ではない者も負い得るような通常・一般的な義務は「任務」には含まれていないとの観点である。

第4節　小　括

　従来、背任罪の議論の中心であった背任罪の本質論、及び、主体の範囲を限定する動きは背任行為の大枠を画する面を有していたものの、それ以上の

26 第1編 背任罪における任務違背（背任行為）に関する考察

具体化を伴うものではなかった。また、図利加害目的に関する議論は、背任行為の問題を部分的に取り込む面も見られたものの、当然のことながら、背任行為の内容を直接にとりあげるものではなく、これをさらに論ずる必要はなお存していた[76]。

　すすんで「任務違背」要件それ自体についても十分な議論がなされているとはいい難い状況にある。学説における形式的法違反の強調は表面的なものに過ぎず、実質的に判断するといっても、結局のところ、信義誠実といった抽象的な基準が持ち出されるにとどまっている。また、善管注意義務のような一般条項的な刑法外の規範との関係も必ずしも明らかにされていない。近時主張される「不利益」基準も、それだけでは任務違背判断の決定的基準とはなり得ないと解される[77]。判例もまた、実質的な判断を行うことははっきりしているものの、それ以上に具体的な基準は示し得てはいないのである[78]。

　以上のように、背任行為に関する我が国の議論はいまだ十分とはいえない。他方、ドイツにおいては、近年、背任行為に関する注目すべき判例がいくつも登場し、それに伴って、学説において議論が盛り上がりを見せている。この状況を参照することで、我が国の議論に対する有益な示唆を得たいと考える。

---

(76)　本章第2節。
(77)　本章第3節第2款。
(78)　本章第3節第3款。

第2章　ドイツにおける議論

第1節　背任罪規定の構造

第1款　はじめに

　ドイツ刑法の背任罪（Untreue）は266条で規定されている。すなわち、「法律、官庁の委任若しくは法律行為によって行為者に与えられた、他人の財産を処分し若しくは他人に義務を負わせる権限を濫用し、又は、法律、官庁の委任、法律行為若しくは信任関係に基づいて行為者に負わされる、他人の財産上の利益に配慮する義務に反し、これにより、自己がその財産上の利益を保護すべき者に損害を加えた者」（266条1項）は5年以下の自由刑又は罰金刑をもって処罰される。

　そこに挙げられている二つの類型、すなわち、「法律、官庁の委任若しくは法律行為によって行為者に与えられた、他人の財産を処分し若しくは他人に義務を負わせる権限を濫用し、……これにより、自己がその財産上の利益を保護すべき者に損害を加えた」場合と、「法律、官庁の委任、法律行為若しくは信任関係に基づいて行為者に負わされる、他人の財産上の利益に配慮する義務に反し、これにより、自己がその財産上の利益を保護すべき者に損害を加えた」場合のうち、前段が濫用構成要件（Missbrauchstatbestand）、後段が背信構成要件（Treuebruchstatbestand）と呼ばれている。

　以下では、ドイツにおける議論を参考にするための前提として、現行の背任処罰規定の形成過程、及び、従来議論されてきた点を簡単に紹介し、若干の検討を加え（本節）、その後、本稿の主題である背任行為に関して詳しく論じることとしたい（第2節、第3節）。

第2款　ドイツ刑法266条の形成過程

　1933年の改正以前の旧266条1項は、背任罪の主体たり得る者を限定列挙し、行為態様も各号で異なって規定していた[1]。すなわち、「一. 後見人、監督人、財産保護人、係争物件保管人、財産管理人、遺言執行者、及び財団の管理人が、意図的にその監督を委託された人又は物に損害を加えるために行動した場合、二. 代理人が、委任者の債権その他の財産部分を意図的に同人に損害を加えるために処分した場合、三. 土地測量人、競売人、仲立人、貨物認証人、役務給付人、秤量人、測量人、商品検査人、荷降人、荷積人、及び、公権力によりその営業の遂行を義務付けられた者が、その委託された業務に際して、意図的にその業務を処理する者に損害を加える場合」、背任罪として処罰された。

　旧規定において議論の中心となっていたのは二号である。すなわち、同号に含まれるのは、法律行為として有効な他人の財産部分の処分を行った代理人だけか（濫用説）[2]、それとも、その他の方法で委任者の財産に悪影響を及ぼす者も含まれるのか（背信説）[3]が争われた[4]。立法者は、この争いを、現

（1）　ドイツにおける背任罪規定の沿革について、江家義男「背任罪の研究」『江家義男教授刑事法論文集』（早稲田大学出版部、1959年）88頁以下、上嶌一高『背任罪理解の再構成』（成文堂、1997年）11頁以下を参照。ドイツ語の文献としてはHelmuth Mayer, Die Untreue im Zusammenhang der Vermögensverbrechen (1926) S.14; Urs Kindhäuser, Nomos Kommentar zum Strafgesetzbuch 2. Aufl. Band 2. (2005)（以下 StGB NK と略称）Rn 4 ff.; Gunther Arzt/Ulrich Weber, Strafrecht Besonderer Teil (2000) §22 Rn 4 f. 等参照。また、ドイツ背任罪規定の概要については、樋口亮介「ドイツ財産犯講義ノート」東京大学法科大学院ローレビュー8号（2013年）204頁以下も参照。

（2）　この説は、ビンディングが背任罪を「法律上認められた権力的地位（Machtstellung）の濫用による他人の財産の加害」と性格付けたことに基づく。Karl Binding, Lehrbuch des Gemeinen Deutschen Strafrechts, Besonderer Teil, 2. Aufl. (1902) S.396参照。もっとも、ビンディング自身は権限の内容を明示していない。権限が法的代理権であるとしたのは後の論者である。Reinhard Frank, Das Strafgesetzbuch für das Deutsche Reich, 18. Aufl. (1931) S.602; Heinrich B. Gerland, Deutsches Reichsstrafrecht, 2. Aufl. (1932) §169等。また、Bernd Schünemann, Leipziger Kommentar zum Strafgesetzbuch（以下、StGB LK と略称）11. Aufl. (1998) §266, Rn 4も参照。

（3）　ライヒ裁判所が採用した考え方である（RGSt 1, 172; 3, 283; 14, 184等）。同説は、背任罪の不法の本質を、他人の財産に配慮する（法律上事実上の）義務の財産侵害的な違反に見ている。

（4）　この他に、背任罪の本質を他人の財産を保護する法律上の義務に違反することであると解する、事務処理説（Geschäftsführungstheorie）も存在した。この説は、義務違反を背任罪の本質と見る点において背信説と考え方を同じくするが、「義務」を法律上の財産配慮義務に限定

行266条において、背任罪を濫用構成要件と背信構成要件に分け、一つの条文に統合することによって終結させようとした。それと同時に、可罰的な事例を間隙無く捉えるために、旧規定における主体を列挙する方式を放棄した。かくして、従来の濫用説と背信説の争いは終息したものの、現行の266条は処罰範囲の広範性ないしは不明確性という問題を抱えることとなった[5]。判例・学説の関心もそこに向けられたのである。

第3款　二つの構成要件の関係

まず、266条1項には背信構成要件と濫用構成要件が同居していることから、両者の関係が問題となる。改正直後から数十年間は、二元説が通説であった。同説によれば、濫用構成要件と背信構成要件は、二つの独立した背任の構成要件であり、濫用構成要件については、「自己がその財産上の利益を保護すべき」という関係文から導かれる財産保護義務（Vermögensbetreuungspflicht）は要求されないとされていた[6]。

しかし、連邦通常裁判所1972年7月26日判決（いわゆる小切手カード判決）[7]

する点において背信説と異なるとされる。Berthold Freudenthal, Die Untreue, Vergleichende Darstellung des deutschen und ausländischen Strafrechts, Besonderer Teil, Band Ⅷ. (1906) S.116 f. 参照。邦文による同説の説明につき、木村亀二「背任罪の基本問題」法学志林37巻8号（1935年）6頁、江家・前掲注（1）116頁、上嶌・前掲注（1）21頁参照。

（5）　背任罪の不明確性・広範性については、H. マイヤーが次のように表現している。「背任罪に関する典型的な古い事例が一つも存在しない限り、裁判所も訴追機関も、266条〔に該当する事例〕が存するのかどうかを知るものではない」（〔　〕部分は引用者注）、と（Helmuth Mayer, Die Untreue, Materialien zur Strafrechtsreform 1.Band (1954) S.337)。このような不明確性・広範性は、背任罪、とりわけ背信構成要件が、義務の内容について詳しい情報を提供していない点に由来するとされている。Michael Kubiciel, Gesellschaftsrechtliche Pflichtwidrigkeit und Untreuestrafbarkeit, NStZ 2005, S.354. 学説においては、背任罪（背信構成要件、又は、両方の構成要件）は基本法103条2項による明確性の要請に抵触して違憲であるとの批判も多く唱えられており、改正の提言も少なからず行われている。Karl Heinz Labsch, Untreue (§266 StGB) (1983) S.229 f.; Walter Sax, Überlegungen zum Treubruchstatbestand des §266 StGB, JZ 1977, S.743 ff.; Walter Kargl, Die Mißbrauchskonzeption der Untreue (§266) ZStW 2001, S.565 ff.; Edward Schramm, Untreue und Konsens (2005) S.245 ff. また、Günter Haas, Die Untreue (§266 StGB) (1997) S.116 ff. 参照。なお、近時、連邦憲法裁判所が背任罪の構成要件は基本法103条2項に違反しておらずなお合憲であるとした（本章第5節参照）。

（6）　RGSt 69, 58; Ernst Schäfer, Das Gesetz zur Abänderung strafrechtlicher Vorschriften vom 26. Mai 1933, DJZ 1933, S.795; Ulrich Weber, Überlegungen zur Neugestaltung des Untreuestrafrechts, Festschrift für Eduard Dreher (1977) S.557 f. も参照。

30　第1編　背任罪における任務違背（背任行為）に関する考察

によってこの路線に転機が訪れた。事案は、金融機関によって小切手の支払
が保証されていることを示すいわゆる小切手カード（Scheckkarte）を持つ顧
客が、預金の裏付けのない小切手による支払を行って金融機関に債務を負担
させたというものである。連邦通常裁判所は次のように判示した。背任罪に
おける両構成要件の不法は、他人の利益のため（fremdnützen）の財産保護義
務違反によって特徴付けられ、小切手カードの所持者には銀行に対するその
ような特別の財産保護義務が欠如する、と[8]。判決の理解の根拠は、刑法
266条の文言上、「自己がその財産上の利益を保護すべき」という関係文が双
方の構成要件類型にかかるということに基づく。このような一元説[9]の基本
的命題は、財産保護義務が、両方の構成要件に必要とされ、その内容も同一
であるというものである。そのため（法律行為等に基づく）処分権限の濫用に
濫用構成要件が成立するのは、権限がまさに他人の財産保護の目的のために
与えられている場合に限られることになった。この見解によれば、濫用構成
要件は、背信構成要件と同一の財産保護義務を前提としており、包括的な背
信構成要件の（本来は不要な）「特別事例」と位置付けられる[10]。本判決以
降、判例は一元説に収束し[11]、通説もこれを支持している[12]。

（7）　BGHSt 24, 386.
（8）　BGHSt 24, 387 f.
（9）　この見解は、既に小切手カード判決以前にヒューブナーによって主張されていた。Engel-
　　　bert Hübner, StGB LK, 10. Aufl. Bd. 9（1979）§266 Rn 4 ff. 参照。
（10）　本文のような見解はシューネマンにより厳格な一元説と呼ばれている。両構成要件の関係を
　　　巡っては、他に、濫用構成要件について、財産保護義務の内容として他人のための保護関係を
　　　要求するが、背信構成要件における財産配慮義務と同じ強度を要求しない見解（限定的一
　　　元説。Martin O. Wegenast, Mißbrauch und Treuebruch（1994）S.134 ff.; Schönke/Schröder/
　　　Theodor Lenckner/Walter Perron, Strafgesetzbuch, 27. Aufl.（2006）（以下、Sch/Sch/
　　　Lenckner/Perron と略記）§266 Rn 2; Jörg Eisele, Untreue in Vereinen mit ideeller Zielsetzu-
　　　ng, GA 2001, S.381等）、濫用構成要件において必要とされる内部関係を、外部関係において存
　　　在する法的権能を「濫用的」つまり違法に行わない義務にまで引き下げる見解（新二元説。
　　　Karl Heinz Labsch, Der Kreditkartenmißbrauch und das Untreuestrafrecht, NJW 1986, S.108;
　　　Peter Bringewat, Scheckkartenmißbrauch und nullum crimen sine lege, GA 1973, S.358 ff.;
　　　Harro Otto, Grundkurs Strafrecht, Die einzelnen Delikte, 7. Aufl.（2005）§54 Rn 8 ff. また
　　　Kargl, a.a.O.（Anm. 5）, S.589も参照。この見解によれば、例えば、266条 b によって把握され
　　　ている自己のための信託関係についても背任罪が成立することになる）なども唱えられ
　　　ている。また、類型学的な背任理論を展開するものとして Schünemann, StGB LK, a.a.O.
　　　（Anm. 2）, Rn 17 ff. がある。彼は、背任罪の不法の中核が他人の財産の内部からの侵害である
　　　として、行為者が他人の財産を支配していることを要件とする。これにより、刑法上の信任義
　　　務は単なる支配の結果と位置付けられている。

第2章　ドイツにおける議論　　31

第4款　背任罪の主体

旧266条のような主体の列挙をやめたことにより、背任罪の主体の範囲も新たに争点として浮上した。濫用構成要件の主体は、「法律等によって処分権限又は義務付け権限を与えられた者」である。「他人の財産を処分し、又は、他人に義務を負わせる権限」とは、行為者に、対外的に他人の財産権を有効に変更、移転、喪失し、又は他人に債務を負わせることをできるようにさせる権能である[13]。この権能は、行為者に有効に与えられなければならない[14]。他方、背信構成要件の主体は、「他人の財産上の利益に配慮する義務」（財産配慮義務）を負う者である。両構成要件の関係についての判例・通説（一元説）によれば財産配慮義務と財産保護義務は同じ内容であるため[15]、財産保護義務の内容を確定することが主体要件の存否の判断にとって重要になる[16]。

判例は、新266条が導入された直後に、財産保護義務の内容に関して三つの基準を挙げていた[17]。すなわち、①財産保護義務が行為者と本人の間の内部関係の「本質的内容」をなすといえること[18]、②財産保護義務を負う者に独立性が認められること、③財産保護義務が一定の範囲及び存続期間を

(11)　最近の判決として、BGHSt 50, 337参照。
(12)　Thomas Fischer, Strafgesetzbuch und Nebengesetze, 56. Aufl.（2009）§266 Rn 6; Karl Lackner/Kristian Kühl, Strafgesetzbuch mit Erläuterungen, 26. Aufl.（2007）§266 Rn 9; Arzt/Weber, a.a.O.（Anm. 1）, Rn 79; Hans-Ludwig Schreiber/Werner Beulke, Untreue durch Verwendung von Vereinsgeldern zu Bestechungszwecken － BGH NJW 1975, 1234, Jus 1977, S.657; Reinhart Maurach/Friedrich-Christian Schroeder/Manfred Maiwald, Strafrecht, Besonderer Teil, Teilbd. 1 , 9. Aufl.（2003）§45 Rn 11等。
(13)　処分権限と義務付け権限の区別は私法上の物権行為と債権行為の区別に対応している。
(14)　Fischer, a.a.O.（Anm. 12）, Rn16. もっとも、本人と行為者の内部関係を基礎付ける契約が無効であった場合や終了している場合にも権利外観法理等に基づいて濫用構成要件が適用されるのかという点については個別的に議論されている。Fischer, a.a.O.（Anm. 12）, Rn17; Sch/Sch/Lenckner/Perron, a.a.O.（Anm. 10）, Rn 4; Kindhäuser, StGB NK, a.a.O.（Anm. 1）, Rn 89 f.; Arzt/Weber, a.a.O.（Anm. 1）, Rn 22; Maurach/Schroeder/Maiwald, a.a.O.（Anm. 12）, Rn 17; Schünemann, StGB LK, a.a.O.（Anm. 2）, Rn 41; Labsch, a.a.O.（Anm. 5）, S.307等参照。
(15)　財産配慮義務と財産保護義務の関係について詳しくは、Fritjof Haft, Strafrecht Besonderer Teil, 8. Aufl.（2004）S.128 f.; Kargl, a.a.O.（Anm. 5）, S.580 ff.; Eisele, a.a.O.（Anm. 10）, S.380 f. 参照。
(16)　前述のように、通説によれば、濫用構成要件にも背信構成要件と同内容の財産保護義務が課せられるため、以下の要件は濫用構成要件の主体の画定のための要件ともなる。
(17)　RGSt 69, 61 f.
(18)　この基準は、「主たる義務」（Hauptpflicht）の要件とも呼ばれている。

32 第1編 背任罪における任務違背（背任行為）に関する考察

もつことである。これらのうち、①は、例えば、ドイツ民法242条による、契約関係において他方当事者の利益を配慮する義務は、従属的な義務であって背任罪では問題にならないことを意味する。②は、行為者が、本人に代わって財産に配慮する地位を委譲されている以上、自己答責的な決定の余地が残されていなければならないことを意味する。行為者が裁量権及び独立性を持つことが要求されているのである。③は、事務処理が一定の継続性を持ち、その範囲が個別の活動を超えていることを意味する。②と③の基準は、併せて、義務の重要性[19]とも呼ばれている。以上の基準は、連邦通常裁判所の判例においても用いられてきた[20]。

　もっとも、判例において、これらの基準が充たされなくとも背任罪の主体性を肯定したものも見られるところである。例えば、①に関しては、賃貸借関係における保証金（敷金）の寄託のように、相互の給付関係の中心にはない義務も、個別の管理関係のもとでは主たる義務となるとされている[21]し、②に関しても、集金人のような独立性が認められないような者にも背任罪の主体性が肯定されている[22]。また、学説からはこれらの基準に疑義も提示されている。例えば、①に関し、本質的・非本質的の区別は曖昧であって、その区別基準が存在しなければ無意味ではないか[23]、③に関し、一度きりの関係や個別的な関係においても財産保護義務が認められるべき場合があるのではないかと指摘されている[24]。そのため、学説においては、以上の三つの基準は財産保護義務を認めるための間接証拠に過ぎず、個別事情の全体状況によって判断する以外ないと理解されている[25]。

---

(19)　義務の重要性基準には、義務の範囲及び期間以外に、管理する財産の大小も含まれるとされることがある（BGH MDR/H 1978, 625）。これに対しては、軽微な損害の場合には親告罪とする266条2項が存在する以上、損害の大小で決めるべきではないとの批判が向けられている。Urs Kindhäuser, Pflichtverletzung und Schadenszurechnung bei der Untreue（§266）, Festschrift für Ernst-Joachim Lampe（2003）S.716参照。

(20)　BGHSt 3, 293 f. 等。

(21)　BGHSt 41, 224.

(22)　RGSt 69, 70等。Sch/Sch/Lenckner/Perron, a.a.O.（Anm. 10）, Rn 24参照。

(23)　Kindhäuser, Pflichtverletzung, a.a.O.（Anm. 19）, S.715.

(24)　Kindhäuser, Pflichtverletzung, a.a.O.（Anm. 19）, S.716; Sch/Sch/Lenckner/Perron, a.a.O.（Anm. 10）, Rn 23a.

(25)　Sch/Sch/Lenckner/Perron, a.a.O.（Anm. 10）, Rn 24; Arzt/Weber, a.a.O.（Anm. 1）, Rn 57; Wilfried Küper, Strafrecht, Besonderer Teil, 6. Aufl.（2005）S.363等参照。

近時は、上記の基準以外に、判例及び学説の一部において、「他人の利益のために類型化された債務関係（fremdnützig typisiertes Schuldverhältnis）」[(26)]という表現も用いられている[(27)]。双方の当事者が自己の利益を追求するということによって特徴付けられるような交換関係を排除することを狙った基準である。もっとも、自己の利益を各自が追求するような関係の排除自体は従来の基準のもとでも行われていた[(28)]のであり、この基準が背任罪の主体の範囲をより明確化したとはいい難く思われる[(29)]。

　ところで、ドイツ刑法の背任罪は、その主体となる者が（通説によれば）財産保護義務を負うことを要求し、背任行為と評価されるためには、財産保護義務に違反していなければならないことを規定している。そのため、財産保護義務は背任罪の主体と行為の両方にとって意味のある要件である。しかし、主体の議論と行為の議論は異なった形で行われている。すなわち、「他人の利益のために類型化された債務関係」という基準から看て取れるように、行為者が背任罪の適格を持つか否かの判断は、行為者と本人の全体的な法律関係に基づいて判断されているのであって、行為者が個別的に負う義務に着目して判断されているわけではない。他方、本稿において問題としている背任行為の画定のためには、行為者が本人との関係で負っている個別具体的な義務の違反が背任行為と評価されるのかという形で議論されているのである[(30)]。後者の意味での財産保護義務（違反）は、背任行為の検討において

---

(26)　BGH GA 1977, 19等。類似の基準として、「他人の利益のための財産配慮（Vermögensfür-sorge）」という表現も用いられている。BGH NJW 1983, 461; NJW 1991, 2574等

(27)　Fischer, a.a.O.（Anm. 12）, Rn 29a; Sch/Sch/Lenckner/Perron, a.a.O.（Anm. 10）, Rn 23; Schünemann, StGB LK, a.a.O.（Anm. 2）, Rn 74 ff.; Arzt/Weber, a.a.O.（Anm. 1）, Rn 58, 60. これについては Kargl, a.a.O.（Anm. 5）, S.583 f. も参照。

(28)　RGSt 71, 90は、賃料支払債務や賃借物返還債務のような通常の債務が財産保護義務に該当しないことを述べた上で、義務の本質的内容を要求している。

(29)　Sch/Sch/Lenckner/Perron, a.a.O.（Anm. 10）, Rn 23a; Arzt/Weber, a.a.O.（Anm. 1）, Rn 63. 財産保護義務の内容を示す基準として、他に民法675条の「事務処理（Geschäftsbesorgung）」が引き合いに出されることがある。連邦通常裁判所の民事判決によれば、事務処理の内容は、「経済的性質を持つ独立の活動で、本来は、本人自身が配慮しなければならないものであるが、事務処理者に委ねられているものである」と定義されており、そのような要素が欠如しているのは、「本人の任務の範囲が、およそ他方当事者の助力によってはじめて作り出されるという場合」であるとされている（BGHZ 45, 229）。もっとも、事務処理の概念を持ち出すのは、交換関係を排除するためであり、背任罪の主体の画定につき独自の観点を示すものではない。

34　第1編　背任罪における任務違背（背任行為）に関する考察

あらためて取り上げる。

第5款　故意の厳格化

ドイツの背任罪には、図利加害目的という特別の主観的要件は存在せず、故意があれば足りる[31]。そのため、本人の利益を図る動機で行われる背任も処罰の対象になり得ると考えられている[32][33]。

もっとも、判例によれば、「客観的構成要件の広範さに鑑みれば、主観的構成要件の認定には、厳格な要求が課される」[34]。この要求は、とりわけ、未必の故意の場合や、行為者が利己的に行動しているわけではない場合に妥当するとされている[35]。しかし、判例の傾向には、何故背任罪の故意の認定にだけ厳格さが要求されるのか、客観的構成要件の広範性・不明確性は、故意の認定を操作することではなく、客観的構成要件自体の限定によって解

---

(30)　この背任行為に関する議論は、通常、「義務違反（Pflichtverletzung）」という項目において行われている。ドイツにおける背任罪の議論は、背任罪の主体が「事務処理者」、行為が「任務違背行為」とされる日本の背任罪における議論と類似した形で行われているといえよう。

(31)　ただし、背任行為（義務違反）の存否を判断する際に、行為者が「自己図利目的」を持っていたことが判例上考慮されることがある（後述する BGHSt 46, 30; 47, 187参照）。しかし、このような考えは以下のように批判されている。まず、社会的に意味のある行為に代えて行為者の内心の考えを連結点にすることは、行為刑法を放棄するものである。また、客観的に正しく思われる決定においても、常に決定者の利益が混ざっているものであるし、経済活動において、業務執行者と会社の利益がパラレルとなることは合理的と評価される。最後に、行為者が企業の目的を持ち出して自己防衛を図るようになれば、結局は、何が義務に従っていて、何が反しているかは客観的に評価するほかなくなる、と。Kubiciel, a.a.O.（Anm. 5）, S.359参照。

(32)　BGH NJW 1975, 1234参照。

(33)　背任行為（義務違反）の故意については事実の錯誤と禁止の錯誤の区別に関連して学説上争われている。一方で、行為者が義務違反の基礎となる事実を認識しているならば十分であるとの見解（Schünemann, StGB LK, a.a.O.（Anm. 2）, Rn 153; Herbert Tröndle/Thomas Fischer, Strafgesetzbuch und Nebengesetze, 53. Aufl.（2005）Rn 77）があり、他方で、行為が濫用・義務違反に該当することの認識まで要求する見解（Günther Jakobs, Bemerkungen zur subjektiven Tatseite und Untreue, Festschrift für Hans Dahs（2005）S.49 ff.）がある。判例は、いずれの見解も否定し、「評価的基準と差異化した考察（wertende Kriterien und differenzierende Betrachtungen）」が必要であると述べているものの（BGH NStZ 2006, 217）、その内容は明らかでない。具体的には、連邦通常裁判所は、財産侵害的な措置を行わないことの一般的な禁止を行為者が認識している以上は、この原則を破る特別な許容命題（Erlaubnissatz）を認識していても、それは禁止の錯誤とし（BGH NStZ 2006, 217）、政党の決算報告の作成についての法律上の要求に関する錯誤を構成要件的錯誤としている（BGHSt 51, 119）。以上につき、Fischer, a.a.O.（Anm. 12）, Rn 77a 参照。

(34)　BGHSt 3, 25. 最近の判決として BGHSt 47, 295等。

(35)　BGH NJW 1975, 1236等参照。

決されるべきではないのか、などの批判が向けられている[36]。故意の厳格化による背任罪の限定は成功しているとはいい難いと思われる[37]。

第2節　背任行為

第1款　濫用構成要件――権限濫用

濫用構成要件の規定する行為の態様は、与えられた権限の濫用である。「濫用」とは、法的権能の誤った利用であり、内部関係に由来する義務に照らした具体的な権限行使に対する規範的な評価である[38]。

権限を「濫用」したといえるためには、行為者が法的に有効な法律行為を行っている必要がある[39]。それは、一般に「法的に可能であるが許されていない行為を行うこと」と定式化されている[40]。濫用は、行為の性質あるいは内容から判断されなければならないため、例えば、許可に従った行為を行うが、内心では自己のために金銭を利用するつもりであった場合は「濫用」に当たらない[41]。濫用という評価を下すには、外部的権能（法的な可能

---

(36)　Fischer, a.a.O.（Anm. 12）, Rn 78; Sch/Sch/Lenckner/Perron, a.a.O.（Anm. 10）, Rn 50; Schünemann, StGB LK, a.a.O.（Anm. 2）, Rn 151; Thomas Hillenkamp, Risikogeschäft und Untreue, NStZ 1981, S.163; Martin Paul Waßmer, Untreue bei Risikogeschäften（1997）S.25 ff., 156 ff.; Andreas Ransiek, Risiko, Pflichtwidrigkeit und Vermögensnachteil bei der Untreue, ZStW 2004, S.638 ff.; Kubiciel, a.a.O.（Anm. 5）, S.356.

(37)　もっとも、背任罪による故意の制限は、「財産上の損害」要件との関係ではなお問題となっている。本章注（131）で取り上げる BGHSt 51, 118 ff. 参照。この判決につき、Ransiek, „Verstecktes" Parteivermögen und Untreue, NJW 2007, S.1727 ff.; Frank Saliger, Parteienuntreue durch schwarze Kassen und unrichtige Rechenschaftsberichte, NStZ 2007, S.545 ff.; Klaus Bernsmann, Alles Untreue？Skizzen zu Problemen der Untreue nach §266 StGB, GA 2007, S.219 ff. 等参照。また、日本語文献として、菅沼真也子「ドイツ判例に見る背任罪の故意」比較法雑誌46巻4号（2013年）283頁以下。

(38)　Fischer, a.a.O.（Anm. 12）, Rn 20; Maurach/Schroeder/Maiwald, a.a.O.（Anm. 12）, Rn 21.

(39)　通説である。Fischer, a.a.O.（Anm. 12）, Rn 21; Sch/Sch/Lenckner/Perron, a.a.O.（Anm. 5）, Rn 17; Arzt/Weber, a.a.O.（Anm. 1）, Rn 31. 異なる見解として、Gunther Arzt, Zur Untreue durch befugtes Handeln, Festschrift für Hans-Jürgen Bruns（1978）S.371 ff. は、「濫用」を、行為者に与えられた権限の実行において実現されるあらゆる財産加害行為と見る。しかし、この見解に対しては、行為者は、266条が要求するような処分権限及び義務付け権限ではなく、地位を濫用しているに過ぎないとの批判が向けられている（Sch/Sch/Lenckner/Perron, a.a.O.（Anm. 10）, Rn 17）。

(40)　Sch/Sch/Lenckner/Perron, a.a.O.（Anm. 10）, Rn 17; Schünemann, StGB LK, a.a.O.（Anm. 2）, Rn 34, 50; Küper, a.a.O.（Anm. 25）, S.349等を参照。また、BGH wistra 1996, 72も参照。

性）の存在を確認したうえで内部の権限（法的な許可）の超過が認定される必要がある[42]。外部的権能は私法上の有効性の有無によって、内部的権限は、行為者と本人の間の内部関係に基づいてそれぞれ認定される。通説によれば権限超過の認定は、財産保護義務違反の判断と一致するとされる[43]。財産保護義務違反の点については後述する。

第2款　背信構成要件——財産配慮義務違反

　背信構成要件の規定する行為の態様は財産に配慮する義務の違反であり、法律行為に限られることなく、事実上の行為によっても、また、作為・不作為を問わず遂行され得る[44]。本人の財産に直接的な損害を加える攻撃も含まれるとされている[45]。

　財産配慮義務[46]は背信構成要件の主体を画する要件でもある。前述したように、背任罪の主体は、通例、行為者と本人の全体的な法律関係に基づいて判断されており、背任行為の場面では、行為者が負う個別具体的な義務の違反が背任行為と評価されるのかという形で議論されている[47]。

第3款　財産保護義務違反

　背信構成要件においても濫用構成要件においても、実行行為の中核をなす

---

(41)　Sch/Sch/Lenckner/Perron, a.a.O.（Anm. 10), Rn 18.
(42)　Fischer, a.a.O.（Anm. 12), Rn 23.
(43)　濫用構成要件を背信構成要件の特別類型としか見ない通説（厳格な一元説）の立場を前提としている。両構成要件の関係に関するその他の見解における（背任行為を画定する場面での）義務違反の位置付けは明確ではない。例えば、限定的一元説に立ったうえで、濫用構成要件において（財産保護）義務違反の議論を通説と同じ形で行う論者もいる。Sch/Sch/Lenckner/Perron, a.a.O.（Anm. 10), Rn 19a 参照。
(44)　Fischer, a.a.O.（Anm. 12), Rn 38 f.; Sch/Sch/Lenckner/Perron, a.a.O.（Anm. 10), Rn 35; Arzt/Weber, a.a.O.（Anm. 1), Rn 41.
(45)　Fischer, a.a.O.（Anm. 12), Rn 38; Sch/Sch/Lenckner/Perron, a.a.O.（Anm. 10), Rn 36; Schünemann, StGB LK, a.a.O.（Anm. 2), Rn 89; Kindhäuser, StGB NK, a.a.O.（Anm. 1), Rn 62; Arzt/Weber, a.a.O.（Anm. 1), Rn 38 f. ただし、このような加害行為が無制限に背任罪の対象となるのかは、後述の、個別の義務と財産保護義務との関係においてさらに議論がある。本節第3款第3項参照。
(46)　通説によれば財産保護義務が財産配慮義務と一致する点については本章第1節第3款参照。
(47)　このことは、背任罪の主体を判断する際には行為者に裁量があることが要求されているのに、本人の財産への直接加害行為を背任行為と評価している点からもうかがえる。

のは財産保護義務の違反である[48]。財産保護義務ないしその違反の認定に関しては、これまで、ドイツでは個別の論点を取り上げて議論されてきているので、本稿でも、以下、論点ごとに紹介・検討を行うことにしたい。

第1項　私法との関係

266条は財産保護義務の内容について何も規定していないため、それは刑法外の法律関係に従って確定されると解されている[49]。すなわち、通説によれば、背任罪における義務（違反）とは規範的構成要件要素であり[50]、その内容は刑法外の義務カタログから持ち込まれる[51]。かくして、刑法外の法分野との関係が問題となる。

従来、この点を巡っては、任務（内部関係）の内容が違法である場合の背任罪の成否が問題とされてきた[52]。違法な任務の単なる不履行が処罰されないことには一致がある[53]。争いがあるのは、単なる不履行を超える場

---

(48)　Fischer, a.a.O.（Anm. 12）, Rn 39; Arzt/Weber, a.a.O.（Anm. 1）, Rn 69. 濫用構成要件における義務違反の意味については本節第1款参照。

(49)　Fischer, a.a.O.（Anm. 12）, Rn 40; Elisabeth Dittrich, Die Untreuestrafbarkeit von Aufsichtsratsmitgliedern bei der Festsetzung überhöhter Vorstandsvergütungen（2007）S.191.

(50)　Schünemann, StGB LK, a.a.O.（Anm. 2）, Rn 153; Klaus Tiedemann, Die Untreuetatbestand － ein Mittel zur Begrenzung von Managerbezügen? Festschrift für Ulrich Weber（2004）S.322等。白地（Blankett）メルクマールとする見解として、Sax, a.a.O.（Anm. 5）, S.664; Ursula Nelles, Untreue zum Nachteil von Gesellschaften（1991）S.505参照。これに対して、266条は、刑法外の規範を借用しつつ、処罰規定の保護目的及び明確性の要請という刑法解釈上の独自性によって加工しているという意味で、白地メルクマールではなく規範的構成要件であると説くのは、Thomas Rönnau, Untreue als Wirtschaftsdelikt, ZStW 2007, S. 904.

(51)　BGHSt 47, 187; Kubiciel, a.a.O.（Anm. 5）, S.354; Tiedemann, Die Untreuetatbestand, a.a.O.（Anm. 50）, S.322; Dittrich, a.a.O.（Anm. 49）, S.31; Schünemann, StGB LK, a.a.O.（Anm. 2）, Rn 60; Henning Radtke/Maike Hoffmann, Gesellschaftsakzessorietät bei der strafrechtlichen Untreue zu Lasten von Kapitalgesellschaften ? － oder: „Trihotel" und die Folgen, GA 2008, 535 ff. この意味で刑法266条が、刑法外の規則を指摘する単なる「検索プログラム（Suchprogramm）」でしかないことを強調するのは、Ransiek, Risiko, a.a.O.（Anm. 36）, S.645.

(52)　この問題は、背任罪の主体性が認められるのかという形で論じられてきた。しかし、例えば、会社の機関構成員が贈賄を行うような事例を想定すれば、むしろ背任行為の場面で扱われるべきものであるため、ここで検討する。

(53)　Fischer, a.a.O.（Anm. 12）, Rn 34, 41; Sch/Sch/Lenckner/Perron, a.a.O.（Anm. 10）, Rn 31; Schünemann, StGB LK, a.a.O.（Anm. 2）, Rn 65; Arzt/Weber, a.a.O.（Anm. 1）, Rn 55; Maurach/Schroeder/Maiwald, a.a.O.（Anm. 12）, Rn 28; Küper, a.a.O.（Anm. 25）, S.366. このような例として、委託された賄金を流通に置かない場合、会社の業務執行者が会社にとって不利な契約を締結するが有利な契約の締結が違法又は良俗違反である場合が挙げられる。

合、例えば、本人が違法又は良俗違反の目的のために委託した金銭を行為者が本人との取り決めに反して（不当に）利用する場合である。判例及び大部分の学説は、当罰的な事例に対する間隙を作らないために、この場合に背任罪の成立を肯定する[54]。しかし、反対説は、取決めが法的に認められない場合においても背任罪による保護を認めるというのは法秩序の統一性の原理に反すると批判している[55]。

　背任行為の場面に限るならば、行為者が違法な任務を単に実行しないことを超えて、何らかの財産処分を行う場合、当該処分自体が義務違反と評価され得るようなものである限り、積極に解してよいであろう。取決めの違法・良俗違反は、本人に保護に値する財産が存在するのかという場面で議論されるべきである[56]。

第2項　同　意

　本人が行為者の財産処分について同意をしている場合[57]、濫用構成要件も背信構成要件も成立しない。この場合、両構成要件に必要とされている義務違反が既に存在しないからである。この意味で、背任罪における本人の同意は構成要件を阻却する合意（Einverständnis）であると一般的に理解されている[58]。

第3項　個別の義務違反行為との関係

　背任罪の主体の議論とも関係するが、判例において次のようなことが言わ

---

(54)　BGHSt 8, 254（旧東ドイツの自由青年団（FDJ）の役員が違法な「西側の仕事（Westarbeit)」のために与えられた金銭を、東ドイツから西ドイツに逃亡するために利用した事案）。Lackner/Kühl, a.a.O.（Anm. 12), Rn 10; Schünemann, StGB LK, a.a.O.（Anm. 2), Rn 65; Arzt/Weber, a.a.O.（Anm. 1), Rn 55.

(55)　Sch/Sch/Lenckner/Perron, a.a.O.（Anm. 2), Rn 31; Kindhäuser, StGB NK, a.a.O.（Anm. 1), Rn 42; Maurach/Schroeder/Meiwald, a.a.O.（Anm. 12), Rn 28.

(56)　Schünemann, StGB LK, a.a.O.（Anm. 2), Rn 65参照。

(57)　権限及び任務を与えた委任者と財産上の利益の帰属者が異なる場合、委任者の同意自体が財産帰属者との関係で義務違反の可能性がある。義務違反と評価されるならば同意は無効となる。

(58)　通説。Fischer, a.a.O.（Anm. 12), Rn 24, 49; Sch/Sch/Lenckner/Perron, a.a.O.（Anm. 10), Rn 21, 38; Arzt/Weber, a.a.O.（Anm. 1), Rn70; Schramm, a.a.O.（Anm. 5), S.46 ff. 等。

れている。行為者と本人の全体として（insgesamt）の契約関係に基づいて財産保護義務が認められるとしても、個別的には、その違反が背任罪を成立させない義務がある、と[59]。このような考え方に従って、背任罪の成立が否定された具体例としては、弁護士が委任事務の処理によって受け取った金銭を本人に引き渡さなかった事案[60]、株式会社の取締役が、自己の競業禁止違反行為によって発生させた当該取締役に対する会社の利益吸上請求権（Gewinnabschöpfungsanspruch）[61]を履行しなかった事案[62]が挙げられる。すなわち、預り金の引渡しや単純な債務履行の義務は、財産保護義務者以外の者も負うような通常の義務と内容において変わりがないものであるから、その違反は背任罪における義務違反とは評価されないと考えられている。

　さらに、財産保護義務を負う者が、本人の財産を損壊あるいは奪取するケースも問題となる。ここでは、行為者が本人から与えられた財産保護義務を基礎付けるような地位（権力的地位〔Machtstellung〕）[63]がはじめて義務違反を可能にすることまでは必要とされていない。換言すれば、義務違反行為が第三者によっては実行することが不可能であるという必要はないと考えられてきた[64]。他方、行為者のあらゆる義務違反行為が背任罪となるということ[65]も一般に否定されている。なぜなら、このような考え方を採ると、財

---

(59)　BGH NStZ 1986, 361; OLG Hamm NJW 1973, 1809; BGHSt 47, 295等。学説として、Tiedemann, Untreue bei Interessenkonflikten, Festschrift für Herbert Tröndle（1989）S.327; Rönnau/Kristian Hohn, Die Festsetzung（zu）hoher Vorstandsvergütungen durch den Aufsichtsrat, NStZ 2004, S.114. ただし、このような傾向と立場を異にするように見える判例として、BGHSt 50, 331が存在する。これについては、本章第3節第1款参照。

(60)　BGH NStZ 1986, 361.

(61)　株式法88条2項2文によれば、株式会社は、競業禁止に違反した取締役に対して、同人が得た利益を会社に引き渡すことを請求できる。

(62)　BGH wistra 1988, 227.

(63)　この概念はすでにビンディングによっても用いられていた。本章第1節注（2）参照。

(64)　BGHSt 17, 361 f.; Tiedemann, Untreue bei Interessenkonflikten, a.a.O.（Anm. 59）, S.325 ff.; Saliger, Parteiengesetz und Strafrecht（2005）S.30 f.; Schünemann, StGB LK, a.a.O.（Anm. 2）, Rn 90; Kindhäuser, StGB NK, a.a.O.（Anm. 1）, Rn 62; Sch/Sch/Lenckner/Perron, a.a.O.（Anm. 10）, Rn 36; Maurach/Schroeder/Maiwald, a.a.O.（Anm. 12）, Rn 36.

(65)　このような見解に立つと思われるのは、ヴォルフである。彼は次のように述べる。行為者と本人の全体としての関係で財産保護義務が認められるならば、「行為者は、………いかなる方法においても——本人の財産を故意に侵害する場合には、義務」に違反している、と（Gerhard Wolf, Die Strafbarkeit des ehemaligen CDU-Vorsitzenden Dr. Helmut Kohl nach §266 StGB, KJ 2000, S. 548）。

40　第1編　背任罪における任務違背（背任行為）に関する考察

産保護義務に本人の財産を侵害することの一般的な禁止も含まれることにな
り[66]、例えば、スーパーマーケットチェーンの取締役が夜間にチェーンの
店舗に侵入し品物を奪取したような場合にも、背任罪で処罰されることに
なってしまうからである[67]。

　このような帰結は行き過ぎであるとして、個別の義務違反は権力的地位と
ある程度の関連性は持たねばならないとする限定が試みられている。すなわ
ち、行為が、財産保護義務によって基礎付けられる任務領域の内部にある場
合にのみ背任罪にとって意味のある義務違反として評価されるという見
解[68]、背任罪の処罰根拠は特別の権力的地位を与えられた行為者による財
産侵害であるということから、違反された義務と財産保護義務との間に機能
的連関（funktionale Zusammenhang）を要求し、行為者に与えられた権力的地
位が、行為者に当該義務違反を可能にし、容易にし、又はその他の方法にお
いて決定的に促進させた場合でなければならないとする見解である[69]。機
能的連関を考慮する見解によれば、行為者に与えられた特別の地位が、他人
には存在する財産加害行為への障害を排除できる場合に背任罪が認められる
ことになる。

　背任行為を任務領域の内部に限定する見解は、その任務の範囲を「財産保
護義務によって基礎付けられる」という以上には規定していないと批判され
ている[70]。背任罪は特別な信任関係の違反を処罰する犯罪である以上、本

---

(66)　学説において、「他人の財産上の利益を保護する」ということから、他人の財産に損害を与
　　えることの禁止が導かれ、行為者は委託された任務を本人の損害になるように実行してはなら
　　ず、損害を与えた以上は義務違反になるとの指摘がある（Schünemann, StGB LK, a.a.O.
　　(Anm. 2), Rn 89 f.; Sch/Sch/Lenckner/Perron, a.a.O. (Anm. 10), Rn 36; Tiedemann, Untreue
　　bei Interessenkonflikten, a.a.O. (Anm. 59), S.322 f.）。もっとも、この指摘は、背任罪の主体た
　　る地位にある者が本人の財産を破壊・奪取するという事例においても背任罪が成立し得る、と
　　いうことを述べるものに過ぎず、個別の損害発生から財産保護義務者たる地位を導くことを意
　　味しているわけではない。ただし、実務においては、このような損害から義務違反への逆推論
　　（Rückschluss）が行われているとされ、損害と義務違反との関係を曖昧にするとの批判が向
　　けられている。Waßmer, a.a.O. (Anm. 36), S.103 ff.; Frank Saliger, Wider die Ausweitung
　　des Untreuetatbestandes, ZStW 2000, S.565 ff., 610; Fischer, a.a.O. (Anm. 12), Rn 40等。
(67)　Saliger, Parteiengesetz, a.a.O. (Anm. 64), S.31.
(68)　Hübner, StGB LK, 10. Aufl., a.a.O. (Anm. 9), Rn 81; Kindhäuser, StGB NK, a.a.O. (Anm. 1),
　　Rn 62.
(69)　Sch/Sch/Lenckner/Perron, a.a.O. (Anm. 10), Rn 19a, 23; Saliger, Parteiengesetz, a.a.O.
　　(Anm. 64), S.33 ff.; Eisele, a.a.O. (Anm. 10), S.388.

人の財産に対するあらゆる加害行為を背任行為と評価することはできない。そのため、機能的連関を要求することが必要と解される。ただし、機能的連関を考慮する見解の内部では、行為者が、自身の管理する物を着服又は窃取する場合だけではなく、行為者の「任務の範囲」外にある物（例えば、行為者が権限を持たない支店の商品）についても、部外者に対して存在する障害をその権力的地位により排除できる場合には、背任罪が肯定されるのかという点が争われている[71]。「任務の範囲」が財産保護義務によって基礎付けられるとするならば、それは権力的地位の及ぶ範囲と一致するであろうから、その範囲外における権力的地位の行使は考え難い。一方で、「任務の範囲」が財産保護義務とは異なる別のもの（例えば、行為者の権限あるいは管轄）によって画定されると考える場合は、そのような事態も想定され得る。もっともその場合は、行為者の権力的地位を離れた権限や管轄で背任罪の成立範囲を限定するのことの根拠が問われよう。結局のところ、行為者の義務違反行為が背任罪の主体たり得る地位とどのような関係を持つのかという判断に解消されると思われる。その限りで重要なのは機能的連関であって、「任務の範囲」による限定は要しないと考えられるのである[72]。

第4項　冒険的取引

　義務違反の判断基準が比較的精緻化されてきた領域に、いわゆる冒険的取引（Risikogeschäft）がある。冒険的取引の定義については諸説がある。一般的には、「問題の措置が利益を生むか損失を出すかの予測が高度の不確実性を伴う」場合[73]などとされている。しかし、最近は、「誤った決定となる可

---

(70)　Saliger, Parteiengesetz, a.a.O.（Anm. 64）, S. 33; ders, Gibt es eine Untreuemode? Die neuere Untreuedebatte und Möglichkeiten einer restriktiven Auslegung, HRRS 2006, S.18.

(71)　否定するのが一般的である。Schünemann, StGB LK, a.a.O.（Anm. 2）, Rn 89 f.; Maurach/Schroeder/Meiwald, a.a.O.（Anm. 12）, Rn 36等参照。一方、肯定するのは、Sch/Sch/Lenckner/Perron, a.a.O.（Anm. 10）, Rn 36等。

(72)　Saliger, Parteiengesetz, a.a.O.（Anm. 64）, S.33 ff. も参照。

(73)　Sch/Sch/Lenckner/Perron, a.a.O.（Anm. 10）, Rn 20. 例としては、危機に瀕した企業への追加融資（Sanierungskredite）、投機取引等が挙げられている。同旨のものとして Hans Achenbach/Andreas Ransiek/Jürgen Seier, Handbuch Wirtschaftsstrafrecht, 2. Aufl.（2008）Kapital V, Abschnitt 2, Rn 339.

42 第1編 背任罪における任務違背（背任行為）に関する考察

能性がある取引上の自由裁量」がある場合[74]、「結果が財産損害となるかど
うかが不確実である業務上の処分」を行う場合[75]、とも定義されており、
これによれば、経済活動の相当の部分が冒険的取引に当てはまることに
なる。

　冒険的取引における義務違反の判断に関し、従来は、「当該職業分野にお
ける通常の注意（branchenübliche Sorgfalt）」という一般的な基準が支持されて
いた[76]。しかし、これでは、個別事例に適用する際に役に立たず、信任関
係の個別性を捉えきれていないと批判された[77]。その後、「本人と行為者の
間の内部関係」が、冒険的取引における義務違反の基準と限界を確定すると
いう見解が登場し[78]、現在でほぼ通説化して[79]、判例[80]も従っている。こ
の見解によれば、本人の意思に一致しているのかどうかが第一に問わ
れ[81]、本人の意思が不明なとき、これに代わる明確な法律上の規定、定
款、取決め等が存在する場合はそれに従い、これらも欠如している場合に、
個別事例において、例えば株式法93条1項にいわゆる「通常の誠実な（orden-

---

(74)　Hillenkamp, a.a.O.（Anm. 36), S.165.

(75)　Waßmer, a.a.O.（Anm. 36), S.10. また Fischer, a.a.O.（Anm. 12), Rn 42; Henning Loeck,
　　Strafbarkeit des Vorstands der Aktiengesellschaft wegen Untreue（2006）S.28もおそらく同
　　旨と見られる。

(76)　RGSt 69, 203; Mayer, Die Untreue, a.a.O.（Anm. 5), S.354等参照。

(77)　Waßmer, a.a.O.（Anm. 36), S.28. 義務違反の基準としてではないが、判例は次のように述べ
　　たことがある。「冒険的取引は、損失の危険が利益獲得の見込みより可能性が優る場合、常に
　　許容されない」、と（BGH NJW 1975, 1234）。しかし、このような主張は「当該職業分野にお
　　ける通常の注意」基準と同様に本人と行為者の内部関係を無視する（Achenbach/Ransiek/
　　Seier, a.a.O.（Anm. 73), Rn 347; Arzt, a.a.O.（Anm. 39), S.377 Anm. 33; Bringewat, Finanzma-
　　nipulation im Ligafußball‐ein Risikogeschäft, JZ 1977, S.667; Schreiber/Beulke, a.a.O.（Anm.
　　12), S.656）ものであるし、利益と不利益の見込みが半々に近いような場合、措置を行っても
　　行わなくても義務違反にならないかといった批判が向けられている（Hans-Hermann Alden-
　　hoff/Sascha Kuhn, §266 StGB‐Strafrechtliches Risiko bei der Unternehmenssanierung
　　durch Banken? ZIP 2004, S.105）。

(78)　Hillenkamp, a.a.O.（Anm. 36), S.164 f.

(79)　Waßmer, a.a.O.（Anm. 36), S.30; Sch/Sch/Lenckner/Perron, a.a.O.（Anm. 10), Rn 20;
　　Schünemann, StGB LK, a.a.O.（Anm. 2), Rn 56, 95, 97; Fischer, a.a.O.（Anm. 12), Rn 42; Arzt/
　　Weber, a.a.O.（Anm. 1), Rn 72.

(80)　例えば、金融機関の貸付について BGH wistra 1985, 190は、銀行の責任者が刑法266条にお
　　ける義務違反の行動をしているのは、行為者が「彼に設定された範囲を遵守していない」場合
　　であるとしている。

(81)　Waßmer, a.a.O.（Anm. 36), S.30; Sch/Sch/Lenckner/Perron, a.a.O.（Anm. 10), Rn 20;
　　Nelles, a.a.O.（Anm. 50), S.569.

tliche und gewissenhafte）」業務執行のような一般条項的な基準が用いられる。
以上の判断枠組は、経済活動の実態に適合するとされる。すなわち、個々に
存在する内部関係に焦点を合わせることは、経済活動の多様性に配慮するも
のであり、本人との取決め又は法規範による許容されるリスクについての明
確な基準があれば、これに拠ることは最大の法的安定性を提供するといえる
からである(82)。

　ドイツにおいては冒険的取引が、従来、背任行為を巡る論点の一つで
あった。そこでは、日本法のように「通常の業務執行」のような一般的で曖
昧な基準に終わることなく、本人と行為者の間の内部関係という個別事例に
着目した見解が登場している。以上の議論は冒険的取引という背任罪が問題
となる特定の場面に限って行われたものに過ぎないともいえるが、冒険的取
引の定義自体が、高度のリスクを持つ行為から、結果が不確実な行為にまで
拡張された結果、その範囲は背任罪が問題となる場面の大部分を占めるに
至っていると思われる。そのため、近時は冒険的取引の議論を念頭において
背任行為一般について議論されるようになってきている。この点に関しては
後に詳しく検討する(83)。

第4款　まとめ

　ドイツにおいても日本と同様に、「背任行為」が正面から包括的に論じら
れてきたわけではないけれども、個別的な論点の議論から以下の帰結が導き
出されるように思われる。

　まず、私法との関係においては、行為者と本人との内部関係が違法又は良
俗違反である場合が議論されていた。ここでは、「違法な任務を単に実行し
ない場合は義務違反ではない」、及び、「違法な任務を与えられた場合にそれ
とは別の財産処分を行う場合は、当該処分行為について義務違反が判断され
る」という結論が導かれると解される。

　次に、本人が行為者の行為に同意を与えている場合は、権限の濫用も財産

---

(82)　しかし、逆に言えば、本人との取決めや法規範のような明確な基準が存在しない場合、未だ
　　解決は不明確なままである。
(83)　本章第3節参照。

保護義務の違反も欠如しているために背任行為は存在しないとする理解も当然のこととして支持される。

　また、背任罪の主体性が肯定される者の行為が全て義務違反と評価されるわけではなく、違反された個別の義務と財産保護義務の間に機能的連関、すなわち、行為者の地位が義務違反行為を促進することが要求されるべきだと思われる。

　最後に、冒険的取引の議論においては、許される行為か否かを判断する基準について、当該職業分野における通常の注意という一般的なものから、行為者と本人の間の具体的内部関係へと、本人の意思を重視する方向に判例・通説は動いてきている。それは妥当なものと目されるが、「冒険的取引」の範囲が、リスクのある取引行為一般へと拡張する傾向が見られ、議論が背任行為一般とも重なるとも見られるので、さらに以下で検討を続けることにする。

　以上は、日本においては（少なくとも自覚的には）議論されてこなかった点であり、背任行為の内容を具体化するものとして着目すべきものと考えられる。

第3節　最近の動向

　以上の議論においても、我が国における「背任行為」の理解についていくつかの帰結が得られるものの、なお正面から「背任行為」が論じられているとはいい難い状況がドイツでも存在していた。ドイツにおいても、従来、背任罪の主体の範囲を画することに議論の重点が置かれていたことにそれは由来すると考えられている。しかし、近年、状況に変化が見られる。すなわち、判例・学説の関心が、どのような行為が背任罪として評価されるのかという点に向けられつつあるからである。

　これは、実務において、会社の機関の経済活動が背任罪に問われるケースが増大してきたことに起因する。ドイツでは、背任罪は「好景気」であると言われている[84]。ここ数年来、重大でメディアにも頻繁に取り上げられる背任事件が登場し[85]、また、背任罪の事件数自体も非常に増加しているの

である[86]。もっとも、学説は、この傾向を批判的に見ている[87]。すなわ
ち、捜査機関が、企業の破綻という現実と何らかの「不道徳」と思われる会
社の経営者の行為とを処罰に結びつけるために背任罪を濫用しているのでは
ないかとの疑念を抱いている[88]。いずれにせよ、近時の背任事件の多く
は、機関構成員の経済活動に関わるものであり、行為者の主体要件の充足
は、通常、争点にならず、損害及び義務違反の有無が正面から取り上げられ
ている[89]。

　義務違反の要件を巡り、2000年から2005年までに、連邦通常裁判所
（BGH）が下したいくつかの重要な判決を概観し、引き続いて学説の反応を
紹介することにする。

第1款　判　例
第1項　連邦通常裁判所2000年4月6日判決（BGHSt 46, 30 ff.）

　この判決は、貯蓄銀行（Sparkasse）の取締役らが、金融制度法18条1文の
規定に違反する貸付を行っていた事案に関するものである。同条項によれ
ば、銀行は、一定額以上の貸付を行う際には、借受人に経済的状況を開示さ

---

(84) Jürgen Seier, Die Untreue (§266) in der Rechtspraxis, Bochumer Beiträge zu aktuellen
　　Strafrechtsthemen (2003) S.145 f. この言葉は他の論者にも引用されている。Bernd
　　Schünemann, Die „gravierende Pflichtverletzung" bei der Untreue, NStZ 2005, S.473; Rön-
　　nau, a.a.O. (Anm. 50), S.887.
(85) 例えば、後述するマンネスマン事件（BGHSt 50, 331）や、元ドイツ首相コールの事件（LG
　　Bonn NStZ 2001, 375 ff.）である。
(86) 警察犯罪統計（Polizeiliche Kriminalstatistik）によれば、1990年代前半にはその認知件数は
　　5000件に満たなかったが、90年代後半になって2倍程度の数に急増し、現在までその水準が維
　　持されている。
(87) 例えば、経営者等の「『不適切』と感じられる金銭と財産の扱いほぼ全てを、背任罪の構成
　　要件に含めるという傾向」などと言われている（Holger Matt, Missverständnisse zur Un-
　　treue - Eine Betrachtung auch zum Verhältnis von (Straf-) Recht und Moral, NJW 2005, S.
　　390）。
(88) もっとも、いくつかの事件においては、刑訴法153条aに基づき公判手続が途中で打ち切ら
　　れている（例えば、前述のLG Bonn NStZ 2001, 375 ff.）。このような裁判所の手法について批
　　判的なのは、例えばFrank Saliger, Rechtsprobleme des Untreuetatbestandes, JA 2007, S.327
　　Anm. 8.
(89) Ransiek, Risiko, a.a.O. (Anm. 36), S.645; Bernd Schünemann, Organuntreue (2004) S.18;
　　Saliger, Gibt es eine Untreuemode?, a.a.O. (Anm. 70), S.12; Rönnau, a.a.O. (Anm. 50), S.888
　　Anm. 2.

46　第1編　背任罪における任務違背（背任行為）に関する考察

せなければならない。にもかかわらず、本件においては、借受人となった法人の唯一の出資者である者の年度末決算書が提出されていなかった。原審は、同条項違反は義務違反になるとして、被告人らに刑法266条の適用を肯定した。

　連邦通常裁判所は、次のように述べて、原判決を破棄して差し戻した。刑法266条の義務違反を判断する際、貸付を決定する者が「借受人の財産状況に関する調査義務（Prüfenspflicht）及び情報収集義務（Informationspflicht）を全体として十分に履行しているのか」ということが決定的である。その際、金融制度法18条1文の違反は、そのような事情を認定するための手がかりではあるものの、同条の義務の懈怠による情報の欠如が別の情報によって埋め合わされる可能性は排除されない。原審が、貸付について年度末決算書の提出を求めなかったという以上に具体的な認定を行っていない点には瑕疵がある、と[90]。

　連邦通常裁判所は、貸付が背任罪における義務に違反するかどうかの判断方法について次のような一般的な指摘を行っている。貸付は、性質上リスクを負った取引であり[91]、貸付の際には、包括的な情報基盤に基づいて、貸付のリスクがそこから生じる（利得の）機会と比較して考量される。この考量が注意深く行われるならば、事後的に契約に障害が生じたことを理由としては義務違反が認められることはない。このようなリスクの調査が十分に行われていないことの手がかりとして、情報収集義務の怠慢、行為者の権限の不存在、行為者の共同責任者（Mitverantwortlichen）及び監査役等への虚偽又は不十分な報告、設定された目的の不遵守、最大与信枠の超過、並びに貸付の決定者が自己の利益のために行動していることが挙げられる、と[92]。

　本判決が、金融制度法上の義務違反から離れて、刑法独自の義務違反判断を志向した点については、学説では好意的に受け止められた[93]。また、本

（90）　BGHSt 46, 32.
（91）　BGH wistra 1985, 191も参照。
（92）　BGHSt 46, 34.
（93）　Christoph Knauer, Die Strafbarkeit der Bankvorstände für missbräuchliche Kredit-gewährung, NStZ 2002, S.400; Hanns W. Feigen, Untreue durch Kreditvergabe, Festschrift für Hans-Joachim Rudolphi（2004）S.450 f. 等参照。

判決は、「借受人の財産状況に関する調査義務及び情報収集義務」を重視
し、包括的な情報基盤に基づいて注意深い決定が行われていれば義務違反は
認められないと述べていることから、貸付に関する背任罪の成否を判断する
際に、貸付の内容ではなく、貸付を決定するための調査過程に焦点を合わせ
ている点に特色があると評価されている[94]。もっとも、貸付の正当性を判
断するためには、借受人の信用を調査したことを見るしかないのであって、
背任罪における義務違反の判断にとって当然のことを判示したに過ぎないと
の評価も存在し[95]、いずれにせよ、事前の十分な調査が義務違反を判断す
る際の「基準」として意識されていたとまではいえなかった。

第2項　連邦通常裁判所2001年11月15日判決（BGHSt 47, 148 ff.)

　翌2001年の連邦通常裁判所の判決も、金融制度法18条1文に違反する貯蓄
銀行の貸付に関するものであった。本件では複数の貸付が問題となったが、
原審は、それら全てについて無罪判決を下した。同判決に対する検察官の上
告を受けた連邦通常裁判所は、上述の2000年判決を引用しつつ、背任罪にお
ける義務違反の認定において、被告人の経済状況についての調査義務及び情
報収集義務の十分な履行を問題にしている[96]。ただし、次のように判示し
た点は2000年判決とは異なっていた。「刑法266条の意味での義務違反にとっ
て決定的なのは、行為者が、貸付の際に、銀行で通常とされる借受人の経済
的状況に関する情報収集義務及び調査義務に重大な（gravierend）違反をした
かどうかである」、と[97]。本判決は、背任罪の成立のために、義務違反が
「重大」であることを要求したのである。
　もっとも、義務違反の重大性の要求が、2000年判決と比べて、背任罪の成
立の限定を志向するものではなかった点には留意を要する。本判決は、結論

---

(94)　Christian Müller-Gugenberger/Klaus Bieneck/Armin Nack, Wirtschaftsstrafrecht（2006）
　　§66, Rn 87; Feigen, a.a.O.（Anm. 93）, S. 448; Knauer, a.a.O.（Anm. 93）, S.399; Kubiciel, a.a.O.
　　（Anm. 5）, S.355等。
(95)　Ransiek, Risiko, a.a.O.（Anm. 36）, S.671 f. また、Schünemann, Die „gravierende Pflichtver-
　　letzung", a.a.O.（Anm. 84）, S.475も参照。
(96)　ここで判決は、「貸付の承認の限界及び他の法律上規範化された権限の限界の違反は認定さ
　　れない」と前置きした上で調査・情報義務の判断を行っている。
(97)　BGHSt 47, 150.

48　第1編　背任罪における任務違背（背任行為）に関する考察

的に義務違反の重大性を肯定し、その際、金融制度法18条1文についての金融制度監督庁（BAKred）の通達を根拠に、同規定は、単なる形式的な義務ではなく、貸付の際の信用性調査に関する実質的な義務を示しているとした上で、通達の内容を含めた同規定の違反が直ちに背任についての義務違反になるかのような表現を行ったからである。すなわち、「被告人は、現実の状況に対する十分な洞察を得ていなかった。企業内部の財産状況についての透明性の欠如は、既に、第一の貸付について明白であった。担保の対象は視察されず、土地の実際の価値について調査されていないと認定されている。それゆえ、被告人は、情報収集義務及び金融制度法18条1文に基づく公開の要求をする義務について、すでに第一の貸付の際に重大な違反を犯していた。〔財産状況に関する〕証拠書類の不十分さに鑑みれば、さらに資料を要求することが必要とされる。本件では、行為者自身による調査も行われていなかった。借受人の経済的状況について明確な像が存在しない以上、既に第一の貸付から、許されるべきではなかった」（〔　〕内は引用者挿入）、と[98]。

　この判決には、2000年判決と異なり学説上批判が強い。金融制度法の規定は銀行の財産を保護するためのものではないにもかかわらず、その違反から自動的に義務違反を導き出したように解されることがその主な理由である[99]。また、義務違反の「重大性」についても、付随的に述べられただけで、その中身については本判決では必ずしも明らかにはされていなかった。

第3項　連邦通常裁判所2001年12月6日判決（BGHSt 47, 187 ff.）

　義務違反の「重大性」というメルクマールは、同じ年の12月6日に下された判決においても用いられた。事案は、株式会社の取締役会議長であった被告人Xが、バーデン＝ヴュルテンベルク州の大臣であった相被告人Yから懇請され、Yがオーナーを務めていたスポーツ団体に数度の寄付を行ったというものである。Xの義務違反につき、以下のように判示された。

　「266条の背任構成要件の意味での義務違反の認定には、会社法上のなんら

---

(98)　BGHSt 47, 153.
(99)　Knauer, a.a.O.（Anm. 93）, S.400; Feigen, a.a.O.（Anm. 93）, S.451参照。

かの義務違反があれば足りるわけではない。むしろ、義務違反は重大でなければならない。重大か否かは、とりわけ会社法上の諸基準の全体的視点（eine Gesamtschau insbesondere der gesellschaftrechtlichen Kriterien）に基づいて確定される」。その際の手がかりとして挙げられるのは、「企業目的からかけ離れていること、収益及び財産状況に鑑みて不適切であること、企業内部において透明性が欠けること、不当な動機、とりわけ、単なる個人的な嗜好の追及が存在することである。少なくともこれらが全て充たされる場合には、刑法266条の意味での義務違反は肯定される」、と[100]。

　本件では、寄付が企業目的に沿うとはいえず、会社の財政状況にも難があった。加えて、寄付は、XがYとよしみを通ずるために行われたものであって、贈られた金銭はYの利益のために用いられた。さらに、Xは、寄付を行う際にその目的を偽る等の工作を行っており企業内の会計処理に透明性を欠いていた。かくして、Xには背任罪における義務違反が認められた。

　本判決では、再度「重大な」義務違反という概念が用いられ、その評価のための「手がかり」も示された。もっとも、「重大性」という概念の内容を明確にしていないために、学説においては、「重大な」義務違反とは、刑法上の義務違反が刑法外の義務違反より程度において高度のものであることを意味するとの見解[101]、後述する「支持不可能性」基準へと具体化する見解[102]など諸説が主張されることになった。

第4項　連邦通常裁判所2005年11月22日判決（キノヴェルト〔Kinowelt〕事件判決、BGH NJW 2006, 453 ff.）

　義務違反の重大性の内容を巡って2005年に新たな連邦通常裁判所の判決が登場する。コンツェルン関係にある企業間の資金移動が問題になった2005年11月22日判決がそれである。そこでは、A社の株主かつ取締役であった被告人が、B社を自社グループに取り込むために、B社に対してA社の資金

（100）　BGHSt 47, 197. 本判決は、266条1項前段と後段のいずれの背任構成要件が成立するのかを説明することなく、結論的に、背信構成要件を適用した。

（101）　Ralph Wollburg, Unternehmensinteresse bei Vergütungsentscheidungen, ZIP 2004, S. 656.

（102）　Saliger, Gibt es eine Untreuemode? a.a.O.（Anm. 70), S.19 f.

50 第1編 背任罪における任務違背（背任行為）に関する考察

を提供したことが背任罪における義務違反に当たるのか、という点が争われ、次のように判示された。「取締役には、……決定の際に、広い裁量の余地が認められる。他方、──広く設定された──経営上の決定を行う自由の限界が超過され、それによって（damit）、自己の管理する企業に対する主たる義務に違反する場合、会社法上の義務の違反が存在し、それは同時に刑法266条の意味での義務違反を基礎付ける程度に重大なものである」〔強調、筆者〕、と (103)。

　本件では、被告人による当初の資金援助は、A社の監査役会決議によるB社買収の方針に基づいており、B社買収の見込みもあった以上、被告人の裁量の範囲内にあったといえた。しかし、A社が破産の危機に瀕した時点以降の資金提供は、B社の買収及びそれ以降の業務執行のための財政基盤を欠くものであり、また、A社の財政的事情からも義務違反が認められるとされた。

　同判決については、私法（会社法）上の義務違反と背任罪の義務違反が一致するとしたものだとする理解が多数である (104) ものの、「damit」の解釈次第で、会社法上の義務違反から背任罪の義務違反を導くには条件が必要との読み方も可能であるとの指摘も見られるところである (105)。

　2005年11月22日判決は、連邦通常裁判所民事部による1997年4月21日判決（アラーグ・ガルメンベック〔ARAG/Garmenbeck〕事件判決、BGHZ 135, 244 ff.）を参照している。事案は、株式会社の監査役会が取締役に対する損害賠償責任の追及を否決したことに対して、監査役会構成員の一人が無効確認訴訟を提起したというものである。ここで、監査役会決議の無効を判断する前提として取締役の損害賠償義務の有無が審査された。判決は、取締役の業務執行についての広い裁量の余地を肯定し、「取締役の損害賠償義務が考慮されるの

（103）　BGH NJW 2006, 454 f.
（104）　Lahs Kutzner, Einfache gesellschaftsrechtliche Pflichtverletzungen als Untreue‐Die Kinowelt-Entscheidung des BGH, NJW 2006, 3542 f.; Radtke/Hoffmann, a.a.O.（Anm. 51）, S.539.
（105）　Bernd Schünemann, Der Bundesgerichtshof im Gestrüppe des Untreuetatbestandes, NStZ 2006, S.198参照（ただし、シューネマン自身は、会社法上の義務違反と背任罪の義務違反とを一致させて考えるのが本判決と見ているようである）。

は、責任意識（Verantwortungsbewusstsein）によって担われ、企業の利益
（Unternehmenswohl）にのみ方向付けられた、決定基盤の注意深い調査に基づ
く、経営上の行動が、行われなければならない限界を明白に超える場合、経
営リスクを冒すことが無責任な態様で度を超えたものとなる場合、若しく
は、取締役の行為がその他の理由から義務違反とならざるを得ない場合であ
る」と判示した。

　アラーグ・ガルメンベック事件判決は、取締役の責任につき、アメリカに
おいて発展した、いわゆる「経営判断の原則（Business Judgment Rule）」を採
用したものとされている。経営判断原則とは、経営判断が会社に損害をもた
らす結果を生じたとしても、その判断が誠実性及び合理性を確保する一定の
要件の下に行われた場合には、裁判所が経営判断の当否に介入し注意義務違
反として取締役の責任を問うべきではないという（会社法上の）考え方であ
る[106]。同原則の意義及び要件について未だ一致は見られないものの、概
ね、取締役が①経営判断の対象に利害関係を有しないこと、②経営判断の対
象に関して、当該状況の下で適切であると合理的に信ずる程度に知っていた
こと、③経営判断が会社の最善の利益に合致すると相当に信じたこと、とい
うように定式化されている[107]。アラーグ・ガルメンベック事件判決は、取
締役に裁量権を認め、前記判示の要件のもとでのみ義務違反を認めたことか
ら、アメリカ法の経営判断原則をドイツ法に導入したと学説において評価さ
れた[108]。例えば、ヘンツェによれば、①には「責任意識によって担われ」、
②には「決定基盤の注意深い調査」、③には「企業の利益にのみ方向づけら
れた」という部分がそれぞれ対応しているとされる[109]。また、同判決を契

（106）　アメリカにおける経営判断原則について紹介した日本の文献として、川濱昇「米国におけ
　　　る経営判断の検討（1）（2・完）」法学論叢114巻2号（1984年）79頁以下、114巻5号（1984
　　　年）36頁以下などを参照。
（107）　American Law Institute, Principles of Corporate Governance, Vol. 1 (1994) §4.01 (c). 証
　　　券取引法研究会国際部会訳編『コーポレート・ガバナンス』（日本証券経済研究所、1994年）
　　　22頁以下。
（108）　Wolfgang Hefermehl/Gerald Spindler, Münchener Kommentar zum Aktiengesetz, 2.
　　　Aufl., Band 3 (2004) §93 Rn 24 ff.; Dittrich, a.a.O. (Anm. 49), S.180 f.
（109）　Hartwig Henze, Prüfungs- und Kontrollaufgaben des Aufsichtsrates in der Aktienge-
　　　sellschaft, NJW 1998, S.3309. ヘンツェは、アラーグ・ガルメンベック事件判決の定式のうち、
　　　「経営リスクを冒すことが無責任な態様で度を超えたものとなる場合、若しくは、取締役の行

機として、経営判断原則が立法化された。すなわち、2005年における改正後の株式法93条１項２文は、「取締役が、企業家決定において適切な情報を基礎として会社の利益のために行為したと合理的に認めてよい（vernünftiger-weise annehmen dürfen）場合、義務違反はない」[110]と規定している[111]。

　もっとも、キノヴェルト事件判決において、アラーグ・ガルメンベック事件判決の定式がそのまま用いられているわけではない。前述のように、キノヴェルト事件判決は、株式会社の取締役の広い裁量を認めてはいるものの、裁量権の超過を判断する際にアラーグ・ガルメンベック事件判決の定式に即した判断が行われているとはいえないからである。

第５項　連邦通常裁判所2005年12月２日判決（マンネスマン〔Mannesmann〕事件判決、BGHSt 50, 331 ff.）[112]

　2005年11月22日判決の直後に「重大性」についての解釈を示した判決がもう一件出されている。そこでは、株式会社の監査役会が、自社が買収される際に、取締役に対する多額の報酬の支払を承認したことが背任罪に当たるか否かが争われた。

　原審[113]は次のような判断を下した。本件報酬支払は、企業にとって利益がないため監査役会にとって裁量の余地のないものである。そのため、被告人等は、本件報酬支払を承認したことによって、株式法上の義務に違反し、

　　為がその他の理由から義務違反とならざるを得ない場合」という部分は、ドイツ法において新たに付け加えられたものであると評価している。
(110)　アラーグ判決と株式法93条１項２文はその内容を多少異にするが、同条はアラーグ判決の基準を無効にするものではなく、その法典化として理解されている。Uwe Hüffer, Aktiengesetz, 8 Aufl. (2008) §93 Rn 4b.
(111)　アラーグ・ガルメンベック事件判決に関する日本の文献として、布井千博「取締役に対する民事責任の追及と監査役の提訴義務─ARAG/Garmenbeck 事件を素材として」奥島孝康教授還暦記念論文集編集委員会『比較会社法研究』（成文堂、1999年）381頁以下、その後の株式法改正も扱った文献として、高橋英治『ドイツと日本における株式会社法の改革』（商事法務、2007年）212頁以下がある。
(112)　この事件は、その支払われた報酬金額の大きさ（全体として約１億2000万ユーロ）からドイツ国内で非常に注目された背任事件の一つである。本判決について紹介する日本語文献として、正井章筰「企業買収における経営者への功労金の支払い」早稲田法学82巻３号（2007年）59頁以下。
(113)　LG Düsseldorf NJW 2004, 3275 ff.

第 2 章　ドイツにおける議論　　53

自社に対して負っている財産保護義務に違反した。しかし、リスクを負った
経営上の決定については、さらに義務違反の重大性が必要であり、本件で
は、全体的視点から見ればそのような重大性は認められない、と[114]。

　連邦通常裁判所は、次のように述べて原判決を破棄し差し戻した[115]。会
社に確実に財産損害を与えることになるあらゆる措置を行ってはならないと
いう規則は、株式法上の「通常の誠実な」監査役の注意義務（株式法93条1項
1文、116条1文[116]）の一部であり、刑法266条1項における財産保護義務の
内容となる。もっとも、結果として損害をもたらした決定が全てこの義務に
違反するわけではなく、決定の予測的性質から機関の広い評価裁量が導かれ
る場合には、アラーグ・ガルメンベック事件判決において判示されたよう
に、責任意識によって担われ、企業の利益にのみ方向付けられた、決定基盤
の注意深い調査に基づく、経営上の行動が、行われなければならない限界を
超えていないことを条件に、義務違反は否定される、と[117]。結論的に本判
決は、取締役への報酬支払を、会社と取締役の任用契約において事前に取り
決められたものでもなければ、将来において有用性をもたらすものでもない
単なる会社財産の浪費であって、監査役会に裁量の余地のないものであっ
た[118]とし、財産保護義務の違反を認定している。

　加えて、義務違反の「重大性」につき、本判決は、刑法外の義務の違反よ
りさらに高度な、刑法上の財産保護義務違反を要求する原判決のような考え
方が、これまでの判例の立場と一致するものでもないと述べている。すなわ
ち、義務違反の重大性に最初に言及した2001年11月25日判決は、「情報収集

---

(114)　なお、義務の重大性が肯定された起訴事実もあるが、それについては回避不能の禁止の錯
　　　誤（刑法17条）を認めることにより結局背任罪の成立が否定されている。
(115)　BGHSt 50, 336 ff. なお、差戻し後は、刑訴法153条 a に基づいて手続が打ち切られている。
(116)　株式法93条1項1文は、「取締役会構成員は、その業務執行に際して、通常の誠実な業務執
　　　行者の注意を用いなければならない」と規定し、その注意義務は、同法116条1文によって監
　　　査役会構成員にも準用される。
(117)　BGHSt 50, 336 f.
(118)　この判断自体には、会社法学説からも異論が向けられている。刑法学説については、An-
　　　dreas Ransiek, Anerkennungsprämien und Untreue - Das „Mannesmann"-Urteil des BGH,
　　　NJW 2006, S. 814 ff; Dittrich, a.a.O.（Anm. 49）, S.224; Otto, Untreue durch Übernahme der
　　　mit einem Strafverfahren verbundenen Aufwendungen für Unternehmensangehörige durch
　　　ein Unternehmen, Festschrift für Klaus Tiedemann（2008）S.697等参照。

義務及び調査義務に重大な違反をした」という表現から明らかなように、「重大性」を調査・情報収集義務に関連付けている。そこでは、あらゆる（刑法外の）義務違反が背任罪における義務違反となるわけではないと述べられているに過ぎない。また、2001年12月6日判決も、寄付金の宣伝効果等の経済的な有用性の評価が不明確であることから取締役の広い裁量の余地を肯定し、「……266条の背任構成要件の意味における義務違反を認定するのに会社法上の義務違反があれば十分であるというわけではない」と判示するにとどまる、と指摘するのである[119]。

　本判決は、2001年の連邦通常裁判所判決によって用いられた「義務違反の重大性」という概念を、刑法外の義務の違反に上乗せされた刑法独自の義務の違反という意味ではなく、アラーグ・ガルメンベック事件判決により承認された会社機関の経営行動に関する裁量と同一のもの、すなわち、義務違反の重大性のメルクマールは、会社法上の広い裁量の範囲及びその限界のパラフレーズでしかないことを確認したものであると理解されている[120]。また、本件では、それに加えて、アラーグ・ガルメンベック事件判決において示された定式がそのまま背任罪の義務違反を判断する基準になるとの立場も示されている。もっとも、本件の報酬支払に関しては監査役会に裁量権がなかったと認定したために、義務違反の重大性（＝裁量の限界）に関する具体的な基準は示されず、アラーグ・ガルメンベック事件判決の定式が実際にどのように適用されるのかは明らかにされないままとなっている[121]。

---

(119)　BGHSt 50, 338 f.

(120)　Schünemann, Der Bundesgerichtshof, a.a.O. (Anm. 105), S.197 ff.; Dittrich, a.a.O. (Anm. 49), S.224; Rönnau, a.a. O. (Anm. 50), S.887; Saliger, Rechtsprobleme, a.a.O. (Anm. 88), S.331; Radtke/Hoffmann, a.a.O. (Anm. 51), S.540; Otto, Untreue durch Übernahme, a.a.O. (Anm. 118), S.699.

(121)　なお、本判決は、裁量が認められない行為に関し、会社に確実に財産損害を与えることになるあらゆる措置を行ってはならないという規則は、「通常の誠実な」業務執行の一部であり、財産保護義務の内容となる、と判示している。このような表現からは、違反された個別の義務と背任罪の主体たる地位との関連性の問題（本章第2節第3款第3項）につき、あらゆる加害行為が財産保護義務違反と評価されるとの立場を採っているかのように見えなくもない。しかし、本件は、監査役会が権限を持つ取締役に対する報酬支払の事例であり、本人への直接的な財産加害行為にも背任罪を認めるかどうかは明らかにしていないと捉えるべきであろう。本判決のこの表現に批判的なものとして、Sven Thomas, Das allgemeine Schädigungsverbot des §266 Abs.1 StGB, Festschrift für Rainer Hamm (2008), S.767 ff. 参照。

第2章　ドイツにおける議論　　55

第6項　まとめ

　連邦通常裁判所が2001年に下した二つの判決[122]によって登場した「重大な」義務違反という概念は、一時、判例は私法（会社法）上の義務違反の判断を行った後に違反の程度において刑法独自に重大性を判断するといういわば二段階の判断方法をとったとも理解された[123]。しかし、そのような見解は、後の判決において裁判所自身により否定されたように思われる[124]。少なくとも、マンネスマン事件の原審が採っていたような「財産保護義務」自体の重大性を要求する見解は、明白に否定されたし、また、キノヴェルト事件判決、マンネスマン事件判決が、アラーグ・ガルメンベック事件判決によって認められた私法上の義務違反の判断方法を背任罪に関して考慮したことからすれば、会社法上の明白な裁量超過としての義務違反＝背任罪における義務違反という構成が採用されたともいえる。

　一方で、以上の判決は、機関構成員のあらゆる義務違反が背任処罰を基礎付けるわけではないことをあらためて確認した。また、義務違反判断の対象を財産処分の決定自体より、それ以前の情報収集・調査過程に重点を置くかのような判決も見られた。2000年4月6日判決、2001年11月15日判決においては、貸付が財産保護義務に違反するか否かを判断する際には、調査義務と情報収集義務の遵守が決定的であるとされ、2005年12月21日判決においては、いわゆる経営判断原則を認めたものとされるアラーグ・ガルメンベック事件判決の定式が義務違反判断の基準として採り入れられたのである。それでは、これらの判決を受けて学説はどのような議論を展開したのかについて検討を続ける。

---

(122)　BGHSt 47, 148; 47, 187.

(123)　Wollburg, a.a.O.（Anm. 101), S.656. 2001年判決が出る以前にすでに Waßmer, a.a.O.（Anm. 36), S.73は、「私法上の義務違反は決定が支持不可能（unvertretbar）である場合に存在するが、刑法上は、裁量の余地がさらに追加的に拡張される。……疑いなく（zweifelsfrei）又は明白に（evident）支持不可能な決定であってはじめて刑法上問題となる」と主張していた。

(124)　BGHSt 50, 331; BGH NJW 2006, 453. Schünemann, Der Bundesgerichtshof, a.a.O.（Anm. 105), S.196 ff.

56　第1編　背任罪における任務違背（背任行為）に関する考察

第2款　学　説
第1項　刑法外の規範との関係──客観的帰属論の導入

　学説においては、判例が背任罪の成立に要求した「重大な義務違反」とい
う要件から、刑法外の規範に違反することと刑法266条の財産保護義務に反
することとの関係について、次の二つの命題が引き出されている。第一に、
法秩序の統一性の原則から、刑法規範による保護は、刑法外の規範による保
護を超えてはならない、すなわち、刑法外の規範において許容されている行
為を背任罪における義務違反と評価してはならないという命題である[125]。
刑法外の規範としては通常私法が念頭に置かれているので、このような命題
は刑法の「私法従属性（Zivilrechtsakzessorietät）」と呼ばれる。さらに、刑法
の「最終手段」（ultima ratio）性原則から、刑法による処罰は、その強力な作
用に基づき、国家が用いる原則的に最後の手段である。また、刑法規範の保
護対象は、個々の法益であるが、私法上の規定は、個々の法益について請求
可能性又は形式的明確性という観点の下で評価している。そこから生じる刑
法規範と刑法外の規範の保護方向と射程に関する不一致は、刑法外の規範が
十分に吟味されることなく刑法上の規範に転用されてはならないという帰結
を導く。かくして、第二に刑法外の規範の違反が直ちに背任罪における義務
違反を基礎付けるわけではないとの命題が支持される[126]。

　二つの命題からの帰結は、「背任罪による保護の範囲は、私法（会社法）に
よるそれを超えてはならない。逆に、私法（会社法）上の規範に対する違反
が当然に処罰をもたらすものではない」ということになる[127]。換言すれ
ば、刑法外の規範の違反は、背任罪の成立にとって必要条件ではあるけれど

---

(125)　Klaus Lüderssen, Gesellschaftsrechtliche Grenzen der strafrechtlichen Haftung des Auf-
　　　sichtsrats, FS-Lampe, S.729; Hans-Ludwig Günther, Die Untreue im Wirtschaftsrecht,
　　　FS-Weber, S.314; Tiedemann, Die Untreuetatbestand, a.a.O.（Anm. 50）, S. 322 f. すでにエン
　　　ギッシュが次のように述べる。「同じ行態が同時に禁止され必要とされる、又は、禁止され許
　　　容されることはない」、と（Karl Engisch, Die Einheit der Rechtsordnung（1935）S.53.）。
(126)　Dirk Busch, Konzernuntreue（2004）S. 32; Hans Achenbach, Zivilrechtsakzessorietät der
　　　insolvenzstrafrechtlichen Krisenmerkmale? Gedächtnisschrift für Ellen Schlüchter（2002）
　　　S.259 ff.; Schünemann, Organuntreue, a.a.O.（Anm. 89）, S.24; Dittrich, a.a.O.（Anm. 49）, S.31.
(127)　Dittrich, a.a.O.（Anm. 49）, S.31; Günther, a.a.O.（Anm. 125）, S.314; Matt, a.a.O.（Anm. 87）,
　　　S.390等。

も十分条件ではないのである[128]。

　もっとも、「刑法外の規範の違反は、十分条件ではない」という部分は、刑法外の義務と背任罪の義務を、その程度において区別するのか、種類において区別するのか、どちらの意味で解すべきかが問題となる。前者は、（少なくとも取締役に裁量が認められている事務処理に関しては）前掲マンネスマン事件判決において明確に否定されており、後者の区別が重要となる。この点は、従来からも、行為者に背任罪の主体性（財産保護義務者としての地位）が肯定されても個々の義務違反が背任罪によって捉えられるかどうかが別に検討されてきている[129]。

　加えて近時では、客観的帰属論の観点から、実現された結果が違反された注意規範の保護目的に含まれているかが論じられている（違反された義務と財産損害との保護目的連関）[130]。例えば、政党法上の義務の違反が政党に損害を引き起こすケースが挙げられる。政党法は、第一次的には、政党の財政の透明性等という公共の利益を保護することを目的としており、政党の財産上の利益を保護することは間接的なものに過ぎず、したがって背任罪の成立が否定されないかが争われる。

　有力説は、本人の財産を保護するための規範以外の規範を背任罪における義務違反として考慮することは、背任罪を財産以外の法益を保護する罪に変容させてしまうとして、刑法外の規範に保護目的連関を要求する[131]。例え

---

(128)　別の表現として、「非対称の従属性」（Lüderssen, a.a.O.（Anm. 125）, S.729）、「刑法は、私法に消極的には必ず従属するが、積極的には必ずしも従属しない」（Busch, a.a.O.（Anm. 126）, S.35）。これに対して、類型学的背任理論（本章第1節注（10）参照）の立場から、私法上の義務は背任罪における義務違反にとって宣言的な意味しかもたないとして従属性を否定するのは、Schünemann, StGB LK, a.a.O.（Anm. 2）, Rn 68, 94; ders, Die „gravierende Pflichtverletzung", a.a.O.（Anm. 84）, S.474. ただし、義務違反を判断する際に私法上の規範を完全に無視するわけではない（「私法親和性（Zivilrechtsaffinität）」という概念が用いられている）。

(129)　本章第2節第3款第3項参照。

(130)　Achenbach/Ransiek/Seier, a.a.O.（Anm. 73）, Rn 200 ff.; Saliger, Gibt es eine Untreuemode? a.a.O.（Anm. 70）, S.22.

(131)　Susanne Martin, Bankuntreue（2000）S.140 ff.; Schramm, a.a.O.（Anm. 5）, S.137; Rönnau/Hohn, a.a.O.（Anm. 59）, S.115; Dittrich, a.a.O.（Anm. 49）, S.196 f. この点に関し、近年、連邦通常裁判所が関連する事件について判断を下している（BGHSt 51, 100 ff.〔カンター（Kanther）事件判決〕）。事案は、ヘッセン州のキリスト教民主同盟（CDU）の代表であった被告人が、共犯者とともに、政党の資金をいわゆる「裏金（schwarze Kassen）」として隠匿し保持していたことが背任罪に問われたものである。連邦通常裁判所は、本件事案を次のように二

58 第1編 背任罪における任務違背（背任行為）に関する考察

ば、ギュンターは、財産保護義務を、一次的・直接的に委任者（本人）の財産保護に役立つような義務に限定しようとする[132]。同じように、ザイアーは、違反された刑法外の義務が本来的に本人の財産を保護することを目的としていること、したがって、損害を防ぐ目的のために設定されていることを要求する[133]。有力説によれば、政党法上の義務の違反は、当該義務に財産損害との保護目的連関が欠けるため、背任罪における義務違反に当たらないことになる[134]。

　一方、ザリガーは保護目的連関を不要とする[135]。彼は、保護目的連関を要求すると、今まで原則的に背任罪が承認されていた事例群が同罪の対象から除外されてしまうと批判する。例えば、合法的ではない帳簿への記帳が可罰的な背任罪に当たり得るということは一般的に承認されている[136]。ところが、商法上の決算規則は、第一次的には、現在の、及び、潜在的な債権者の保護に資するものであって、委任者の財産は間接的に保護されているに過ぎない。したがって、有力説のもとでは、行為者が決算規則に違反して委任者の財産に損害をもたらした場合、背任罪は排除されてしまう、というのである。背任罪の成立には、法規に反して財産損害を惹起する行為であれば十分である、とザリガーは主張した[137]。

つに分けて判断している。第一に、「裏金」の作成とその保持がヘッセン州のCDUに対して損害を与えた点、第二に、「裏金」の作成に伴う事業報告書の不適切な記載により、政党法に基づき、連邦のCDUに国から財政援助の停止および返還を求められるという財産上の損害の危険を与え、それに伴い、ヘッセン州のCDUに連邦のCDUから損害賠償請求を受けるという財産上の損害の危険を与えたという点である。本文との関係があるのは後者である。ここで、連邦通常裁判所は、義務違反の審査（すなわち、問題となった政党法の保護目的の審査）を行うことなく財産上の損害とそれに対する故意について審査し、損害賠償請求権を行使される危険から財産上の損害は肯定したが、それについての被告人の故意を否定し、背任罪の成立を認めた地裁の判決を破棄し差し戻した。この判決につき、ザリガーは、政党法違反によって背任罪が成立し得ることを原則的に承認したと評価している（Saliger, Parteienuntreue durch schwarze Kassen, a.a.O.（Anm. 37）, S.548 ff. ただし、損害の直接性が欠けているとして判決の結論には反対する）。これに対して保護目的連関を要求するのは、Achenbach/Ransiek/Seier, a.a.O.（Anm. 73）, Rn 202.

(132)　Günther, a.a.O.（Anm. 125）, S.316.
(133)　Achenbach/Ransiek/Seier, a.a.O.（Anm. 73）, Rn 200.
(134)　Günther, a.a.O.（Anm. 125）, S.316 f; Achenbach/Ransiek/Seier, a.a.O.（Anm. 73）, Rn 202; Dittrich, a.a.O.（Anm. 49）, S.196 f.
(135)　Saliger, Gibt es eine Untreuemode? a.a.O.（Anm. 70）, S. 22.
(136)　BGHSt 20, 304; Sch/Sch/Lenckner/Perron, a.a.O.（Anm. 10）, Rn 35a, 45.

第2章 ドイツにおける議論 59

　しかし、長距離バスターミナルを運営する有限会社の業務執行者が、会社の窮境に際して、運転者による運転時間の超過を黙認し、その結果、秩序違反法30条1項[138]によって有限会社に対して過料が課されるという事例を考えてみると、保護目的連関を認めない場合の結果の不当性は明らかであるように思われる[139]。なぜなら、刑法266条は、秩序違反法30条を媒介にして広範に及ぶ一般的犯罪処罰規定になってしまうからである[140]。

　なお、刑法外の規範のもつ保護目的の考慮は、有限会社の全社員が同意を与えた業務執行者の処分が、会社の資本を保護するための規定である有限会社法30条1項に反して資本金を侵害する場合、業務執行者の処分は背任罪を成立させるかという議論にも関係する。判例は、業務執行者の処分が有限会社法30条1項に違反するか、会社の存続を危殆化させる場合には、全社員の同意があっても背任罪が成立するとし、通説もこれに従う[141]。しかし、有限会社法30条は会社の資本を維持することによって会社債権者の保護を図るための規定であり、会社財産の経済的帰属主体である全社員が財産処分に同意をしているのに同条の違反から背任罪を成立させることは、刑法266条を債権者保護の規定に変容させてしまうことになり、また、社員は会社を解散できる以上社員自身が会社の存在を失わせるような処分をすることも許され

---

(137)　Saliger, Gibt es eine Untreuemode? a.a.O.（Anm. 70), S. 22. さらに Sch/Sch/Lenckner/Perron, a.a.O.（Anm. 10), Rn 37も、第三者保護を目的とする規範に違反した結果、本人に過料が課されて財産損害が発生した場合にも背任罪の成立は排除されないとしている（ただし、Sch/Sch/Lenckner/Perron, a.a.O.（Anm. 10), Rn 19a, 21においては規範が財産保護を目的としているかどうかを問題としている）。

(138)　秩序違反法30条1項は、法人の代表機関若しくはその構成員等が、「犯罪又は秩序違反を行い、それによって、法人等が義務に違反する、又は、法人等が利益を獲得し、若しくは、獲得することになる場合」、その法人等に対して過料が課されると規定している。

(139)　Achenbach/Ransiek/Seier, a.a.O.（Anm. 73), Rn 201において挙げられている事例である。

(140)　Achenbach/Ransiek/Seier, a.a.O.（Anm. 73), Rn 201. ただし、ザリガーは、長距離バスの事例について、義務違反（走行時間超過の黙認）は過料を間接的に基礎付けるのみで財産上の損害の要件が欠けるとして背任罪の成立を否定している（Saliger, Gibt es eine Untreuemode? a.a.O.（Anm. 70), S.23 f.）。

(141)　BGHSt 35, 333; 49, 147. 学説では、Schünemann, StGB LK, a.a.O.（Anm. 2), Rn 125; Ransiek, Untreue im GmbH‐Konzern, Festschrift für Günther Kohlmann（2003), S.207 ff. 等。このことはいわゆる一人会社の場合にも妥当する。なお、同意を与えた社員も背任罪に問われるのかについても議論がある。Frank Zieschank, Strafbarkeit des Geschäftsführers einer GmbH wegen Untreue trotz Zustimmung sämtlicher Gesellschafter?, FS-Kohlmann, S.351 ff. 参照。

ているはずであるとして通説を批判し、背任罪の成立を否定する少数説も有力である[142]。

第2項　義務違反の判断──とりわけ支持不可能性（Unvertretbarkeit）について

第1目　ティーデマンの見解

ドイツでは、前節で述べたように[143]、いわゆる冒険的取引の場面において、義務違反の判断基準が比較的詳しく議論されていた。冒険的取引における義務違反の判断に関し、判例・通説は、「本人と行為者の間の内部関係」に判断の照準を置き、それによれば、背任罪の財産保護義務に違反したかどうかは、財産帰属者（本人）の意思が明らかな場合、それに代わる法律・定款等によって個別具体的な基準が形成されている場合と、いずれも存在しない場合に区別され[144]、前二者については、意思ないし基準に対する違背から直接に財産保護義務違反を肯定するとの帰結が導かれる。問題は、最後の場合である。例えば、株式法93条1項1文に基づく「通常の誠実な」業務執行のような一般条項的な規定から、背任罪の義務違反の基準を実質的に引き出すことは明らかに困難といえる。

ティーデマンは、ここで、取締役の可罰的な背任行為を画するに当たり、基本法103条2項の明確性原則から、「何らかの経済合理性がある行為又は経済的に見て支持可能（vertretbar）な行為」は背任罪との関係では正当なものと評価されなければならず、「明らかに支持不可能な行為だけが刑法266条の

---

(142)　Fischer, a.a.O.（Anm. 12), Rn 52e; Sch/Sch/Lenckner/Perron, a.a.O.（Anm. 10), Rn 21a; Kubiciel, a.a.O.（Anm. 5), S.359; Nelles, a.a.O.（Anm. 50), S.553; Schramm, a.a.O.（Anm. 5), S.122 ff. これに対し、会社の存続を害するような社員の行為が民法上の不法行為責任を構成することを明示した連邦通常裁判所民事部の判決（BGHZ 173, 246 ff.）によれば、会社には、社員による内部からの侵襲に対する会社独自の「生存利益」が存在することになるとして、判例の基準は266条の保護目的に違背しないと反批判するのは、Radtke/Hoffmann, a.a.O.（Anm. 51), 535 ff.

(143)　本章第2節第3款第4項。

(144)　多数の論者によって用いられている区別である。Fischer, a.a.O.（Anm. 12), Rn 42 ff.; Sch/Sch/Lenckner/Perron, a.a.O.（Anm. 10), Rn 20; Achenbach/Ransiek/Seier, a.a.O.（Anm. 73), Rn 343 ff. 等参照。ただし、定款を本人の意思を示すものとして位置付ける理解もある。後述の本項第2目、および、本款第3項第2目を参照。

適用領域に含まれる」と主張した[145]。この「支持不可能性」基準によれ
ば、問題とされる行為が、行為の時点を基準とすれば、私法上経済上、その
評価が確定していない法展開、及び、暫定的な経過領域に属する場合には処
罰されず、明らかに支持できないリスクのある決定及び支出のみが背任罪の
義務違反と評価されることになる。具体例としては、ほとんど無意味という
べき金銭の支出、金額や株式会社の状態から考えて会社の存在を脅かすよう
な金銭支出がさしたる理由無く行われる場合が挙げられている。

　ティーデマンの見解は、私法上経済上の専門家の観点から合理的及び適法
との解釈の余地がもはや存在しない場合にはじめて背任罪を成立させるとい
うものであり、刑法外の評価に背任罪の義務違反判断を従属させ、広範・不
明確な背任罪の成立範囲を適切に区切るものであるとして、学説の多数の支
持を受けた[146]。もっとも、留意を要するのは、ティーデマン流の支持不可
能性基準は、取締役の裁量の限界としてすでに会社法自身において義務違反
を画定する概念として用いられている点である。前述したように、アラー
グ・ガルメンベック事件判決は、行為者に裁量の余地が認められる場合、そ
の裁量の限界を明白に超過していて明らかに支持できない行為のみが（会社
法上の）義務に反するとしている[147]。その意味で、背任罪における支持不可
能性は会社法上の裁量の限界（＝支持不可能性）と一致するのである[148]。

---

(145)　Tiedemann, Untreue bei Interessenkonflikten, a.a.O.（Anm. 59), S.325 ff.; ders, Die Un-
　　treuetatbestand, a.a.O.（Anm. 50), S.322.
(146)　例えば、「専門裁判所による（fachgerichtlich）解釈の観点において、明らかにもはや支持
　　しえない場合」（Sch/Sch/Lenckner/Perron, a.a.O.（Anm. 10), Rn 19a)、「会社法の専門家
　　（Gesellschaftsrechtsexperten）の下で支持不可能性についての広い一致が存在する場合」
　　（Dittrich, a.a.O.（Anm. 49), S.212)、問題となる行為が「当該分野の専門家の統一的な合意
　　（Konsens）によって支持不可能として、つまり、単なる恣意であるように見えるほどに明ら
　　かに不当である場合」（Otto, Untreue der Vertretungsorgane von Kapitalgesellschaften
　　durch Vergabe von Spenden, FS-Kohlmann, S.202 f.)、専門家の「圧倒的なコンセンサス
　　（überwiegender Konsens)」が認められる場合（Schramm, a.a.O.（Anm. 5), S.140)、などに義
　　務違反が肯定されると主張されている。「法律上不明確な状況において行態の法適合性が一人
　　の人にしか支持されていない場合にも、処罰は排除されなければならない」と述べる論者もい
　　る（Susanne Zech, Untreue durch Aufsichtsratsmitglieder einer Aktiengesellschaft（2007),
　　S.216)。
(147)　本節第1款第4項参照。
(148)　ディートリッヒは、この点に関し、すでに会社法上の領域において最大限の制限的な解釈
　　が行われているとする。Dittrich, a.a.O.（Anm. 49), S.217 f. また Schünemann, Die „gravieren-

第2目　クビシエルの見解

　クビシエルは、会社法上の義務と背任罪の関係を考察することで、背任罪の構成要件自体から禁じられる行為を画定しようと試みた。背任罪に固有の義務を構想する根拠として、会社法上の（廃止された）特別背任罪[149]と刑法266条の文言との比較を持ち出している。すなわち、会社法上の特別背任罪が、行為不法について詳しい記述がなく、単に「会社の損害となるような行為を行う（zum Nachteil der Gesellschaft handeln）」とする一方で、266条は、禁止された行為を義務主体の限定によってのみではなく、この義務に結びつく「違反」と「濫用」という概念によっても具体的に叙述している。したがって、背任罪における財産保護義務を刑法に固有なものと解釈することが可能であり、かつ解釈されなければならない、と[150]。

　具体的には、背任罪の構成要件は、刑法外の規範を片面的にはめ込むのではなく、刑法266条が目的とする財産保護と共働させつつ形成される[151]。すなわち、刑法外の規範の違反は財産保護義務の違反を確定するための出発点でしかなく、刑法外の義務に違反することと背任罪により処罰することとの間に「意味連関（Sinnbezug）」を作り出さなければならないと述べられている。

　クビシエルは、背任罪の自由保障的性格を強調し、その本質を、財産帰属者から行為者に与えられた自由裁量の瑕疵ある行使についての責任に求めた。財産保護義務を負う者は、自己に許された具体的な限界を超えて権限を行使し、法律上保護された本人の自由に介入したが故に処罰されるという

---

　de Pflichtverletzung", a.a.O.（Anm. 84）, S.475 f.; ders, Der Bundesgerichtshof, a.a.O.（Anm. 105）, S.197, 199も参照。

（149）　1933年の現行背任罪の導入と同時、及びその数年後に、会社法に特別背任罪が採用された。有限会社法旧81条 a、株式法旧294条である。いずれの構成要件も、会社の機関の構成員が、故意に会社の損害となるような行為を行う場合を処罰していた。しかし、特別背任罪は、その対象が刑法266条と重複するので不必要であるという理由から1970年までに削除されている。Waßmer, a.a.O.（Anm. 36）, S.11 f. 参照。

（150）　Kubiciel, a.a.O.（Anm. 5）, S.357.

（151）　Kubiciel, a.a.O.（Anm. 5）, S.357参照。クビシエルは連邦通常裁判所2001年判決の「重大な」義務違反の内容に刑法独自の視点を盛り込むことを企図している。もっとも、このような見解は、既にマンネスマン判決、キノヴェルト判決によって否定されているように思われる点については、本節第1款第6項を参照。

のである。

多数の見解と同様に、彼も義務の類型を三つに区別する。すなわち、問題となっている財産保護義務が、①明確に契約、定款、個々の指示によって確定している場合、②有限会社法30条のような具体的に財産に関する法律上の規範等に基づく場合、③財産帰属者や法律等による明確な限界の設定が欠如している場合である。①と②については、個々の規範に対する違反は財産保護に結びつく私法上の限界を超過したことになるので、直ちに背任罪の不法が認められるとされた。行為者は与えられた裁量を不当に行使し、その結果、刑法266条の保護目的である本人の財産の自由な利用を侵害しているからである[152]。

他方、③の場合、「通常の誠実な」業務執行（株式法93条1項1文）などというだけでは基準として無内容であることから、基準の明確性の点で問題が生じるとする。ここで、クビシエルは財産帰属者の利益に目を向ける。まず、「通常の誠実な」業務執行という会社法上の基準は、背任罪の目的である本人の財産利用の自由を保護する観点から考慮されなければならず、「誠実さ」は刑法上の評価基準とならないと主張する。

それでは、会社法上の義務を背任罪の観点からどのようにフィルタリングすればよいのか。彼は、株式法93条1項のような規則を、背任罪の枠内では「本人が具体的な状況のもとで、自身の自由の行使として容認（tolerieren）したであろうものの規範的なシミュレーション」として理解する。その上で、最終手段（ultima ratio）原理が妥当する刑法において求められているのは、最良のものとして本人が唯一認める決定を行うことではなく、（一定の幅を持った）本人が支持することのできる決定を行うことだとする。本人の視点に立った支持可能性を基準とするため、一定の状況下で本人が具体的にどのような目標を追求しているのかについて手がかりがある限り、これを決定の基礎としなければならない[153]。そのような手がかりがない場合、本人の追

---

(152) その違反につき背任罪が成立可能となる点で、①と②の結論は同じである。両者の差異は、法律の規定と財産帰属者の意思が相克する場合に生じる。これについては本款第1項を参照。なお、従来の分類が定款を法令と並べて②に位置付けているのに対し、クビシエルは①において財産保護義務を確定させるための資料として位置付けている。

求する（一般的な）目標を考慮しつつ、本人が当該行為を支持するかどうか
を合理的に判断するしかないとする。クビシエルは、このことを、「非合理
な決定をする自由は、本人が財産保護義務を負う者にそのような決定を行う
権限を与えない限り、本人の手中にのみ存在する」ことから基礎付けられる
と考えている。以上をまとめると、背任罪における義務違反と評価されるの
は、「行為者による決定が会社の追求する目的に還元されない場合、すなわ
ち、本人に支持される決定とは考えられない場合である」、ということにな
ろう[154]。

　クビシエルの見解は、刑法独自の不法、具体的には、本人を基準とした
「支持不可能性」判断を行うものである[155]。その限りで、ティーデマンによ
る、私法上経済上の専門家による支持不可能性判断とは異なることになると
彼は主張する。もっとも、本人の意思・目的を推測することのできる具体的
な手がかりが存在しない場合、本人が当該行為を支持するかどうかを合理的
に判断するしかないため、その場合の判断は結論としてティーデマンの基準
と一致することになると思われる[156]。

---

(153)　例として、有限会社の社員が公私を厳格に区別し、会社による寄付金を疑問視しているこ
　　とが知られている場合、たとえ寄付について客観的な理由を引き合いに出すことができるとし
　　ても、業務執行者によるサッカークラブへの寄付金の授与は背任罪の義務違反に当たると
　　する。
(154)　Kubiciel, a.a.O.（Anm. 5）, S.360 f.
(155)　Kubiciel, a.a.O.（Anm. 5）, S.361参照。ところで、クビシエルは、背任罪の「義務犯
　　（Pflichtdelikt）」としての性格に着目して以下のように述べている。ヤコブスによって展開さ
　　れた、義務犯の特性から導かれる刑事責任の包括的な基礎付け（Jakobs, Strafrecht, Allge-
　　meiner Teil, 2.Aufl.（1991）7. Abschnitt Rn 70 f.）に従い、行為者には、損害を他人に与えて
　　はならないという禁止に加えて、「共同世界（gemeinsame Welt）」の創造のために積極的に
　　行為せよとの命令が向けられる。このような（本人との）「共同世界」構築のための積極的な
　　義務が「どのような場合に会社法上の『限界の超過』が刑法上重大となるのか」を確定するた
　　めの基礎となる、と（Kubiciel, a.a.O.（Anm. 5）, S.358）。したがって、クビシエルは、必ずし
　　も明示的ではないが、同義務が、本文に示されたような本人の視点に立った「支持不可能性」
　　基準を設定するための根拠となると考えているようである。しかし、背任罪の保護目的（本人
　　の財産の保護）及び刑法の最終手段原理から、既に本人の「支持不可能性」基準は導き出され
　　得るのではないかと思われる。
(156)　両者の違いは、財産処分に関する本人の明確な基準はないものの、本人の許容できる範囲
　　を推認させる具体的な手がかりはある場合で、かつ、推認される本人の許容範囲が一般的な基
　　準と異なる場合に生じる。もっとも、本人の基準と一般的な基準が異なる場合に行為者が後者
　　に従って行動すれば、ティーデマンが義務違反を否定するのかについては、本項第4目に述べ
　　るように疑問の余地がある。

第3目　レーナウの見解

　レーナウは、訴訟法的観点を加味して、背任罪における義務違反を画定するための基準を構築することを試みている。レーナウによれば、刑法266条は、財産保護義務の基礎付けを、刑法外の領域から借用しつつ、刑法解釈の独自性を考慮した加工を行うという意味で規範的構成要件であるとされる[157]。

　彼もまた、背任罪の義務違反が問題となる状況を、本人が、契約や定款、あるいは個別の指示の形式により、財産の具体的な取扱いについて基準を示している場合と、せいぜい私法が、行為者らがとるべき行態を不明確な概念ないしは単なる範例によってしか規定していない場合[158]に区分し、前者については、266条の保護目的からして、示された基準に反することが直接に刑法上の義務違反になるとする。

　後者についてはより詳しい議論が展開されている。まず、連邦通常裁判所2001年判決による義務違反のいわゆる「重大性」という概念に対して刑法学説が二段階的理解――私法上義務に適っているならば刑法上義務違反とは評価されてはならず、私法上義務違反があったからといって刑法上も義務違反となるものではない[159]――を示している点について、私法上の義務違反に比して刑法上の義務違反は程度において重大でなければならないと理解されているならば、支持できないと主張する[160]。

　次に、ティーデマンが示した「支持不可能性」という刑法外の専門家の判断に従属して背任罪の義務違反を判断する考え方については、刑事裁判官の解釈権限という刑事訴訟法的観点から批判が加えられる。レーナウは次のように述べている。不明確な法概念に制限を加えようとする支持不可能性基準の目標設定には賛成できる。しかし、それが私法上の判例・学説の見解に従って判断することを意味するならば、財産保護の範囲を過剰に制限していることになる。すなわち、刑事裁判官は、刑法上の義務違反判断のいわば前

---

(157)　Rönnau, a.a.O.（Anm. 50）, S.905.
(158)　その具体例として挙げられているのは、株式法93条1項などの「通常の誠実な」業務執行、及び、株式法87条1項の取締役報酬の「適切性」である。
(159)　本節第1款及び第2款第1項参照。
(160)　Rönnau, a.a.O.（Anm. 50）, S.909 ff.

段階に位置する私法上の義務違反の有無も判断しなければならないけれども、その際（私法上の）判例や学説に拘束されるわけではない。このように理解しなければ、民事裁判所の確定力ある決定を手に入れるまで、刑事裁判の処理が進まないことにもなりかねない。また、支持不可能性の基準は、解釈上争いのある部分を被告人に有利に取り扱おうとする点で、訴訟法上の証明の問題に関する無罪推定の原則を、法律解釈に用いることになって妥当ではない、と[161]。

このように、レーナウは、刑法外の規範解釈を巡る刑法外の領域における争いが刑法における解釈及び適用に影響しないとしたうえで、背任罪の義務違反を画定する基準について検討する。彼は、「通常の誠実な」業務執行といった私法上の一般条項的規範について、基本法103条2項の明確性原則の要請に基づき、限定的な解釈を通してその中核部分を際立たせることが刑事裁判官の任務である。具体的には、「通常の業務執行」を財産帰属者（本人）の視点から明らかに支持不可能な行為にまで縮減されたものであると主張する。かくして、行為者が財産使用に関連する費用便益分析を極端に誤っていた場合、あるいは、少なくとも「財産減少が財産増加の機会によって補償されることが行為の時点においておよそ考えられない場合〔であれば〕、許されるリスクの限界が超過され」（〔 〕内は引用者挿入）、背任罪による処罰に十分な不法が存在する、と考えてよいとされている[162]。

レーナウは、ティーデマンによる専門家から見た「支持不可能性」を批判し、私法（会社法）上の規範に従属しつつ、刑事裁判官による解釈基準として、本人の視点から見た「支持不可能性」を掲げている。「本人の視点」に立つ点で、彼の見解はクビシエルと同旨と見てよいと解される[163]。

---

(161) Rönnau, a.a.O. (Anm. 50) S.911 ff.

(162) Rönnau, a.a.O. (Anm. 50), S.915 ff.

(163) もっとも、レーナウは、自己の立場がマンネスマン事件判決、キノヴェルト事件判決のアプローチ——私法上の義務違反に追加された刑法上の義務違反という考え方の否定——と同一であると理解しているのに対し、クビシエルは、刑法上の義務違反は私法上の義務違反よりも重大であると考えている（本節注(151)も参照）。しかし、クビシエルは、背任罪における義務違反について私法上の義務違反の基準を超えるものを要求していないので、本文のような評価が許されよう。Rönnau, a.a.O. (Anm. 50), S.918 Anm. 122.

第4目　まとめ

　ティーデマンによって提唱された「支持不可能性」基準は、業務の執行者に裁量の余地を認めることにより経済活動における行為者の刑罰から自由な範囲を適切に確保する点で有用であり、また、基本法による明確性の要請、及び、刑法の最終手段原理にも合致するものであり、基本的に支持されるべきものである。もっとも、同基準が、刑法上の義務違反の判断を、私法上経済上評価が確立した部分のみに限るという極度に私法（判断）従属的な内容を伴うとすれば問題であろう。クビシエルとレーナウの見解は、専門家による「支持不可能性」基準を、本人の視点に立った「支持不可能性」と規定し直すことで、極度の私法従属性を排除したと見ることができる。

　背任罪は本人の財産を保護するためのものである以上、財産処分に関する本人の意向が義務違反判断に反映されるべきであり、行為者の裁量の限界を判断する際には本人の視点に立つことが妥当と解される。もっとも、財産処分に関する本人の明確な基準とは異なる、支持不可能性に関わる具体的な意思・目的が常に推認されるわけではない。その限りで、一般的な合理性の基準と最後の段階では一致することになる。このような傾向は、本人が株式会社のような法人である場合、かつ、その規模が大きければ大きいほど妥当すると思われる。

　さらに言えば、そもそもティーデマンが本人の視点を完全に無視しているわけではないと思われる。というのも、「支持不可能性」判断を行う際に準拠する私法・経済法の規範自体が、本人の規範的方針をその考慮に含んでいるからである[164]。

第3項　調査過程の考慮
第1目　ランジークの見解

　「支持不可能性」とは異なるアプローチから背任罪における義務違反を画する基準を提示しようとする論者としてランジークが挙げられる。彼はリスク[165]の観点から背任罪における義務違反と損害について考察しようと

（164）　このように評価するのは、Otto, Untreue durch Übernahme, a.a.O.（Anm. 118）, S.698 f.

68　第1編　背任罪における任務違背（背任行為）に関する考察

した。ランジークによれば、背任罪の（客観的）構成要件にとって重要なのは、財産保護義務を負う者によって実行されるリスクが許容されるものかどうかということである[166]。すなわち、背任罪における「財産上の損害」要件に現実の財産減少だけではなく財産危殆化（Vermögensgefährdung）も含まれることを前提とすれば[167]、許されないリスクを冒した行為者は、通常、義務に反し、リスクを発生させたことにより本人に損害を与えている[168]。このようにリスクの観点から背任罪を検討する場合、義務違反と財産損害の問題はリスクの許容性の問題として統一され、行為と結果の境界が不明瞭になるが、ランジークは、そのような境界の不明瞭さ自体は問題ではなく、むしろ部分的には[169]当然であるとする。その上で、各要件の相互関係を明らかにすべきだと主張する。

　ランジークは、本人の財産が侵害され、そこから同時に義務違反が結論される場合と、そうではない場合とに分けて考察する。前者については、リスクがどのような場合に損害と評価されるのかを解明するために、許容されるリスクと禁止されるリスクとを段階的に区別することが必要であるとする[170]。まず、財産帰属者の明確な指示等がある場合、損害の確定のためには本人の（財産処分についての）目的が重要であるとした。目的は本人と行為者の間の取決めによって判断され、その逸脱が損害になるとする[171]。次

---

(165)　ランジークは、「リスク」を不利益発生の可能性と捉えているようである。

(166)　Ransiek, Risiko, a.a.O.（Anm. 36）, S.635参照。

(167)　判例・通説である。判例としては BGHSt 44, 376; 48, 354等。学説としては Fischer, a.a.O.（Anm. 12）, Rn 72 ff.; Sch/Sch/Lenckner/Perron, a.a.O.（Anm. 10）, Rn 45; Schünemann, StGB LK, a.a.O.（Anm. 2）, Rn 146; Kindhäuser, StGB NK, a.a.O.（Anm. 1）, Rn 110; Arzt/Weber, a.a.O.（Anm. 1）, Rn 75等。ドイツにおける危殆化損害については、本章第5節第1款第3項も参照。

(168)　Ransiek, Risiko, a.a.O.（Anm. 36）, S. 638. さらに、行為者が、許容されている限界を超えたリスクを認識している場合には故意も認められるとしている。

(169)　ランジークは、本人に故意に損害を与えた場合、義務違反が当然に肯定されることを指摘する（Ransiek, Risiko, a.a.O.（Anm. 36）, S.647）。

(170)　Ransiek, Risiko, a.a.O.（Anm. 36）, S.646 f.

(171)　Ransiek, Risiko, a.a.O.（Anm. 36）, S.652 ff. ランジークは、行為者と本人の間の取決めに反していても、特別な理由──例えば本人に対する確実な利益──によって損害が否定される場合があると述べている。しかし、これに対しては、レーナウより、パターナリスティックに本人の現実の意思を無視することは、財産の自由な処分の保護という実体的な基盤が切り崩されるおそれがあり、また、この場合に義務違反も否定されるならば、背任罪の行為不法すら実現

に、行為者に明確な指示が与えられていない場合や、行為者自身が本人のために営業政策を決定するような場合における損害の確定が論じられる。そこでは、損害といえる程にリスクが高度であるならば、積極的に解されると同時に義務違反も認められるとする。もっとも、ランジークは、ここで「不確実な利益獲得の機会のために極度に高められた財産損失の危険を冒す」場合には高度なリスクが認められると述べるのみで、具体的に「高度なリスク」の中身に関してそれ以上の説明は行っていない[172]。

　後者について、ランジークは、義務違反は取決めに違反したことや損害をもたらしたことから生じるのではなく、その他の規則から導き出されなければならないと主張する。まず、背任罪の見地からは、他の法分野の規範のうち、総じて本人の財産保護に役立つものが重要であるとする。その際、債権者保護のための規定や、賄賂の支払を禁止する規定は、行為者との関係において本人の財産を保護することを目的としていないため、266条の義務には該当しないとする[173]。

　　されていないことになり、本人の意思が最終的には無視されてしまうことになるとの批判が向けられている（Rönnau, a.a. O.（Anm. 50）, S.908 Anm. 84）。
（172）　Ransiek, Risiko, a.a.O.（Anm. 36）, S.659 ff. この箇所では以下の二点について検討が行われている。
　　第一に、財産を経済的価値としても理解するならば、財産減少のリスクは現実のリスクでなければならないとして、単に法律上本人に対する請求権が存在しているだけでは背任罪における財産損害としては評価されず、請求権が実現されるという現実のリスクまで必要だとする。また、法律的経済的財産概念を出発点とするならば、請求権が実現されるリスクが現実に存在するとしても、請求権は正当なものでならず、そのため、本人が誤った不当な権利主張を受けるリスクは損害とは評価されないとも述べている。ランジークは、請求権の存在のみで危殆化損害を基礎付けることの不都合を、行為者の行為により秩序違反法30条1項を通して企業に過料が課されるケースを例に説明する（本款第1項参照）。このケースでは、企業に対する過料賦課の現実的リスクがない限り危殆化損害が欠けているとする。
　　第二に、背任罪の損害として損害が最終的に現実に発生することまで必要なのかについて検討している。ここで、彼は、現実の財産減少と行為者に対し本人が持つ損害賠償請求権との関係に言及する。すなわち、財産保護義務を負う者の犯罪行為によって財産減少が生じた場合、本人は行為者に対して損害賠償請求権を取得するが、同請求権は、たとえ、直ちに行為者に請求し内容を実現できたとしても、財産損害の認定において考慮されない。この例から示されるように、現実の損害とされているものもリスクに過ぎないのであって、実際は、リスクこそが財産損害を認める基本的な根拠であり、必ずしも最終的な損害の発生は必要ではない、と（Ransiek, Risiko, a.a.O.（Anm. 36）, S.664 f.）。
（173）　Ransiek, Risiko, a.a.O.（Anm. 36）, S.672 ff. ところで、ランジークは、賄賂が義務違反になる例外的な場合として、「発覚のリスクが大きく、本人がそのリスクを望んでいない場合、あるいは、内部関係において、同様に買収が禁止されている場合」を挙げている。これは、当該

70　第1編　背任罪における任務違背（背任行為）に関する考察

　さらに、ランジークは、近時の連邦通常裁判所の判例について、「本人の財産にとって実体的に許されない行動は何かを定めようとすることを断念し、手続規定の遵守を重視する」傾向が見られる。すなわち、「決定的なのは、もはや結論自体ではなく、どのように結論に至ったのか」である、と評価している(174)。かくして、「支持可能性の枠内において、決定のための手続が遵守されているかどうか」が義務違反のもとで審査されるとする。手続規定を重視する理由として、ランジークは、企業の寄付金を例に、特に宣伝効果や企業のイメージアップを寄付による利益と考える場合、どのような金額が適切なのかを裁判官が判断することは困難であるということを挙げている。もっとも、彼は背任罪における義務違反の有無が手続規定の遵守・不遵守に解消されると考えたのではなく、「内容に関して濫用がないかどうかの統制が存在しなければならず、手続規則の遵守のみを信頼することはできない。しかし、手続が遵守されていれば、明白な濫用がないかどうかを審査すれば足りる」と述べている。ランジークは、以上のような基準を構築するに際して、アメリカ会社法のいわゆる経営判断原則を手本とし、手続の遵守の具体例の一つとして、財産処分決定の際に会社機関が利害関係を有しないことを要求している(175)。

　以上の見解を本稿との関係で検討すると、ランジークは損害から義務違反が基礎付けられる場合と、損害からは義務違反が基礎付けられない場合を分けて考察しているが、両者の区別基準が不分明だとの批判が向けられよう。確かに、行為者に指示が与えられている場合には目的違反が損害を基礎付け、同時に義務違反にもなるというのはわかる。しかし、そのような指示が無い場合、損害と義務違反の関係は明らかでない。ランジークは、損害の確定には高度のリスクが問題になるとするものの、何故高度のリスクが直ちに義務違反となるのかを説明していないし、損害から義務違反が導かれない場合とは具体的にどのような事例なのかも示されていないからである。

　　行為が本人の意思に反していることを理由にしていると見られる。

(174)　Ransiek, Risiko, a.a.O.（Anm. 36), S.674.
(175)　Ransiek, Risiko, a.a.O.（Anm. 36), S.674 ff., ders, Anerkennungsprämien, a.a.O.（Anm. 118), S.813.

他方、ランジークが、経済合理性の観点での「支持不可能性」基準は、処分行為の内容に関する審査を断念するものであるとして、支持可能な枠内において手続規定の遵守に着目したこと、この意味で、ティーデマンらの見解よりも処罰範囲を広げたことは注目される。ただし、ランジークのような「手続の正当性が結果の内容を保証する」という考え方は学説上批判を受けている[176]。加えて、ランジークが重視する手続規則とは、利害対立の解消を意図したもの以外にどのようなものまで想定しているのか明らかでない。あらゆる手続規則の違反が背任罪の義務違反を基礎付けるとするならば、違反された義務と損害の保護目的連関というランジーク自身の要求と調和しない。一方で、財産保護目的を持った手続規定の違反に限定してしまうと、処罰範囲があまりに制限的になる。ランジークの着目した「手続遵守」の内容を巡っては詰めるべき点が多く残されているように思われる。

第2目　シュミットの見解

　経営経済学の観点から経営者の意思決定過程を精密に考察し、背任罪における義務違反の判断基準を精緻化しようとする論者にシュミットがいる。彼は、冒険的取引の場面において、決定者が置かれる状況を三通りに区別する。すなわち、(ア) 確実性：措置が、100％の可能性を伴って明白な結果（確実な結果）に至る。(イ) リスク：措置が、発生の可能性が知られている複数の結果に至る。したがって、可能性の分配が存在する。(ウ) 不確実性：措置が、発生の可能性が知られておらず、その他の認識も欠けている結果に至る、である。これは、経済学上のリスク分析による区別にあたる[177]。以上のうち、(イ) と (ウ) の状況においては、措置による財産損失の危険がある。しかし、それ自体、又は、後に財産損失が生じたことをもって背任罪による処罰を認めてはならないとする。

　シュミットは、冒険的取引の場面において、法学上の観点に加えて経営経済学上の観点から事案を考察することを主張する。法学上の判断としては、

---

(176)　Rönnau/Hohn, a.a.O. (Anm. 59), S.114; Dittrich, a.a.O. (Anm. 49), S.193 ff. 会社法の手続は民法の手続に比して結果の正当性を期待されていないとするのは、Kubiciel, a.a.O. (Anm. 5), S.355.
(177)　Waßmer, a.a.O. (Anm. 36), S. 6 も参照。

72 第1編 背任罪における任務違背（背任行為）に関する考察

行為者の権限とそれに相応する義務に配慮しているのかが重要であり、本人と行為者の間の内部関係によって判断される。その上で、義務に適合した権限の行使といえるかを判断する際に、行為者が経営経済学上の規則によって適切とされることを実行しているかが考慮される[178]。彼は、その際、以下の三つの観点が重要であるとする。すなわち、①行為者がどのような範囲においてリスク決定を行ってよいのか（内部関係）、②行為者が、その決定のために不可欠で、無理ではない方法において獲得され得る情報を調達しているのか、③決定に重要な情報に対して注意深い調査が行われているかである。①は決定内容についての評価、②と③は決定を下す前提としての情報の入手・調査を問題としている。

シュミットは、①の内部関係の確定について、リスク領域が法律上又は契約上具体的に規制されている場合、リスク領域が契約上一般的に示されているだけの場合、及び、リスク領域が法律によって一般的にのみ示されているだけの場合の三つに区別し、第一の類型については当該規制の内容が義務違反の判断にとって決定的な要素であるとする[179]。第二の類型においては、義務違反を判断する基準は、任務の性質と内容から引き出される。解釈に際しては、本人の（推定的な）意思に適合していることが重要だとし、当該任務領域で通常とされる注意義務を援用することには否定的である。最後の類型においては、許容される行為は、与えられた任務の目的、及び、当該取引にとって通常の注意から明らかとなる。ここでは、ティーデマン流の支持不可能性の基準により義務違反が判断される。具体例として、使用された財産が個々のリスク及び追求される目的と明らかに釣り合いがとれない場合、企業が財産処分によって破産に至る場合等が挙げられている[180]。

次に、シュミットは、②と③、すなわち、決定のための情報の入手と調査の段階においても、義務違反が生じ得ることを明確に述べる[181]。まず、「冒

---

(178) Müller-Gugenberger/Bieneck/Wolfgang Schmid, a.a.O.（Anm. 94）, §31 Rn 156 ff.
(179) Müller-Gugenberger/Bieneck/Schmid, a.a.O.（Anm. 94）, Rn 156 ff.
(180) Müller-Gugenberger/Bieneck/Schmid, a.a.O.（Anm. 94）, Rn 156 ff. 他に、Sch/Sch/Lenckner/Perron, a.a.O.（Anm. 10）, Rn 45; Waßmer, a.a.O.（Anm. 36）, S.79.
(181) このような観点については、既にザイアーも言及していた。ザイアーは冒険的な取引における義務違反として次の二つの類型が考えられるとする。「（1）行為者はリスク分析の実行を怠

険的取引が通常の範囲内で行われるのは、行為者が決定のために必要なデータを前もって調達していた場合だけである」とし、情報の十分な収集を行わずに意思決定する者は背任罪における義務違反となるとされている[182]。したがって、行為者が、情報の欠如のためにその範囲を評価することができなかったリスクを実行することも義務に反する。また、意思決定のために必要な情報の注意深い調査・利用・評価も情報の収集以上に重要であり、それが行われていない場合には、背任罪が成立し得るとしている。シュミットは、このような場面における準則として、経営経済学上の意思決定論[183]の考え方が用いられるとする。具体的には、簡素化されたものであるが、モデルの設置、情報の収集、結果の算定というプロセスを辿るリスク分析が考えられている[184]。

　シュミットは、①②③の各段階相互の関係について明示的には何も述べていない。もっとも、情報の注意深い調査を行う（③）ためには情報の十分な収集（②）が当然の前提である以上、③の段階における義務違反の判断は②の段階において義務違反が認められない場合にはじめて問題となる。また、シュミットは、「冒険的取引が通常通り行われる」前提として情報の調達が不可欠であるとしているのに加えて、アメリカ法からドイツ法に継受されたいわゆる経営判断原則にも依拠していることから[185]、処分の内容（①）が通常の範囲外、すなわち個々の規範違反、又は、支持不可能であれば、②と③の段階において適切な行動を行っていたとしても、背任罪における義務違反と評価されることは避けられないと解される。したがって、シュミットは①②③の各段階における義務違反が単独で背任罪における義務違反となると考

　　たる。重要なリスクデータを算出する代わりに、行為者は、『あてずっぽうで』決定する。（２）実行されたリスク分析にも関らず、行為者は誤った決定を行う。行為者は、意図的に賭博師又は勝負師のように振舞う」、と（Achenbach/Ransiek/Seier, a.a.O.（Anm. 73）, Rn 347）。（１）はシュミットの区別の②及び③に、（２）は①に相応すると考えられる。

(182)　Müller-Gugenberger/Bieneck/Schmid, a.a.O.（Anm. 94）, Rn 167.

(183)　意思決定論とは、何らかの目的を達成するための行動の選択（意思決定〔decision making〕）について研究する分野である。

(184)　Müller-Gugenberger/Bieneck/Schmid, a.a.O.（Anm. 94）, Rn 169 ff.

(185)　Müller-Gugenberger/Bieneck/Schmid, a.a.O.（Anm. 94）, Rn 167 ff. ドイツ株式法93条1項2文（本節第1款第4項参照）が引用されている。

えているのであろう[186]。

シュミットの見解は、「支持可能」な行為にも義務違反の余地を認めるという意味で、ランジークの見解に類似する。ただし、ランジークが、法の要求する手続規定の遵守に着目したのに対し、シュミットは、経営経済学上の観点から見た意思決定過程を重視し、決定の実行に至るまでのプロセスの適正さを義務違反の判断に考慮する点に特徴がある。このような事前の調査過程の重視は、すでに判例においても述べられているところであった[187]。

どのように情報の収集・調査を行うのかということも、それにかかる費用・時間等との関係で経営判断として裁量の認められる行為である以上、シュミットのような実質的な基準が支持されるであろう。手続規定の遵守も情報収集過程の適正さを判断するための手がかりとなるが、義務違反の判断がそれに全て解消されるわけではないと解される。

第4節　小　括

ドイツ法の背任罪をめぐるこれまでの考察を整理すると以下のようになろう。

1933年に改正された現行の背任罪規定（刑法266条）は、従来争われていた濫用説と背信説の考え方を一つの条文に統合する形で規定したものである[188]。二つの構成要件、すなわち、濫用構成要件と背信構成要件の関係について、判例・通説は、濫用構成要件は背信構成要件の特別事例であり、背信構成要件に完全に包摂される（厳格な一元説）と解している。それによれば、「自己がその財産上の利益を保護すべき」という文言から導かれる財産

---

(186)　会社法学説によれば、株式法93条1項2文の要件が充たされていなくても、直ちに義務違反となるわけではなく、あらためて処分の内容につき取締役の義務違反が審査されると理解されている（Hüffer, a.a.O.（Anm. 110）,§93 Rn 4c; Marcus Lutter, Die Business Judgment Rule und ihre praktische Anwendung, ZIP 2007, S.845 f. 等参照）。そのため、情報収集・調査の懈怠のみで会社法上義務違反が肯定されるかは未解決のままである。一方で、93条1項2文の要件が満たされ株式法上義務違反が否定されるならば、私法従属性の観点から背任罪も成立しないと考えてよいと思われる。

(187)　BGHSt 46, 30; 50, 331. 本節第1款第6項参照。

(188)　本章第1節第2款。

保護義務が、二つの構成要件に同じ内容で必要とされる[189]。背任行為の議論で問題とされているのは、この財産保護義務の要件である。すなわち、通説によれば、背信構成要件の行為態様である財産配慮義務違反に関しては、同義務と財産保護義務の内容は同じものであるとされ、また、濫用構成要件の行為態様である権限濫用を認めるためには、対外的な行為者の権能の存在を確認した上で、行為者と本人の内部の権限の超過が認められる必要があり、内部関係の権限超過の判断は、財産保護義務違反の判断と一致するとされているからである。

　現行266条は、旧規定における主体の限定列挙を放棄した。その結果、構成要件の広範性・不明確性が問題視され、さらに、背任罪の主体の範囲がその後の議論の中心となった[190]。これに比べて、背任行為の内容・要件（「権限濫用」、「財産配慮義務違反」、「財産保護義務違反」）については包括的で十分な議論がされてきたとはいい難い状況に、少なくとも近時まではあった。ただし、近時に至るまでの個別の論点を巡る議論も日本法に示唆を与えるものである。

　まず、背任罪の財産保護義務の内容及びその違反を判断するために、刑法外の規範に目を向けることが出発点であるというのがドイツにおける一般的な理解である。そのため、刑法外の規範を背任罪にどのように取り込むのかが問題となり、行為者と本人の間の内部関係が違法・良俗違反である場合が議論されている。違法な任務の単なる不作為が義務違反とはならないことは当然とされた上で、それを超えて何らかの処分行為（作為）が行われた場合が争われている。この点は、行われた処分行為自体について違法な任務とは離れて別途義務違反が判断されるべきであると解される[191]。

　次に、本人が行為者の行為に同意を与えている場合は、権限の濫用も財産配慮義務に対する違反も欠けているために背任行為自体が存在せず構成要件該当性が否定されると考えられている点も支持される[192]。

---

(189)　本章第1節第3款。
(190)　本章第1節第4款。
(191)　本章第2節第3款第1項。
(192)　本章第2節第3款第2項。

76 第1編 背任罪における任務違背（背任行為）に関する考察

また、行為者が背任罪の主体に当たると評価されても、この者の本人に対するあらゆる財産侵害行為が背任と評価されてよいのか（具体的に財産保護義務に違反したといえるか）が論じられている。当該主体しか行い得ない加害行為のみを義務違反とすることも、逆に、主体の行うあらゆる財産侵害行為を義務違反とすることも否定的に考えられており、具体的な財産保護義務の範囲を両者の中間に設定するのが多数の立場である。ここでは、違反された個別の義務と背任罪の主体たる地位との間に機能的連関がある、すなわち、財産保護義務を負う者の占める権力的地位が加害行為を促進したと見られる場合に限る見解が妥当であるように思われる[193]。

冒険的取引の議論においては、高度のリスクを負った行為という従来の定義とは異なり、損害発生のリスクがある行為一般を含める方向で、その対象領域が拡張されてきている。その義務違反判断としては、各領域における通常の注意という画一的な基準によるのではなく、行為者と本人の内部関係を個別・具体的に考察すること、したがって、本人の意思を重視することが主張されている[194]。冒険的取引の議論の射程が拡張するに伴い、それは背任行為一般を巡る近時の議論とつながっていくことになる。

ところで、従前と状況が異なり、近時のドイツにおいては背任行為の内容・要件についての議論が活発になっている。端緒は、企業の機関構成員が義務に違反したのかどうかを争点とする判例の登場であった。連邦通常裁判所は、金融機関の貸付の事案において、「刑法266条の意味での義務違反にとって決定的なのは、行為者が、貸付の際に、銀行で通常とされる借受人の経済的状況に関する情報収集義務及び調査義務に重大な違反をしたかどうかである」と述べ[195]、企業寄付金の事案において、「266条の背任構成要件の意味で義務に違反したかどうかを認定するためには、会社法上のなんらかの義務違反があれば足りるわけではない。むしろ、義務違反は重大でなければならない」と判示した[196]。これらの判決に見られる「義務違反の重大性」

---

(193)　本章第2節第3款第3項。
(194)　本章第2節第3款第4項。
(195)　BGHSt 47, 148. 本章第3節第1款第2項参照。
(196)　BGHSt 47, 187. 本章第3節第1款第3項参照。

は、背任罪において、私法上の義務違反に重ねて刑法独自の判断を行うという二段階的構想を呈示したかに見えた。しかし、その後、連邦通常裁判所自身によってその構想は否定され、判例は会社法の基準に明確に従属する姿勢を見せた。すなわち、キノヴェルト事件判決においては、「経済活動においては取締役に広い裁量が認められ、それを超過した場合にはじめて会社法上の義務違反となる」という連邦通常裁判所民事部の判決（アラーグ・ガルメンベック事件判決）による定式[197]を背任罪における義務違反の基準とするかのような判断が示され[198]、直後のマンネスマン事件判決においても、予測的性質を持つ経営上の決定については会社法上認められている取締役の裁量の限界がそのまま背任罪における義務違反の基準となると判示された。のみならず、原審が採用した、私法上の義務違反に追加された刑法上の判断という考え方が明確に否定されたのである[199]。この一連の流れと並行して、処分に先行する調査の過程における義務違反を問題とする判決が登場している。貸付の事案に関し、情報収集義務及び調査義務の（重大な）違反が義務違反判断において決定的であるとする判決[200]や、会社法上の判例及び株式法に導入されたいわゆる経営判断原則の定式を背任罪の義務違反の基準としても考慮する判決がそれである[201]。

　これらの判例を受ける形で、義務違反を巡る学説の論争が展開していった。それは、「信義誠実義務に対する違反」とされてきた従来の背任行為の内容を明確化するとも位置付けられる。具体的には、刑法外の規範と背任罪の財産保護義務との関係をより精密にとらえること、主に経済活動における義務違反判断で用いられる「支持不可能性」基準を導入すること、財産処分の前段階である調査過程に着目することである。

　刑法外の規範と背任罪の財産保護義務との関係を巡っては、私法・会社法上の義務に依拠して判断をする枠組は基本的に維持されている。「支持不可能性」基準を主張するティーデマンをはじめとする有力説は言うをまたず、

（197）　BGHZ 135, 244. 本章第 3 節第 1 款第 4 項参照。
（198）　BGH NJW 2006, 453. 本章第 3 節第 1 款第 4 項参照。
（199）　BGHSt 50, 331. 本章第 3 節第 1 款第 5 項参照。
（200）　BGHSt 46, 30. 本章第 3 節第 1 款第 1 項参照。
（201）　BGHSt 50, 331.

刑法独自の背任不法を探求しようとするクビシエルも、判断の出発点には私法上の義務をやはり据えているからである。

もっとも、背任罪の義務違反を判断するためには、私法上の義務を確定するだけでは十分ではない。刑法外の義務を背任罪の義務に転換する必要が生じる。その意味で、「背任罪による保護の範囲は、私法（会社法）によるそれを超えてはならない。逆に、私法（会社法）上の規範に対する違反が当然に処罰をもたらすものではない」という定式が妥当する。具体的には、従来から議論されていた、問題とされる個別の義務と背任罪の主体たる地位との関連性[202]に加えて、違反された義務と損害の保護目的連関の要否・内容が論じられている。この連関を否定する見解（ザリガー）も見られるものの、財産犯としての背任罪の保護目的に適った義務だけが背任罪の義務違反の判断において問題になるとの見解（ギュンター、ザイアー）が支持される[203]。

「支持不可能性」基準の導入を巡っては、本人の意思が明らかな場合、法律等によって個別具体的な基準が形成されている場合、及び、本人の意思及び法規範による個別具体的な基準が形成されていない場合の三つが区分された。前二者の場合、意思ないし基準に対する違背から直接に財産保護義務違反が認められる。

最後の場合、例えば、株式法93条1項のような一般条項が基準となる場合について、ティーデマンの主張する限定的な「支持不可能性」の基準が有力化している。これに対して私法上経済上の専門家の判断に依存しすぎてはいないかとの批判を向けるクビシエルやレーナウは、本人の視点に着目した支持不可能性基準を呈示する。背任罪は本人の財産を保護することを目的とする犯罪類型である以上、後者の見解が基本的に支持されるように思われる[204]。

さらに、とりわけ会社機関の背任に関しては、行為者による財産処分の内容の当否を「支持不可能性」基準により判断するのと併行して、財産処分の前段階である調査過程にも着目する見解が登場している。すなわち、手続規

---

(202)　本章第2節第3款第3項参照。
(203)　本章第3節第2款第1項。
(204)　本章第3節第2款第2項。

定に違反する場合にはそれのみを理由に義務違反を肯定する説（ランジーク）や、意思決定過程を精密に分析し、決定の前提となる情報の収集、評価に対しても義務違反となる場合があるとする説（シュミット）がそれである。行為者に裁量を認める前提として裁量的決定に至る基盤にまで審査を及ぼすことは基本的に支持される。加えて、決定基盤をどのように構築するかも裁量的である以上、手続規定の違反という形式的な基準によるのではなく、データの収集、評価のあり方を実質的に検討するほうが妥当といえよう。シュミットの見解が支持される。このような判断手法は、連邦通常裁判所においても見られたものであり、ドイツ会社法における経営判断原則とも一致すると解される[205]。

第5節　その後のドイツ背任罪をめぐる展開

本編の初出後も、ドイツ刑法における背任罪をめぐる展開は留まるところを知らず、数多くの判例・文献が登場した。本稿では、本書で取り扱う背任行為、財産損害に関する詳細な判断を含む背任罪の合憲性についての連邦憲法裁判所判例を紹介するほか、背任行為についての同判例が示した基準に関する二つの議論の展開を若干紹介する。

第1款　背任罪の合憲性についての連邦憲法裁判所第二法廷2010年6月23日決定

第1項　事案の概要

近時、連邦憲法裁判所第二法廷2010年6月23日決定（以下、本決定）[206]が、罪刑法定主義に関する新たな準則を提示し、それに基づいて背任罪の合憲性について判断を示した。本決定は、三件の背任事件における基本法103条2項違反を問題とする憲法異議に対するものである。第一の事件（ジーメンス事

---

(205)　本章第3節第2款第3項。
(206)　BVerfGE 126, 170. 本決定の概要については、品田智史「判例変更と遡及処罰の禁止に関する最近のドイツ刑法の展開」川端博ほか編『理論刑法学の探究⑨』（成文堂、2016年）257頁以下においても、簡潔に紹介している。

件）においては、裏金・裏口座（schwarze Kasse）の設置に関して背任罪が問題となった。異議申立人は、Ｓ株式会社のＰ事業を担当する取締役であった者である。同事業部には、注文獲得のための賄賂用の裏口座が設置されており、その存在は中央取締役会には知られていなかった。申立人は、取締役就任時にその存在に気付いたが、中央に報告することなく口座の利用を継続し、二つのプロジェクトの受注獲得のためにそこから資金を利用した。申立人は、以上の行為に際して、個人的な利益を受けたことはなかった。申立人は、流通取引における贈賄（刑法299条2項）と背任を行ったとして訴追され、ダルムシュタット地裁により有罪判決が下された。連邦通常裁判所は、地裁の判決を破棄し差し戻したが、背任罪の成立は認めた。背任罪について、裏口座の存在を知っていながら取締役会に知らせなかった不作為が義務違反であり、裏口座に株式会社の金銭を離隔することによって、会社による処分可能性を継続的に奪ったことが、財産上の損害であると評価された。

　第二の事件（健康保険組合事件）においては、健康保険組合による特定の従業員への根拠のない報奨金の支払いが問題となった。社内健康保険組合の理事長であった申立人は、数年にわたり、二人の従業員に、その年収の二倍に至る報奨金を与えていた（申立人自身は、経済的利益を受け取っていなかった）。カッセル地裁は、これをドイツ社会保障法典第5編4条4項における倹約性と経済性の原則に対する重大な（grob）違反であるとして背任罪と評価し、また、連邦通常裁判所も、その判断を是認して、上告を退けた。

　第三の事件は（ベルリン抵当銀行事件）は、いわゆる不良貸付の事案である。銀行の取締役であった申立人らは、既に8億DM以上の貸付を行っていた企業グループＡに対して、更に2000万DMを貸し付けたとして背任罪で起訴された。ベルリン地裁は、十分な信用調査をしなかった点や借受人のプロジェクトの展開を十分に調査しなかった点を義務違反と捉え、担保の評価額を除いた貸付額全体に対して損害を認めた。連邦通常裁判所は、地裁の損害評価については一部疑問を呈したものの、その誤りは被告人らにとっては不利益ではないという理由で、最終的に上告を退けた。

　連邦憲法裁判所は、刑法266条の規定自体は憲法違反ではないと判断し、第一、第二事件については憲法異議を斥けたが、第三事件については、基本

法103条2項に違反するとして破棄し、差し戻した。

第2項　罪刑法定主義（明確性の要請）について

連邦憲法裁判所は、罪刑法定主義と明確性の要請について、今までの判例において展開されてきた内容を要約する[207]。すなわち、基本法103条2項は、（慣習による処罰や遡及処罰の禁止だけではなく）立法者に対する厳格な明確性の原則（Bestimmtheitsgebot）と、司法（裁判所）に対する類推解釈の禁止を内容とするものであり、それらは、民主主義による正統性と自由保障的機能の二つの目的を持つとされる。

明確性の要請は、立法者に対して、可罰・不可罰という本質的な問題を、議会民主主義的な意思決定プロセスにおいて明らかにするという義務、及び、処罰の要件を、犯罪構成要件の射程と適用領域が認識され、解釈によって確かめられる程度に、具体的に記述するという義務を課す。それゆえ、規範の名宛人が通常事例において法律規定の文言に基づいて、行態が可罰的かそうではないのかということを予見できる程度に刑罰規範の文言を表現することを要求する。もっとも、あらゆる犯罪構成要件を極めて詳細に説明しようとしなければならないならば、法律は非常に硬直的でカズイスティックになり、事情の変化や個別事例の独自性にもはや適合し得なくなるという危険が存在するため、刑罰法規の全てが記述的である必要はなく、規範的構成要件[208]や、一般条項的な刑罰法規が最初から排除されるわけではないとする。

以上のことからすれば、法律の明確性の基準について一般的に述べることはできず、「考えられる規制選択肢の顧慮の下での評価的な全体考察の方法」において、立法者が基本法103条2項に由来するその義務を個別事例において履行可能かどうかということが、判断される[209]。そして、輪郭の不明確性は回避不可能であるため、限界事例においては、単に処罰のリスクが認識可能であれば十分である。広い解釈が文言上可能な構成要件も、制限的・限

---

(207)　BVerfGE 126, 170, 197 f.
(208)　規範的構成要件要素において参照される刑法外の規範について、明確性の要請は妥当しないとも述べられている。
(209)　その際には、立法事実を含めた構成要件の独自性や、刑の重さ（重ければ重いほど輪郭が明確でなければならない）、規範の名宛人の領域などが考慮されるとする。

定的解釈について広い一致（とりわけ確立した判例）があれば、明確性の要請に反しないとされている。

法適用者（刑事裁判所）に対しては、犯罪と刑罰について立法者の判断を訂正することが禁じられている。明確性の原則から導き出される類推禁止とは、技術的意味において限定的に理解されるべきではなく、構成要件を拡張する形で法律上の制裁規範の内容を超過するあらゆる法適用を排除するものと理解すべきであり、その最大の限界は、名宛人の観点から確定される可能な文言の意味となる。これに応じて、個々の構成要件要素は、その文言の意味の可能性の内側でも、それが完全に他の構成要件要素に埋没する、つまり、不可避的に他の要素と同時に実現される程度に広く解釈されてはならない（構成要件要素の平滑化（Verschleifung）、又は、限界撤廃〔の禁止〕）[210]。また、方法論に適った解釈の際に、ある行為が刑法典の文言には該当し得るとしても、立法者の意思によれば不可罰であれば、裁判所の決定によって可罰的になってはならず、裁判所は、必要ならば、規範の制限的な解釈によって確保し、無罪にしなければならない。

さらに、基本法103条2項は、広範な表現を持つ構成要件とその要素の取扱いについての基準も含むとして、この場合の裁判所の義務についても述べられている。「裁判所は、遠く離れている解釈や、明確な輪郭をもはや認識させない規範の理解によって、規範の適用領域について存する不明確性を高めることに寄与してはならず、それによって、基本法103条2項の目標から離れることになってはならない。他方、判例は、規範の適用領域について残されている不明確性を、解釈の方法における精密化と具体化によって可能な限り取り除かなければならない（精密化の要請（Präzisierungsgebot））。この義務が特別な重要性を有するのは、立法者が許される範囲内で一般条項を利用した、比較的広範で輪郭が不明瞭な構成要件の場合である。規範の名宛人が、法律上の構成要件によっては処罰の可能性のみしか認識できず、確立した判例に基づいてはじめて規範の解釈と適用にとっての信頼できる基盤が得られ

---

(210) この限界（境界）撤廃の禁止が、立法者にとってどのような意味を持つかについて、仲道祐樹「明確性の原則と立法・司法の義務［ドイツ連邦憲法裁判所2022.2.9決定］」判例時報2550号（2023年）115頁も参照。

るという状況においては、判例は、処罰の要件の認識可能性に共に寄与するという特別な義務を負う。それは、判例変更の調整に対する信頼保護の一般的な原則を超える要求においてもあらわれる」、と[211]。

　連邦憲法裁判所は、裁判所が負う上記義務の統制についても述べる。すなわち、「刑事裁判所が基本法103条2項から導かれるこれらの基準を満たしていたのかについて憲法上調査する際には、連邦憲法裁判所は、そのような可能性を認めてもよいかどうか（Vertretbarkeit）ということの統制に制限されない。基本法103条2項にあらわれる厳格な法律の留保は、憲法上の統制の密度（Kontrolldichte）を高める。刑罰法規の限界の超過も、その内容の具体化及び精密化も、処罰についての決定、それに伴う司法と立法の境界設定に関係する。その限りで投げかけられる問題の明確化について、連邦憲法裁判所は権限を持つ。」「裁判所が、とりわけ刑罰法規のその解釈と適用を、全体として、構成要件要素や規範の確立した理解に基づいて行う場合、連邦憲法裁判所は、そのような確立した理解の存在を完全な範囲において調査しなければならない。同じことが妥当するのは、広範な表現を持つ規範による処罰が、確立したより複雑な大前提を用いて限定される場合である。それは、例えば、事例群の形成の場合、及び、これに関連する刑法規範の要求の特別化において見出される。連邦憲法裁判所は、その限りで、裁判所が処罰規範の適用と解釈の際に、今まで展開されてきた規範を具体化する大前提を離れていなかったかどうか、場合によっては、裁判所が、これを処罰規範の範囲で首尾一貫してさらに発展させたのかどうか、及び、裁判所がこれを具体的事例の評価の基礎としていたのかどうかということを調査する。」「これに対して、――場合によっては最上級審の大前提において――確立した規範理解は、それが明らかに規範の輪郭として不適切であってはならないという意味においてのみ、連邦憲法裁判所による内容上の統制を受ける。その限りで、原則的に、――場合によっては大前提によって輪郭を付され精密化された処罰規範の適用に関する場合と同様に――憲法上の問題は投げかけられない」、と[212]。

---

(211)　BVerfGE 126, 170, 198f.

第3項　刑法266条の憲法適合性

連邦憲法裁判所は、上記一般的基準に基づいて、背任罪規定（刑法266条）の合憲性を審査し、その法律上の構成要件が「なお」明確性の要請に適うとした。まず、本決定は、背任構成要件が、個人の財産を内側からの侵害から守るための有効で包括的な保護をしようとするという利点の反面として[213]、非常に広い文言で比較的不明瞭な内容の処罰規定であることを認める。すなわち、背任罪の二つの類型について、背信構成要件は、旧刑法の文言とは対照的に、非常に抽象的な定義によってのみ基礎付けられており、法律の文言からは、相当に広い解釈が可能となるほか、濫用構成要件についても、厳密な定義が用いられているものの、主体となる範囲は広いとされる。また、行為態様である義務違反の要件は、白地的な性質から、どのような刑法外の規定が義務違反の評価にとって援用されるのか、不明確性や一般条項的な特性の規定についてどのように解釈されるのかという問題がある。そして、損害（Nachteil）については、立法者が背任罪の未遂を不可罰にしたことから、背任罪を結果不法を要件とする純粋な結果犯として構成したという意味で266条1項に輪郭を与えるものであるが、二つの財産状況を比較し違いを判断するというその要件は、重要な解釈論上の問題を投げかける。具体的には、文言からは、法律が、義務違反や濫用的な行為によって付加された損害に関し、問題とされた行為前後の財産状況の比較の際に生じる差を考えているのか、義務に適った行為や義務に反した行為の場合に生じる財産差額の差を考えているのかは、明らかには読み取れない点、一定の時点における経済的評価に際しどのような財産的地位が考慮され、その価値がどのように判断されるのかが問題となる点などが挙げられる。また、義務違反要件と損害要件の関係について、両者の独自性も問題となるとされる[214]。

しかしながら、以上のような問題を持つ広範・不明確な背任構成要件について、判例が長年積み重ねてきた、構成要件を限定する機能を持つ具体的な

---

(212)　BVerfGE 126, 170, 199f.
(213)　なお、本決定は、現行の背任罪が1933年に立法されたことが、国家社会主義の思想の所産として評価されるものではないと指摘している。
(214)　その他に、主観的構成要件において高度の要求は設定されておらず、未必の故意があれば足りるとされている点も指摘されている。

解釈が存在するとされる[215]。

　背任罪の主体について、他人の財産利益について関係する義務があれば認められるわけではなく、行為者が内容上特別に強調される他人の財産利益の配慮についての義務を負うことが必要とされており、判例によれば、その判断は、全体的考察に基づき、決定的に重要なのは、他人の利益のための財産配慮が法律関係の主たる目標を形成しているか、義務者に、その配慮の際に一定の行動の自由や独立性、換言すれば、一定の裁量の余地の内部で、責任ある決定についての可能性が残されているかなどを考慮して判断される。また、背任構成要件による処罰が問題にならない場合と、処罰が考えられることに疑いのない中核領域は明確に定まっている。

　義務違反については、最上級審の判例が通常の事例における処罰の予見可能性を確保するという方法において具体化されており、具体的には、義務違反の行動のより明確で明らか（明白）な事例に限定するということ[216]、独自の制裁規則の調整との評価矛盾を回避するということ、財産犯としての背任構成要件の特性を保持するということに存在するとされる。

　損害については、同要件を義務違反のそれ以外に独立のものとして創設しているという立法者の意思を顧慮しなければならない。それゆえ、損害要件と義務違反要件の限界（境界）が撤廃されてはならない。そのため、既遂の必要に配慮するため、損害の存在についての独自の確定が必要であり、刑事裁判所は、損害の金額を数値化し、経済的に後付け可能な方法で判決理由において示さなければならない。この調査は、実務上の困難を理由になされないままであってはならず、場合によっては、専門家の参加も必要となる。損害額について不確実性が残されている限りで、「疑わしきは被告人の利益に」の下で、最低の損害が認定されることになる。規範的観点は、損害確定の際

----

(215)　本款第2項で述べた、確立した判例の存在があれば不明確性の批判を免れられるという（本決定も承認する）判例理論に基づくものである。もっとも、このような考え方は、明確性の事後的な治癒であるとして、学説上少なくない批判がある。以上について、品田・前掲注（206）270頁以下で詳しく述べてある。

(216)　この具体例として、刑法外の義務違反が「重大な」場合にはじめて背任罪の義務違反が認められるとした連邦通常裁判所の判例（本章第3節第1款第2項、第3項で紹介した二つの判例）が挙げられている（また、これと異なる判例として、同款第4項、第5項の判例も挙げられている）。

にも役割を果たすが、財産犯・結果犯としての背任の特性が保持され続ける
ためにも、経済的考量を排除してはならない。例えば、委託された財産の禁
止された目的への利用は、それ自体として、損害を基礎付けるものとは評価
できず、禁止された取引が──経済的に顧慮すれば──損害のあるもので
あったのかを調査する必要がある。

第4項　三つの事件について

　連邦憲法裁判所は、第一事件、第二事件は、以上で設定された266条1項
の解釈に対する要求に適っているが、第三事件については十分とはいえない
と結論づけた。

　第一事件においては、会社の財産を裏口座に移動させ会社から容易にアク
セスできないようにしたことを損害と認めたことの当否について検討さ
れた。背任罪においては、（詐欺罪とは異なり）保護される財産の増加も行為
者の義務に含まれ、請求権の不履行も損害となる。確立した判例によれば、
義務違反行為により存在する現状と事前の状況の比較ではなく、義務に適っ
た行為の事例において存在するあるべき状態との比較により、損害を基礎付
ける差損を確定することを排除しない。本件では、行為者が裏口座の保持に
賛成してその開示と返還に反対したことによって、上記いずれの損害認定の
形態においても、裏口座内の金額の全額について損害が肯定される。

　第二事件においては、行為者に義務違反を認めた点が審査された。行為者
の違反した社会保障法典第5編4条4項は、申立人が代表する健康保険組合
の財産に関連した義務に属する。地裁判決が、同条項における原則が具体化
されていないという理由で、容易に認識可能な明らかな違反についてのみ背
任罪の義務違反における関連性を認めているので、それ以上に、義務違反の
重大性を別途判断するという近時の連邦通常裁判所が行ったような取り組み
は必要ではない。

　第三事件については、義務違反と損害の二つの要件が問題となった。もっ
とも、義務違反については、行為者は本人の財産利益に配慮する義務に違反
したと評価できるため、憲法上の問題はないとされた。すなわち、本決定
は、不良貸付事案における義務違反の判断について、先行する連邦通常裁判

所判例（BGHSt 46, 30、BGHSt 47, 148）に依拠して、行為者が貸付の際にその銀行に通常の、借受人の経済的状況に関する情報義務、調査義務に重大に違反した場合に義務違反を認めるとする。そして、その手がかりとして、上記連邦通常裁判所判例と同様に、金融制度法18条に規定されている経済的状況の開示を要求する義務に着目する。金融制度法18条の義務が、本人の財産保護との関連性を有するか否かについては、同規定が最終的に誰の利益のためにあるものかどうかと独立して、事実上銀行の財産保護に役立つということを理由に、それを認める。

　一方で、財産損害要件の解釈と適用は憲法違反であると評価された。具体的には、損害と同等の財産危殆化、又は、危殆化損害という法的図式が問題になった。同概念は、経済的考察の際に、一定の事情の下で、将来の損失の危険が財産価値の現在の喪失を、したがって、263条、266条の意味での損害要件を意味し得ることを基礎に置く[217]。危殆化損害の認定は、確立した判例によれば、被害者の財産は、行為態様によって具体的に危殆化されることを要件とする。抽象的な危険状況では十分ではないとされる。もっとも、このことは、危殆化損害が、判例法上承認された危険犯の特別のカテゴリであることを意味するものではなく、財産法益の独自の特性に由来する。市場経済システムにおいて需要と供給のメカニズムを通じた価格形成の際には、市場参加者の将来の期待や認識されたリスクも反映されており、このことは、会計法上の減価償却の規定などにも表れている。そのため、将来の損失の具体的危険の存在の際に、すでに現在の損害の存在を認定することは、――明確性原則の視点の下で決定的な――通常の言語慣用と一致する。

　不良貸付事例の場合、危殆化損害はすでに用立てられた又は用立てられるべき貸付総量に比した返還請求権の価値減少から生じており、期待以上に返還がなされるなどの、予想外の事後的な幸運な展開は、損害の有無に影響を与えない。

　債権の評価と価値訂正は商人の日常的行為に属するものであるが、複雑な

---

(217)　したがって、この概念は、我が国で展開されている、経済的見地による財産上の損害の判断（第2編参照）と、出発点においてほぼ同一のものと評価される。

88 第1編 背任罪における任務違背（背任行為）に関する考察

経済分析が必要になる。もっとも、承認された評価基準が存在している。他方で、判例は、危殆化損害の事例において、そのような評価基準による損害金額の具体的な確定を、一貫して必要なものと評価しておらず、貸付のような冒険的取引の実施の際の危殆化損害については、「それによって行為者がギャンブルのように一か八かの勝負をする、極度に高められた損失危険が非常に疑わしい有利な経過への見込みと向き合うことによって、商人の注意の規則から大きく離れる取引が行われる」場合、又は、行為者が「賭博師のように意図的に商人の注意のルールに反して、極度に高められた損失危険を、非常に疑わしい利益の見込みのみを獲得するために行なう」場合に存在するとしている。

このような、損害の量に関する調査の放棄に対しては、憲法上異議が述べられる。判例による定式（商人の注意の命令から広く離れた、賭博師のような行為）は、立法者によって望まれた経済的考察に替わり、広く規範的に調査される考察方法をとるもので、損害要件独自の処罰限定機能の効果を失わせることになる。すなわち、立法者の意思に反した、義務違反と損害要件の限界の撤廃が生じる。したがって、未遂処罰に対する立法者の判断が、効果を失わされる。後付け可能で、数的に確証される（「危殆化」）損害の調査が放棄される場合、将来の損失危険と（現在の）損害の同一視の危険が存在する。それに応じて、学説においても、判例においても、すでに以下の異議が述べられる。すなわち、本来、詐欺罪の特別事例における財産損害の確定にとって展開されてきた損害と同一の財産危殆化の概念を266条1項における損害概念の解釈に転用することは、結果として、いずれにせよ既にきわめて広い背任罪の構成要件の単なる危険犯の方向への拡張に至る、と。

このような背任構成要件の憲法違反の過度の拡張を危殆化損害の事例において回避するために、危殆化損害も、裁判所によって、経済的に事後証明可能な方法において確定されるべきである。承認されている評価手続及び評価基準が顧慮されるべきであり、複雑な経済的分析が行なわれる場合には、専門家が必要である。疑いのある場合には、無罪判決が下されなければならない。

第三事件の地裁と連邦通常裁判所の判断は、以上の要求に適合した財産損

害の認定が行われていないという点で、基本法103条2項の明確性の要請に違反する。すなわち、両裁判所は、損害要件として要求される財産損害を十分に具体的に調査せず、最終的に、認定されている義務違反から規範的に得たからである。

第5項　本決定の評価とその後の展開

　本決定が明確性の要請や背任罪の一般論に関して示した部分については、例えば、理論と実務にとっての高度の重要性を持つ、刑法判例に対する憲法裁判所の統制のセンセーショナルな新方向が決定によって証明されている、などと概ね好意的に評価されている[218]。本決定の一般論はその後の判例についても基本的に妥当し、また、危殆化損害についての本決定の基本的立場は、詐欺罪においても確認された[219]。

　一方で、本決定について冷淡な評価もあり、明確性原則についての判例を単に要約し、背任処罰についての物差しを「少し高度に設置」しただけであるとも言われる[220]。

　このように評価が割れるのは、個別具体的な事件の処理も関係する。例えば、第三事件の不良貸付事例において、義務違反と損害の要件の境界が撤廃されないようにすべきであると述べられた部分、および、貸付額をそのまま損害としたベルリン地裁の判断が違憲であるということについて賛成があるものの[221]、そのような判断を示した本決定が、他方で第一事件で裏口座の

---

(218)　Frank, Saliger, Auswirkungen des Untreue-Beschlusses des Bundesverfassungsgerichts vom 23.6.2010 auf die Schadensdogmatik, ZIS 2011, S.902; Bernd Schünemann, Der Begriff des Vermögensschadens als archimedischer Punkt des Untreuetatbestandes, Teil 2, StraFo 2010, S.480 usw.

(219)　BVerfGE 130, 1. 本判例についての日本語の紹介として、冨川雅満「冒険的取引における詐欺損害 StGB§263Abs.1」比較法雑誌46巻2号（2012年）331頁以下。

(220)　Lorenz Schulz, Neues zum Bestimmtheitsgrundsatz: zur Entscheidung des BVerfG vom 23. Juni 2010, Festschrift für Claus Roxin zum 80. Geburtstag, 1 Teil. (2011), S.327.

(221)　財産損害の金額を具体的に量定すべきであるという点については、その立証が極めて困難なケースが出てくるという懸念がある一方で（Matthias Krüger, Neues aus Karlsruhe zu Art. 103 II GG und § 266 StGB, NStZ 2011 S.370; Folker Bittmann, Risikogeschäft - Untreue - Bankenkrise, NStZ 2011, S. 367; Bernd Schünemann, Leipziger Praxiskommentar Untreue - §266 (2007) S.131)、当初文献で想定されていたほどに実務上の変化はないとの指摘もある（Thomas Fischer, Strafgesetzbuch und Nebengesetze, 70. Aufl. (2023) §266 Rn 162 f. ただ

90　第1編　背任罪における任務違背（背任行為）に関する考察

維持自体に損害を認めたことに対しては強い批判がある。すなわち、裏口座で管理されている金銭について本人が（容易に）処分できなくなることは、財産価値に影響を与えるものではなく、また、裏口座の維持が義務違反と評価される場合、義務違反と損害の要素が不可分に絡み合ってしまうことになるとされる。処分の可能性がなくなることは、価値の減少という意味での経済的不利益にはつながらない、と[222]。

　また、義務違反の財産関連性（保護目的連関）と、義務違反の重大性について、連邦憲法裁は、一般論としてこれを認めたものの、その適用については曖昧なものを残し、その後の判例の展開も実際曖昧なものとなっている。これらについては、項をあらためて紹介する。

第2款　保護目的連関をめぐる最近の裁判例の展開

　上記連邦憲法裁決定においては、その違反が背任罪の義務違反を基礎付けるような（刑法外の）義務は、本人の財産の保護を目的としなければならないということが一般論として述べられている。一方で、金融制度法18条については、事実として財産保護に資することを理由に背任罪の義務違反の根拠とされた。この点は、かつての判例に対する批判として持ち出されていた内容である[223]。

　その後、この問題について取り扱った連邦通常裁判所の判例が登場した。連邦通常裁判所2010年9月13日決定（AUB事件、BGHSt 55, 288）である。本件では、ジーメンス株式会社の責任者が、独立従業員の営業組合（AUB）に対して、使用者に有利な決定をしてもらうために、秘匿された支払いを行うことを決定した点が背任罪に問われた[224]。本件では、ジーメンスからの支払が、事業所組織法（BetrV）119条1項の刑罰法規に該当するとされたが、本

　　し、組織犯罪において困難を残すと指摘されている）。また、金銭的算定については賛成するものの、会計法（貸借対照表）に基づく算定には疑義を示すものもある（Christian Becker, Das Bundesverfassungsgericht und die Untreue, HRRS 2010, S.383）。
（222）　Alfred Dierlamm/Cristian Becker, Münchener Kommentar zum Strafgesetzbuch Bd. 5 （2022）, § 266 StGB Rn16.
（223）　本章第3節第1款第2項参照。
（224）　被告人となったのは、AUBの議長を務めた者であり、背任罪との関係では幇助に問われた。

決定は、そのことを背任罪の義務違反の根拠としなかった。同条が、事業所組織法上の機関の廉潔性、とりわけ選挙権者の意思確認の自由を保護するものであり、本人（資金を提供したジーメンス）の財産を保護することを目的とするものではなかったからである。本決定は、前掲連邦憲法裁決定を引用した上で、266条1項の意味での義務違反が認められるのは、侵害されている法規範が、「少なくとも、間接的にせよ」委託者の財産を保護する性質を果たす場合のみであるとする。もっとも、本決定は、ジーメンスからの支払が、内容的統制のないものであることを理由に義務違反を認めた[225]。

　続けて、連邦通常裁判所2011年4月13日決定（ケルン政党寄付金事件、BGHSt 56, 203）が登場する。政党がもらった寄付金の真実の状況を秘匿し、それによって国家から政党法上の補助金を得たことについて、それに対する金銭的制裁が課される可能性を損害として背任罪に問われた事案である。本決定は、被告人が行った不適切な報告による政党法違反について、同規定は、政党助成金の透明性を確保することを「第一義的」に意図したものであり、政党資産を保護するためのものではないと判断した。しかしながら、本決定は、にもかかわらず、被告人の行為は、政党の財産を保護すべき義務に触れるとする。というのも、政党法の規定を考慮することは、独自の、政党によって設立された義務だからであるとされている[226]。そして、その義務違反は目標とされた隠蔽と著しい制裁結果に基づけば、重大であったとされれた。

　学説上は、保護目的連関を肯定する見解が一般的であり、ケルン政党寄付金事件に対しては、私的な当事者間で、義務に財産保護的な特性を与えることができることになってしまうという批判や[227]、違反した義務の資産に関連する性格を重視することの難しさと矛盾を示しているなどと指摘されている[228]。

---

(225)　結論的には、財産減少を補償する反対給付があったことを理由に損害要件を否定し、刑訴法154条a第2項を適用して手続を打ち切った。
(226)　もっとも、地裁は財産の損害を認定していないとして、本決定は地裁判決を破棄し、差し戻した。
(227)　Fischer, Strafgesetzbuch 70. Aufl., a.a.O. (Anm. 221), Rn 39a.
(228)　Dierlamm/Becker, a.a.O. (Anm. 222), Rn 189 ff. また、保護目的連関を否定する立場か

92　第1編　背任罪における任務違背（背任行為）に関する考察

第3款　義務違反の重大性をめぐる最近の裁判例の展開

　連邦憲法裁判所は、不良貸付についての連邦通常裁判所を参照し、義務違反が重大であることが背任罪にとって必要であるとし、「重大な義務違反は、義務違反が明白である場合にのみ肯定される」とした。その後の判例の一部は、この路線に従い、義務違反の重大性を認定している。すなわち、前掲連邦通常裁判所2011年4月13日決定においては、上述の通り、意図的な支払いの隠蔽と制裁の差し迫った危険性から、重大な義務違反が肯定されている。その他、裏口座の事案[229]において、裏金設立における隠蔽と帳簿不記帳の観点から、重大な義務違反が認められているほか、政治資金の不正使用の事案[230]においては、重大な義務違反が簡単に認められている。いずれの判例においても、重大性が認められるための追加的基準は明らかではない[231]。

　他方で、連邦憲法裁の登場後も、マンネスマン事件（本章第3節第1款第5項）の路線、すなわち、刑法外の義務違反が認められれば十分であるとするものを引き継いでいると見られる判例もある。連邦通常裁判所2016年10月12日判決（HSHノルトバンク事件、BGH NJW 2017, 578）[232]においては、銀行の取締役が銀行の自己資本比率を改善するために、不十分な情報収集のもとで金融取引を行い損害を与えたことが背任罪に問われた事案について、原審が株式法93条1項違反を認めながら、その違反が「明白」で「重大」ではないという理由で266条1項の義務違反を認めなかったのに対し、株式法93条1項で定められた経営上の裁量の極度の限界を超過した場合、会社法所の義務の違反が存在し、それは、いわば「自働的に」、同時に刑法266条の義務違反を基礎付けるほど重大であると明言した。もっとも、地裁の認定した情報収集義

　　ら、Saliger, Auswirkungen des Untreue-Beschlusses, a.a.O. (Anm. 218), S.911.
（229）　BGHSt 55, 266.
（230）　BGHSt 60, 94.
（231）　最初の二つの判例について、重大性の語は、言葉として出ているだけで、ratio decidendi になっていないと指摘するのは、Schünemann, Leipziger Praxiskommentar, a.a.O. (Anm. 221), S.84 f.
（232）　本決定について紹介する日本語文献として、天田悠「背任罪における任務違背行為と『手続』の履行」山口厚ほか編『高橋則夫先生古稀祝賀論文集　下巻』（成文堂、2022年）420頁以下がある。

務違反が安易に株式法93条1項1文の意味での義務違反と評価されるわけではないとする。というのも、地裁は被告人の行為が株式法93条1項2文のセーフハーバーに該当しないことしか判断しておらず、同条項の違反があっても、1文の違反が認められない余地は残されているからである。2文の違反は1文違反の徴表ではあるものの、最終的には、取締役の行為が全く支持不可能な場合にのみ肯定される、とする。

　また、連邦通常裁判所2015年11月26日決定（ニュルブルクリンク事件、BGHSt 61,48）においては、レースサーキット・ニュルブルクリンクの開発をめぐる複数の背任が問題となった事案において、ニュルブルクリンク GmbH を被害者とする背任につき、株式法において展開され株式法93条1項2文において成文化された経営判断の原則が、有限会社の業務執行者による背任の義務違反の判断基準としても用いられることを確認し、義務違反は「実質的には、企業家としての意思決定がそれなしには不可能である［……］幅広い評価と裁量の範囲を反映しているにすぎない」ことを確認している。

第4款　その後の展開のまとめ

　2010年の連邦憲法裁判所決定によって、背任罪の合憲性、および、背任罪の解釈に関する指針が示された。とりわけ損害要件にとって、危殆化損害を含め、損害を金銭的に量定する必要があると示したことは、実務・学界にとって重大なインパクトをもたらすもので、その後、多くの事件で、財産的損害要件の有無が争われることとなった。

　一方、連邦憲法裁判所は、義務違反の解釈についてもいくつかの判断を示しており、それら（保護目的連関、義務違反の重大性）は、近時の多数の見解の考え方に沿うものであるが、その具体的な適用に関しては、既に当該決定自身において、損害についての記述ほどには明確ではなく、その後の判例においても、必ずしもその方針が徹底されているとはいい難い状況にあると評価される。

第3章　背任行為の画定

　以上のドイツの議論を参考にしながら、我が国の背任罪における任務違背
（背任行為）をどのように画定すべきかについてさらに考察を進めたい。

第1節　刑法外の規範との関係

　まず、「任務違背」の判断において、刑法外の規範（例えば、私法上の法律関
係から導かれるもの）をどのように考慮するのかが問題となる。この点を巡っ
ては、我が国では、法令・定款等に違反すれば直ちに任務違背を認めると述
べる見解も見られるものの、その主張は貫徹されているとは思われない。実
際のところ、我が国の学説では、（形式的な）法令等の違反は任務違背を判断
する際の「一つの資料」として曖昧にしか位置付けられていないと解される
からである[1]。

　この点、ドイツでは、財産保護義務の内容が刑法外の規範から持ち込まれ
ることを前提に、両義務の関係が具体的に考察されている。ここでは、刑法
外の規範に反することは、背任罪の成立にとって必要条件ではあるけれども
十分条件ではないという定式が立てられている。

　この定式は日本法においても妥当すべきだと思われる。すなわち、刑法
247条は、事務処理者が「その任務」に違背する行為を背任罪として処罰す
るとするのみである。「その任務」の内容は、行為者と本人の法律関係に基
づいた刑法外の規範をもって補充するほかない。したがって、任務違背を判
断するには、まず刑法外の規範[2]を確定することから始めなければならない

（1）　本編第1章第3節第2款参照。
（2）　背任罪以外の他の犯罪行為が任務違背の判断に際して考慮されるのかも問題となる。このよ
　　うな犯罪行為は、私法上明確な禁止規定がなくとも、公序良俗（民法90条）や善管注意義務
　　（民法644条等）の判断を通じて原則的に違法性、義務違反性が肯定されるであろう。もっと
　　も、肯定される場合でも、事務処理者たる地位との関連性の有無はあらためて問題となる。

と解される。

　もっとも、本人との事実上法律上の関係から導かれる刑法外の規範が全て背任罪の「任務」を基礎付けるわけではない。その規範が、背任罪において考慮するに値するものかが問われなければならない。ドイツでは、背任罪の主体たり得る者による本人に対するあらゆる財産侵害行為が義務違反として評価されるのか（刑法外の義務と背任罪の主体たる地位との関連性）、及び、行為者が規範に違反して本人に損害を加えた場合は全て背任罪が成立するのか（刑法外の義務と財産上の損害との保護目的連関）が議論されていた。

　まず、前者の問題を巡っては、ドイツでは、本人の財産に対する加害行為が行為者に与えられた地位により何らかの形で促進されたといえなければならないとする見解が有力であった。この点を我が国において考察してみると、刑法247条が「その任務」、すなわち、「事務処理者の任務」であることを要求している以上、背任罪の主体たる地位を利用する行為（事務処理者の地位と機能的連関を持つ行為）に限定するのが妥当だと思われる[(3)(4)]。

　次に、違反された義務と財産上の損害に保護目的連関を要求する考え方も日本に導入されてよいであろう。すなわち、背任罪は本人の財産を保護するための犯罪類型である以上、同罪の任務として考慮されるのは、やはり本人の財産保護を目的とする規範に限られる[(5)]。これ以外の規範の違反について

（3）　当該行為が事務処理者ではない者にも実行することができたという理由のみでは任務違背は否定されるべきではない。その意味で第1章において取り扱った東洋レーヨン事件判決（神戸地判昭和56年3月27日判時1012号35頁。本編第1章第3節第3款第3項参照）が、事務処理者たる地位の関係から生じたわけではない一般的な秘密保持義務は任務に該当しないと判断したのであれば適切ではない。もっとも、同事件において被告人は自己の担当事務と関係のない機密資料を担当事務に使うと偽って持ち出したのであり、事務処理者たる地位が犯行を促進したとはいえないので結論的には支持され得る。

（4）　背任罪の主体に一定の事務処理権限を要求する見解（本編第1章第2節第2款参照）に立つと、権限の不正な行使又は不行使のみが背任行為に該当することになると思われるので、窃盗や器物損壊のような事務処理者による本人の財産に対する直接加害行為にはそもそも背任罪が成立することはない。内田幸隆「背任罪の系譜、およびその本質」早稲田法学会誌51巻（2001年）141頁参照。なお、曽根威彦ほか『重点課題刑法各論』（成文堂、2008年）179頁〔内田幸隆〕も参照。

（5）　このような考えをすでに述べていたのは、松宮孝明『刑法各論講義〔第2版〕』（成文堂、2008年）279頁。すなわち、「他人の財産上の事務処理を委託された者として本人との間の信任関係を破る行為、すなわち、その他人に財産損害を加えないために課されている法的任務に背くこと」だとする。さらに、内田（幸）・前掲注（4）141頁。

96 第1編 背任罪における任務違背（背任行為）に関する考察

も背任罪に問うことは同罪の保護目的を変容させることにつながるとのドイ
ツにおける評価は日本にも妥当し得るものである。

また、背任罪が本人の財産を保護する規定である以上、任務違背を判断す
る際には、財産処分に関する本人の意思・意向[6]も財産保護規範と並んで、
若しくはそれ以上に重要な基準となる。このように本人の意思・意向を重視
することは、ドイツにおいては冒険的取引に関する議論において、「個々の
職業分野における通常の注意」という一般的な基準ではなく、行為者と本人
の間の内部関係を判断の対象にするという形で既に述べられていたところで
ある。

第2節　任務違背の判断

以上のような刑法外の規範との関係を前提として、任務違背の判断のあり
方を具体的に検討する。

ドイツにおいては、義務違反の判断に際して、私法従属性の観点から、財
産帰属者（本人）の意思が明らかな場合、又は、それに代わる法規によって
個別具体的な基準が形成されている場合と、そうでない場合とに分けて検討
されていた。このような検討方法は日本法においても基本的に採用され得る
と思われる。

まず、財産処分に関する本人の明確な基準がある場合、その違反に対して
は直ちに任務違背が認められる[7]。それ以外の、何らかの信義誠実違反の有

（6） 初出論文では、「本人の意思・目的」と記述していたが、その後、財産上の損害要件の判断
　　基準において、財産処分に関する本人の明確な指示がある場合に、「本人の達成しようとした
　　目的」という語が用いられている（第2編第6章参照）。当初の「目的」のニュアンスは、ク
　　ビシエルが述べるもの（本編第2章第3節第2款第2目）に近い内容で、本人の財産処分に関
　　する（ある程度具体化された）基準や方針といえる。そこで、「意向」の語に差し替えた。
（7） そもそも、誰が本人であるのかも非常に問題である。例えば、法人が本人の場合、出資者
　　（社員）の意思を本人の意思と考えてよいのか、そうでなければ、本人の意思をどのように判
　　断するのかなどが問題として挙げられる（ドイツの状況につき本編第2章第3節第2款第1項
　　参照）。この点について詳細に検討しているものとして、島田聡一郎「背任罪における任務違
　　背行為」植村立郎判事退官記念論文集編集委員会編『植村立郎判事退官記念論文集第1巻第1
　　編　理論編・少年法編』（立花書房、2011年）261頁以下。また、本編第4章第3節第1款も
　　参照。

無は問題ではない。ただし、本人の明確な基準が法規に違反する場合、例えば、本人が行為者に贈賄を指示するような場合、行為者がその指示に違反しても任務違背とは評価されない。そのように解さなければ、行為者は本人の指示を実行するにせよ実行しないにせよ法に違反することになり進退窮まってしまうからである。この限度で、本人の視点という基準は後退する。他方、行為者が、法規に違反するような本人の指示に従っても任務違背とはならない。このことは、違反された法規が本人の財産保護を目的とするか否かに関わらない。法規が本人の財産保護を目的としない場合には当該法規は任務違背において考慮されないし、財産保護目的を有している場合でも、本人の現実の意思がある以上それが優先するからである。

　次に、本人の意思に由来する明確な基準が存在しない場合には、本人の財産保護を定めた具体的な法規が基準となる。ここで取り上げられる規範・義務は、前節で述べたように、本人の財産を保護するために行為者に課されている規範だけである[8]。かくして、単なる手続規定の違反だけでは任務違背とされず、また、例えば、不正競争防止法18条によって禁止されている外国の公務員に対する賄賂の支払は、国際商取引の健全な発展を目的とするものであって、財産保護を目的とするものではないので背任罪の成立にとって意味を持たない。賄賂支払の禁止が本人によって考慮される場合にはじめて任務となる可能性がある。

　最後に、そのような具体的な法規もない場合、及び、法規は認められるもののそれが背任罪にいう「任務」としては抽象的にすぎる場合、換言すれば、善管注意義務（民法644条）や株式会社の取締役の忠実義務（会社法355条）のような、行為者の事務処理についての一般条項的規範しか存在しない場合、それに基づいて任務違背性を判断することは困難になる。任務違背を「本人の不利益」で判断するという有力説はこの場合に妥当するようにも考えられる。しかし、任務違背が「本人の不利益」を惹起することだとして

（8）　例えば、東京地判平成17年2月17日判時1929号126頁は、委員会の費用支出に関する協定に違反して費用を支出している以上、それだけで直ちに任務違背である。被告人による費用支出が許容されるかのように装った隠蔽行為が事情として存在するが、仮にそれがなかったとしても、任務違背の判断に影響を及ぼすべきではない。

98 第1編 背任罪における任務違背（背任行為）に関する考察

も、「不利益」か否かを判断する基準が明らかにされなければ、解決は先延ばしされただけといえよう[9]。ここで、「不利益」を得られる利益と生じる損失の総合衡量によって判断すると理解するとしても、行われた措置に何らかの財産的又は非財産的な利益が認められる場合、その利益を任務違背判断においてどのように評価するのかという問題が生じる。そのため、実質的な判断を行おうとするならば、合理性がおよそ認められない措置しか任務違背となり得ないと思われる[10]。ドイツにおいては、経済活動における背任罪の成立を限定する基準として「支持不可能性」が示されていた。もっとも、私法上（会社法上）の判断として不合理な判断であることが相当程度確立しているという意味での、私法上の判断に従属的な「支持不可能性」は、本人の財産保護がうすくなりすぎることになるので妥当でない。クビシエル及びレーナウが明確にした、本人の視点から見た「支持不可能性」、すなわち、本人が当該財産処分を支持するかどうかを合理的に判断する考え方に賛意を示したい。

「支持不可能性」基準は、ドイツの私法上認められ、刑事判例にも導入された経済活動における広範な裁量を容認する考え方に相応した内容を持つ。すなわち、行為者に認められている経営上の広範な裁量が重視されるべきであり、裁量の限界を超えている行為だけが任務違背として評価される。その際には、クビシエル、レーナウが述べているように、本人の意思が推認される限りそれが考慮されなければならないと解される。日本においても、後述するように[11]会社法上すでにこのような裁量は認められている。行為者が裁量の限界を超過しない限り任務違背とは評価されないと考えるべきなのである。このような理解によれば、問題となる取締役の行為を評価する際、単なるリスクの高低によって任務違背は決せられず、当該リスクの実行が本人の意思・意向からすれば明らかに支持できない場合に任務違背が認められることになる[12]。

（9） 本編第1章第3節第2款第3項参照。
（10） この点につき、塩見淳＝品田智史「判批」刑事法ジャーナル14号（2009年）110頁も参照。
（11） 本章第3節、および、本編第4章参照。
（12） もっとも、会社の場合にはリスクを実行することにより利益が生じる可能性が極めて低い場

第3章　背任行為の画定　99

第3節　調査過程の考慮

　任務違背判断において行為者に広い裁量を認める場合、行われた処分の妥当性と並んで、別の考慮も必要と思われる。すなわち、裁量権のある行為者は本人に代わってその裁量の範囲で本人の財産について決定を行う前提として、決定基盤を可能な限り堅固に構築しなければならず、これが実行されていない限り任務に違背すると解されるのである。もっとも、どこまで調査を行うべきかも状況に応じて、すなわち、裁量のもとで判断される。したがって、決定のために合理的と考えられる調査で足りる[13]。

　ドイツにおいても、このような調査・分析過程の考慮は示されていた。シュミットは、経営経済学の観点から意思決定過程を分析した上で、財産処分決定のために必要なデータの収集、及び評価についても義務違反の審査が及び得ることを示した。貸付に関する連邦通常裁判所の判決も情報収集義務・調査義務の違反が義務違反にとって決定的であると述べている[14]。また、いわゆる経営判断原則を立法化した株式法93条1項2文が存在し、この基準が背任罪の義務違反を判断する際に考慮されるとした刑事判決も出されている[15]。

　我が国では、経営判断原則を示す法規定、及び、（会社法に関する）最高裁の明確な判断はなかった[16]ものの、アメリカにおける経営判断原則の議論

　　合、当該リスクの実行は明らかに支持できないとされるのが通常であろう。この点について、
　　内田幸隆「判批」刑事法ジャーナル5号（2006年）152頁参照、曽根ほか・前掲注（4）180頁
　　〔内田（幸）〕参照。
(13)　十分な調査をせずに財産処分を行った結果財産損害が生じたが、処分の内容は裁量の範囲内
　　のものであり、調査が行われていたとしても同じ結果になったであろうという場合、背任行為
　　を調査を行わなかった不作為と考えるにせよ、不十分な調査に基づく決定という作為と考える
　　にせよ任務違背はあると理解すべきである。もっとも、任務違背と財産上の損害の因果関係は
　　認められないため、背任罪は少なくとも未遂にとどまり、あとは不能犯と未遂犯の区別に関す
　　る議論になると思われる。
(14)　BGHSt 46, 30.
(15)　BGHSt 50, 331.
(16)　本稿の初出時の平成20年の話である。当時、金融機関の融資が取締役の善管注意義務に違反
　　するかどうかについて、経営判断原則そのものには言及しないものの意思決定過程も審査した
　　上で、善管注意義務違反を認めた最高裁判例が同日に二件登場していた。最判平成20年1月28

を受けて（会社法に関する）下級審裁判例・会社法学説において、既に一定の準則が承認されてきた。それは、「判断の過程・内容が取締役として著しく不合理なものであったか否か、すなわち、当該判断をするために当時の状況に照らして合理的な情報収集・分析・検討がなされたか否か、これらを前提とする判断の推論過程及び内容が明らかに不合理なものであったか否かが問われなければならない」というものである[17]。私法従属性の観点からは、上記準則が求めているところの判断の過程、及び、その内容の合理性が背任行為の判断においても問題とされなければならないであろう[18]。

意思決定の基盤としての調査・分析過程に目を向けることは下級審の刑事裁判例によっても行われている。例えば、不良貸付の事案である札幌高判平成18年8月31日判タ1129号116頁（北海道拓殖銀行事件控訴審判決）[19]は、被告人の任務を認定する際に「被告人甲及び同乙のように、広く一般国民から預金を集めそれを貸し出すことを業とする金融機関において融資の可否を決定する立場にある者は、預けた預金及び利息が保証されるという預金者からの信用が失われることがないように、融資を行うに当たり、あらかじめ融資先の財政状態、経営状態等を精査し、確実かつ十分な担保を徴するなどして、拓銀が回収不能による損害を被らないよう貸付金の回収に万全の措置を講ずる

日集民227号43頁（北海道拓殖銀行栄木不動産事件上告審判決）と最判平成20年1月28日集民227号105頁（北海道拓殖銀行カブトデコム事件上告審判決）である。もっとも、両判決ともに一般論を展開しているわけではないため、最高裁が経営判断過程の審査を金融機関による融資以外の類型でも行うとは即断できない状況にあった。両判決の評釈として、松山昇平「判批」金融法務事情1833号（2008年）26頁以下、志谷匡史「判批」判例時報2014号（2008年）190頁以下参照。本稿の初出後に、周知の通り、経営判断原則をめぐる最高裁が刑事、民事と続けて登場している。この点については本編第4章参照。

(17) 東京地判平成14年4月25日判時1793号140頁、東京地判平成14年7月18日判時1794号131頁、東京地判平成16年9月28日判時1886号111頁等。また、吉原和志「取締役の経営判断と株主代表訴訟」小林秀之ほか編『株主代表訴訟大系〔新版〕』（弘文堂、2002年）78頁以下、東京地方裁判所商事研究会編『類型別会社訴訟Ⅰ』（判例タイムズ社、2006年）244頁等参照。

(18) なお、経営判断原則は、基本的に違法な行為を行う裁量を認めていない。もっとも、背任罪において行為者の裁量の範囲を考慮する場合、違法な行為であっても財産処分に関わらないものは任務違背の判断から取り除いて考えるべきである。要するに、財産処分に関わらない規範の違反があっても、それだけで裁量は否定されない。その限りで、刑法上の判断と私法上の判断が異なることになるが、私法上許されないことが刑法上許されることになるだけなので、私法従属性には抵触していないと解される。

(19) 本編第4章で紹介する最決平成21年11月9日刑集63巻9号1117頁の原審である。

任務を負うものと解される」〔強調、引用者〕と述べている。もっとも、不良貸付事例においては借受人の信用調査が損害に直結するという特殊事情がある。そのため、事前の調査・分析が任務の一般的内容とまではいえないかもしれない。しかし、同じく貸付に関する事案で、借受人の信用調査以外の調査過程を考慮している判決も見られる。例えば、いわゆる母体行責任[20]についての判決[21]は、次のように述べている。「本件貸付けを行わなかった場合の得失を検討し、その他の方策等について必要かつ十分な調査、検討を行うべきであるのにその形跡もないことからすると、結局、関連会社というだけで漫然と貸付けることは、貸付先会社の破綻を先延ばしにしてその表面化を回避するためのものに過ぎないというべきであり、被告人の任務に違背することは明らかである」、と[22]。

　さらに、本編第1章で取り上げた前掲最判平成16年9月10日（北國銀行事件）は、信用保証協会の役員らに関する任務違背の判断において、甲銀行のために代位弁済することと甲銀行からの負担金の拠出を受けることを独立に評価してはならない旨を判示すると同時に、代位弁済に応じて負担金の拠出を受けるか、負担金の拠出が受けられなくなっても代位弁済を拒絶するか、という二つのプランの衡量の際には慎重な総合検討を要求している[23]。また、これを受けた差戻審[24]も、「協会役員らが、被告人から強い要請を受け

---

(20)　母体行責任とは、銀行などの金融機関が中心となって会社を設立し、代表取締役などの役員および従業員を自社から出向させ、その出資比率も独占禁止法で許容される限度近くまであり、実質的にその会社を支配ないし子会社化している場合に、その会社が経営危機に陥ったとき、母体行がその会社に対する貸出金の全額を放棄し、さらに、その会社が整理されるときには、他の金融機関に優先弁済させることをいうとされる。松宮孝明「経営判断と背任罪」立命館法学307号（2006）101頁以下参照。

(21)　大阪高判平成17年4月28日高刑速（平17）257頁。

(22)　この判決に対しては、松宮・前掲注（20）108頁の次のような批判がある。すなわち、調査・検討を行っていればどのような経営判断に達したかを判断するまでもなく任務違背が認められるとすれば、調査・検討を行っても同じ判断に至っていたであろう場合にも任務違背が認められることになる。しかし、時々刻々と変化する経済情勢に機敏に対応することを迫られる経営者に対して、一定の時間を要する調査・検討の義務を課し、結果的に企業が破綻したときに、それらを怠ったから背任であるとするのは一種の結果責任を認めるに等しくなる、と。しかし、調査・分析をするか、どの程度するかも裁量の余地がある以上、即時に判断を行わなければならない場合にまで、十分な時間をかけた調査が要求されるわけではない。

(23)　本編第1章第3節第3款第1項参照。

(24)　名古屋高判平成17年10月28日高刑速（平17）285頁。

102 第1編 背任罪における任務違背（背任行為）に関する考察

るや、その直後といっても過言ではない時点で、急きょ従前の方針を唐突に
翻し、被告人の要請に応じる意向を固めたことは、協会の経営判断として
は、著しく合理性を欠くものである」と判示しており、このことは、比較検
討の不十分さを任務違背を肯定する方向の事情と見たとも読めるであろう。

　以上の判例を見る限り、調査過程の考慮は新しい主張ではなく、従来から
暗黙のうちに用いられてきた判断基準を明確に示したものとして位置付けら
れると思われる[25]。

---

(25)　なお、任務違背の判断について本稿のような枠組を採用する場合、図利加害目的との関係が
　　あらためて検討される必要がある。財産処分に関する本人の意思に従っている、及び、裁量行
　　使の前提としての調査分析を尽くしているといえるのであれば、同時に図利加害目的も否定さ
　　れてしまうとも思われるからである。本稿のように考える場合の図利加害目的の位置付けにつ
　　いては、本書第3編参照。

第4章 不正融資に対する刑事責任
——経営判断原則と背任罪

　任務違背に関する以上の検討を前提に、本章では、具体例として、いわゆる不正融資について取り上げる。

第1節 検討の対象

　不正融資とは、統一的な定義が必ずしもあるわけではないが、担保不足・信用不安のために回収の見込みがほとんどない貸付（不良貸付）と、法令定款に違反した貸付（不当貸付）のことを指す[1]。不正融資、とりわけ不良貸付は、背任罪（刑法247条）、会社法上の特別背任罪（会社法960条1項）[2]の典型とされ、バブル崩壊に伴う金融機関の破綻後には、同罪を用いて金融機関等の経営者に対する刑事責任の追及が行われてきた。

　他方、金融機関が不正融資による貸付金を回収できなかった場合、融資を行った取締役は会社法上、任務懈怠に基づく損害賠償責任を会社に対して負う（会社法423条1項）。任務懈怠の審査の際、会社法上の裁判例・学説においては、以前から、取締役に一定の裁量を認める経営判断の原則が適用されると考えられてきた。では、経営判断原則の存在は、背任罪の成否に影響を与えないのか。この点について、最高裁が最近一つの判断を示した。最決平成21年11月9日刑集63巻9号1117頁（北海道拓殖銀行事件〔拓銀事件〕）[3]は、銀行の頭取の実質破綻企業に対する不良貸付が特別背任罪に問われた事案におい

（1）　的場純男「貸付業務と背任罪」経営刑事法研究会編『経営刑事法Ⅰ』（商事法務研究会、1986年）143頁、西田典之編『金融業務と刑事法』（有斐閣、1997年）135頁〔上嶌一高〕参照。

（2）　会社法上の特別背任罪は、会社の役職員等に主体を限定した背任罪の特別犯であり、主体の範囲以外の要件についての解釈は、基本的に同じと一般的に理解されている。これと異なる見解として伊東研祐「会社法罰則と背任罪（刑法247条）解釈の視座」刑事法ジャーナル17号（2009年）47頁以下などがある。

（3）　本判例について詳しくは、品田智史「判批」刑事法ジャーナル22号（2010年）114頁以下参照。

104　　第1編　背任罪における任務違背（背任行為）に関する考察

て、最高裁として経営判断原則にはじめて言及するとともに、同原則が金融機関の融資業務においては限定されることを示したのである[4]。すなわち、（特別）背任罪においても同原則が考慮されることを、間接的ながらも示したことになる。

　もっとも、拓銀事件においては、銀行の取締役が経営判断原則の適用を受ける会社法上の注意義務に違反していること、同義務違反が存在する場合に特別背任罪における任務違背が肯定されることが示されただけであり、なお経営判断原則と背任罪との具体的関係は明らかではない。そこで、本章では、不正融資事案における背任罪の成否について、問題となる同罪の要件を概観した後、経営判断原則が同罪に影響を与えるのか否か、及び、どのような影響を与えるのかについて検討したいと思う。

　ところで、不当貸付に関しては、背任罪に問われた事例だけではなく、業務上横領罪（刑法253条）に問われた事案も存在する[5]。また、不良貸付についても、実質的には横領に問われてもおかしくないような場合があるという指摘も存在するところである[6]。そのため、不正融資事案においても横領と背任の区別が問題となり得る。

　現在の有力な見解によれば、背任罪と横領罪は交差する二つの円の関係にあり、両罪の区別はその交差する部分においていずれの犯罪が優先的に成立するかという問題として捉えられ、法条競合により横領罪が優先されると理解されている[7]。この場合、同時に背任罪の構成要件にも該当していること

（4）　この点に関する判示は以下の通り。「銀行の取締役が負うべき注意義務については、一般の株式会社取締役と同様に、受任者の善管注意義務（民法644）及び忠実義務（商法254の3、会社法355）を基本としつつも、いわゆる経営判断の原則が適用される余地がある。しかし、銀行業が広く預金者から資金を集め、これを原資として企業等に融資することを本質とする免許事業であること、銀行の取締役は融資取引の専門家であり、その知識経験を活用して融資業務を行うことが期待されていること、万一銀行経営が破綻し、あるいは危機にひんした場合には預金者及び融資先を始めとして社会一般に広範かつ深刻な混乱を生じさせること等を考慮すれば、融資業務に際して要求される銀行の取締役の注意義務の程度は一般の株式会社取締役の場合に比べ高い水準のものであると解され、所論がいう経営判断の原則が適用される余地はそれだけ限定的なものにとどまるといわざるを得ない」。
（5）　最判昭和34年2月13日刑集13巻2号101頁など。
（6）　山口厚ほか「〔座談会〕現代刑事法研究会⑥　背任罪」ジュリスト1408号（2010年）134頁〔渡辺咲子発言〕。
（7）　山口厚『刑法各論〔第2版〕』（有斐閣、2010年）333頁などを参照。

になる。他方、両罪が共に成立する領域の存在を否定し、横領罪と背任罪の成立範囲を完全に区別する見解も存在する[8]。また、判例も、財産処分が自己の名義・計算で行われれば横領、本人の名義・計算でなされれば背任というように、両者の住み分けを図っているとも理解できる[9]。もっとも、判例の基準は、自己の名義・計算による行為を領得と評価できるとして、前記有力説からも支持されている。そのため、ここでの問題は、領得行為を背任罪の処罰範囲に含むのかということにある[10]。学説においては、背任罪を（逸脱、濫用を問わず）権限行使に関する行為に限定し横領と背任の住み分けを図る見解[11]もあるが、横領罪において第三者に領得させる行為も含むのであれば[12]、そのような区別は必ずしも貫徹し得ないように思われる。権限行使によっても「第三者に領得させる」と評価できる場面はあるからである[13]。また、不良貸付においては背任罪として訴追されるのが通例であり、不当貸付についても法令に違反し本人の行為と評価できないことを理由に常に領得行為となるわけではない。したがって、本稿においては融資が自己・第三者領得と評価されるのかという点にはこれ以上立ち入らず、主として背任罪を素材に検討を加えることとする[14]。

---

(8) 客体が物か利益かで区別する見解（江家義男『刑法各論〔増補版〕』（青林書院新社、1963年）321頁など）、権限逸脱か権限濫用かで区別する見解（植松正『再訂　刑法概論Ⅱ各論』（勁草書房、1975年）458頁など）などがある。もっとも、これらの見解が重なり合いを完全に否定する趣旨まで含むのかは明確ではない。この点について内田幸隆「横領罪と背任罪との区別」法学教室359号（2011年）41頁。

(9) 最判昭和33年10月10日刑集12巻14号3246頁など。

(10) 林幹人『刑法各論〔第2版〕』（東京大学出版会、2007年）302頁。

(11) 内田（幸）・前掲注（8）42頁。

(12) 判例はこれを肯定する（大判明治44年4月17日刑録17輯605頁、大判大正12年12月1日刑集2巻895頁など）。また、山口厚＝塩見淳「〔対談〕刑法の学び方」法教373号（2011年）74頁〔塩見発言〕参照。

(13) なお、横領と背任の区別に関する現在の有力理解によれば、本人の名義・計算による行為は、そもそも「領得」とは評価されないということになろうが、本人の名義・計算のみが権限の行使と整理されているわけではないと解される。

(14) 筆者としては、横領罪と背任罪は構成要件に該当しているのであればどちらを適用してもよいという立場（佐伯仁志「背任罪」法学教室378号（2012年）112頁）を支持している。すなわち、横領罪が成立する事例について背任罪で訴追したとしても、裁判所は、横領罪が優先して適用されるのだからそのような訴追は許されない、と判断しなくてよい。以上について、品田智史「不正融資と背任罪」法学教室393号（2013年）77頁以下参照。

第2節　背任罪の成否について

　背任罪においては、主体（事務処理者）の範囲がいわゆる背任罪の本質論との関係でよく議論されるが、不正融資の貸し手として責任を問われるのは取締役などの経営者がほとんどであるため、この点はあまり問題にならない。問題となるのは、任務違背、図利加害目的、財産上の損害の各要件である。このうち損害については、その評価は経済的に行われ、本人が貸付金と同額の返還債権を取得しても、著しい担保不足や信用不安のため実質的な債権の価値が低ければ損害が肯定されている[15]。

第1款　任務違背

　任務違背は、「その事務の処理者として当該事情のもとで当然なすべく法的に期待される行為をしなかったこと」、「事務処理における信任関係に違背する行為」などと抽象的にしか定義されていない[16]。したがって、重要なのは具体的な判断基準であるが、そこでは、法令、定款等に違反すれば（損害との因果関係が認められる限りで）直ちに任務違背となり、実質的な判断を図利加害目的等の要件において行う見解が有力であった[17]。この見解の背景には、従来背任罪の訴訟においては、図利加害目的が中心的な争点となり、本来任務違背を基礎付けると思われる様々な客観的事情も、図利加害目的の有無を基礎付ける間接事実として考慮されていたことが影響しているものと思われる[18]。他方、下級審裁判例においては、任務違背判断において、法令違反以外に行為の実質的判断を行ったものも見られる[19]。また、近時の

---

(15)　判例（最決昭和58年5月24日刑集37巻4号437頁）・通説である。もっとも、実際に立件されるのは、貸付先の倒産や、場合によっては金融機関の破綻後など貸付金の回収が不可能であることが明らかになってからであり、どの程度で損害といえるのか、その限界ははっきりとしない。この問題については、本書第2編参照。

(16)　団藤重光編『注釈刑法6巻』（有斐閣、1986年）286頁〔内藤謙〕、大塚仁ほか編『大コンメンタール刑法13巻〔第2版〕』（青林書院、2000年）184頁〔日比幹夫〕。

(17)　伊藤榮樹ほか編『注釈特別刑法第5巻』（立花書房、1986年）133頁〔伊藤榮樹〕。また、西田典之『刑法各論〔第5版〕』（弘文堂、2010年）251頁も参照。

(18)　上嶌一高『背任罪理解の再構成』（成文堂、1977年）272頁参照。

第4章　不正融資に対する刑事責任　107

判例に特徴的なこととして、任務違背の判断が実質的に、より詳細に行われているということが指摘される。たとえば、最判平成16年9月10日刑集58巻6号524頁（北國銀行事件）においては、傍論ではあるものの任務違背について実質的な判断が行われおり、また、その後の下級審裁判例においても、法令違反が存在するにもかかわらず実質的な不当性の審査が行われている[20]。本章冒頭の拓銀事件もそのような傾向の一例である。学説においても、このような実質的判断はおおむね支持されている。もっとも、実質的判断の内容は、「通常の業務の範囲を逸脱したか」や「本人にとって不利益な行為か」などが基準とされており、必ずしも具体的なものとはいえない[21]。

　（特別）背任罪は、行為者が本人との関係で有する一定の任務に反し、本人に損害を与えたことを処罰する犯罪である。ここで設定される行為者の任務は、まず本人の財産処分に関する意思、そして、行為者と本人の法律関係から導き出される様々な刑法外の規範によって画定されることになる[22]。任務違背判断が、このように刑法外の規範、とりわけ私法の規範を参考とする場合、法秩序の統一性の見地から、私法上許容されている行為を刑法上違法と評価すべきではないという帰結が導かれる。もっとも、本人との事実上法律上の関係から導かれる刑法外の規範が全て背任罪の「任務」を基礎付けるわけでない。その規範が、背任罪において考慮に値するものかが問われなければならない。すなわち、背任罪は本人の財産を保護するための規範である以上、財産保護と関係のない規範の違反は背任罪を成立させることはできない。そうでなければ、背任罪の保護目的を変化させてしまうことになってしまうからである[23]。

---

(19)　大阪高判昭和45年6月12日刑月2巻6号626頁など。

(20)　高松高判平成17年7月12日高刑集58巻3号5頁（予算法の違反）、東京高判平成19年12月7日判時1991号30頁（談合行為として独占禁止法違反の犯罪）。

(21)　以上について、本編第1章第2節参照。また、品田智史「最近の裁判例に見る背任罪をめぐる諸問題」刑事法ジャーナル31号（2012年）116頁以下。

(22)　本編第3章第1節参照。これに対し、林幹人「背任罪における任務違背行為」判例時報2098号（2011年）11頁は、過失犯との比較から任務違背判断において刑法外の義務をそのまま持ち込むことに反対し、刑法外の規範の違反を問題とすることに意味があるのか疑わしいと批判する。しかしながら、刑法固有の違法を判断するにしても、そのためには法令を参照することは避けられず、また、それに違反したかどうかは少なくとも考慮要素とはされるものと思われる。

108 第1編 背任罪における任務違背（背任行為）に関する考察

なお、本人が会社である場合にその財産処分に関する意思をどのように画定するかが問題となる。この点については、ドイツにおいて活発に議論がなされているところである[24]。会社の意思を判断する際には、まず会社財産の経済的帰属者であるところの株主の意思が問題になる。もっとも、会社が株主の財産を一つの団体として担う場合、その意思決定方法は自明のものではなく法規に基づいて定まる。したがって、過半数が賛成していれば常にそれが会社の意思であると考えることはできず、会社法における意思決定規定の実質的な斟酌が必要となろう[25]。もっとも、具体的な意思決定がなされていることは稀であり、その場合は、会社の業種・定款等からその大枠としての方針を推知し、その観点から見て採られた措置がおよそ支持できないものであったかを判断するしかない。企業の規模が大きくなればなるほど、企業間の差異は失われるであろう[26]。

---

(23)　高山佳奈子「金融機関経営者の刑事責任」金融法務事情1911号（2010年）18頁。このような例としては、賄賂の支払いが考えられる。私見に対しては、島田聡一郎「背任罪における任務違背行為」植村立郎判事退官記念論文集編集委員会編『植村立郎判事退官記念論文集第1巻第1編　理論編・少年法編』（立花書房、2011年）255頁にこの点以外も含めた詳細な批判がある。たしかに財産保護のための規範の違反についてはその内容が不明確であり、その基準によれば、処罰範囲に広狭が生じてしまうかもしれない。しかしながら、行為態様の記述が不明確な抽象的な背任罪にあっては、本人の推定的意思の違反以外に明確な基準が見出されるならば用いられるべきであるように思われる。さもなければ、「財産」、「損害」の理解次第で処罰範囲が広がり過ぎる可能性がある（例えば、ドイツにおける取締役の行為に起因する第三者から会社に対する損害賠償請求惹起の事例など）。この点について、詳しくは本編第5章参照。

(24)　本編第2章第3節第2款第1項参照。近時のより詳細な議論について島田・前掲注（23）263頁。

(25)　BGHSt 55, 266は、有限会社の持ち分の51パーセントを実質的に所有していた単独代表権を持つ業務執行者が、会社の裏口座に金銭を移動させた事例において、過半数社員の実質的な同意が存在していただけでは背任罪の成立を否定するには十分ではなく、その他の社員がその決議に関与していることが必要であるとした。

　　これに対してザリガーは、そのような決定手続の不備をもって同意を否定することは、会社法上の形式の不備が犯罪化され、場合によっては、背任罪の保護目的と矛盾するとして判例を批判する（Frank Saliger, Schutz der GmbH-internen Willensbildung durch Untreuestrafrecht?, Festschrift für Claus Roxin zum 80. Geburtstag, 2 Teil, (2011), S.1062 ff.）。しかしながら、本人としての会社の意思決定を判断する際にどのような規範を考慮するのかという問題と規定の財産関連性（保護目的）の問題とはやや異なるように思われる。

　　なお、同判決は、行為者の義務違反を基礎付けるのに際して、適切な会計義務に違反した点だけではなく、他の会社機関に対する忠実性の義務（対会社ではない）の違反も指摘している。会計義務違反の点はともかく、後者の違反については本人の財産に何の関連性もないとして、ザリガーは批判的である。

(26)　その意味で林（幹）・前掲注（22）12頁における専門家の知識経験による判断は、考慮要素

第4章　不正融資に対する刑事責任　　109

第2款　図利加害目的

　図利加害目的は、背任罪の主観的要件であるが、その意義が問題となっている。それは、加害目的が、「財産上の損害」の認識・認容、すなわち故意と重複するのではないかという問題意識に基づく。この点、図利加害の積極的意欲[27]や確定的認識を要求する見解もあるが、学説においては同要件を動機と理解する見解が有力である[28]。その中でも、判例が採用しているとされる見解は消極的動機説と呼ばれる。同説によれば、図利加害目的は、「図利加害の認識・認容があり、かつ、本人図利の動機がないこと」を内容とし、本人の利益のためにする行為を背任罪から排除する機能を持つ[29]。この見解によれば、自己・第三者図利の動機も本人図利の動機もない場合であっても、背任罪は成立することになる[30]。

　もっとも、裁判においては、積極的な図利加害目的の有無が争点となってきた。不正融資、とりわけ不良貸付の事案においては、行為者が経済的利益を得ることを目的としていないことが多く、「従来の放漫な貸付が明らかになることによって自己の信用失墜や責任追及が起こるのを免れるため」という自己保身目的が認定されることが多い[31]。そのような目的を立証する材料として、客観的に「行為者のとった措置が本人の利益となり得るものであったか」が問題となることが多く、その意味で、前述のように本来任務違背で考慮されるべき事情が図利加害目的の審査において（も）利用されてきた。もっとも、近時は任務違背が重視されるのにしたがって、相対的に図利加害目的の重要性は低下している。拓銀事件においても、第1審、控訴審

────────────

となる。

(27)　最決昭和63年11月21日刑集42巻9号1251頁は積極的意欲を要求することについては明確に否定している。

(28)　詳しくは、上田哲・最判解刑事篇平成17年度370頁など参照。

(29)　香城敏麿「背任罪の成立要件」阿部純二ほか編『刑法基本講座第5巻』（法学書院、1993年）265頁。上田・前掲注（28）373頁以下。同説に拠るとされるのは最決平成10年11月25日刑集52巻8号570頁、最決平成17年10月7日刑集59巻8号779頁（イトマン不正融資事件）など。なお、本人図利目的と、自己・第三者図利目的が併存する場合、いずれの目的が主であるかによって図利加害目的が判断される。

(30)　この帰結を批判するのは、佐伯仁志「判批」ジュリスト1232号（2002年）196頁。

(31)　判例（前掲最決昭和63年11月21日）・通説は「利益」に自己の信用・面目などの非財産的な利益を含むことを肯定する。

においては、むしろ図利加害目的が中心的な争点であったが、最高裁は、図利加害目的について触れることなく、もっぱら任務違背を問題としている。

消極的動機説に立てば、本人図利目的がなかったかどうかが決定的であり、自己保身目的の存在は本人図利目的の不存在を基礎付ける事情となるにすぎない。にもかかわらず、自己保身目的の有無が主として争われるのは、本人図利目的の不存在の立証が任務違背の立証と実質的に重複する箇所が多い点、図利加害目的が刑法247条の条文において積極的に要求されている以上立証しないわけにはいかないという点によるものと推測される[32]。しかしながら、他の財産犯と比較して、自己保身目的という非財産的な利益の動機を積極的に要求することがはたして意味のあることかは疑問である[33]。

第3節　経営判断原則と背任罪

第1款　任務懈怠責任と経営判断原則

次に、経営判断原則について確認しておく。経営判断原則が問題になるのは、取締役の負う会社法上の注意義務の違反について判断が行われる場面であるが、同義務違反は、主に、取締役の会社に対する損害賠償責任である任務懈怠責任の審査において問題となる。

任務懈怠責任の判断構造については会社法上争いがあるが、判例・通説によれば、任務懈怠と帰責事由としての故意・過失は独立の要件とされている[34]。任務懈怠の判断においては、具体的な法令違反と一般的な善管注意義務違反（業務執行に関する注意義務違反）とが、別個独立のものとして取り扱

---

(32)　なお、不良貸付事案においては、本来行われるべきではない貸付が行われたことのみで第三者図利目的が認定されることが多い。これに対して批判的なのは林（幹）・前掲注（22）14頁。もっとも、そのような第三者図利目的のみで図利加害目的が肯定されることはほとんどなく、本文のような自己図利目的も共になければ背任罪の成立が否定されている。おそらく第三者に利益があるということのみで背任罪を安易に認めることについては躊躇があるのであろうと思われる。

(33)　品田智史「経済活動における刑事規制」法律時報82巻9号（2010年）28頁。また、品田智史「判批」佐伯仁志ほか編『刑法判例百選Ⅱ〔第8版〕』（2021年）149頁。

(34)　吉原和志「取締役等の会社に対する責任の範囲と性格」浜田道代＝岩原紳作編『会社法の争点』（2009年）154頁

われ、前者は善管注意義務違反の審査を介さずに直ちに任務懈怠と評価される。この際、会社法上、「法令」には会社・株主の利益保護を目的とする具体的規定だけではなく、公益の保護を目的とする規定も含まれるとされている[35]。なお、忠実義務は善管注意義務の一部であるとするのが判例・通説である[36]。

経営判断原則が問題になるのは、後者（一般的な善管注意義務違反）の場面である。経営判断原則とは、米国の Business Judgment Rule という判例法理に由来する。もっとも、アメリカ法における同原則が、一定の要件を満たせば、経営判断の内容を裁判所は一切審査できないというものであるのに対し、我が国では、経営判断の内容に対する裁判所の審査の余地を認めている。具体的には、「当該判断をするために当時の状況に照らして合理的な情報収集・分析・検討がなされたか否か、これらを前提とする判断の推論過程及び内容が明らかに不合理なものであったか否かが問われなければならない」という定式が、裁判例や学説において用いられてきた[37]。このような原則の背景には、取締役の経営判断事項は高度な専門性を有し、裁判所の審査になじむものではないという考えが存在している。

前述の通り、拓銀事件は経営判断原則について言及したはじめての最高裁判例である。拓銀事件においては同原則の名称が用いられただけであり、最高裁の想定するその内容については判然としていなかったが、その後、民事事件の最高裁判例において、「その決定の過程、内容に著しく不合理な点がない限り、取締役としての善管注意義務に違反するものではない」という表現が用いられていることから、最高裁のいう経営判断の原則は、従来承認されている経営判断原則と同じものだと思われる[38]。

判例・学説においては以上の定式のもと経営判断原則が理解されている

---

(35)　東京地判平成14年4月25日判時1793号140頁等。
(36)　最判昭和45年6月24日民集24巻6号625頁、江頭憲治郎『株式会社法〔第3版〕』（有斐閣、2009年）400頁。
(37)　前掲東京地判平成14年4月25日等。また、東京地方裁判所商事研究会編『類型別会社訴訟 I 』（判例タイムズ社、2006年）244頁等参照。
(38)　最判平成22年7月15日集民234号225頁（事業再編計画の一環としての株式取得の方法や価格についての取締役の決定が問題となった事案）。

が、その意義は取締役等の注意義務違反を判断する際に取締役に一定の裁量が認められることにあると思われる。もっとも、前掲最決平成21年11月9日（拓銀事件）においては、金融機関の取締役の注意義務違反を判断する際には、経営判断原則の適用が限定されるということが示されている。このこと自体は、会社法上の有力な考え方に基づくものであるが、最高裁は、その根拠として、①銀行業が広く預金者から資金を集めてこれを企業等に融資することを本質とする免許事業であること（銀行業の性質）、②銀行の取締役が金融取引の専門家であること（取締役の専門家責任）、③万一銀行経営が破綻した場合等には社会一般に広範かつ深刻な混乱を生じさせること（銀行の公共性）を上げている。以上の根拠をもって、融資業務における取締役の注意義務の水準が高度なものとなり、それに伴い若しくはそれと同時に裁量の幅が限定されることになる[39]。

経営判断原則を適用するための前提として、一般的に、次の条件が挙げられている。それが、取締役の法令遵守義務と取締役の誠実性である[40]。前者は、経営判断原則の適用に際し、取締役が法令違反行為を行っていないことを要求する。この要件は、経営判断の内容は裁判所の審査になじまないが、法令違反の有無は裁判所の審査になじむということが根拠とされている。後者は、取締役が自己又は第三者の利益を図るような忠実義務違反の場合においてはこの原則を適用するべきではないという条件である。その根拠は、取締役に裁量を認めるためには取締役が会社の最善の利益のために誠実に行動していることが当然の前提であるということにある。

以上のような経営判断原則は、善管注意義務などの会社法上の注意義務とは具体的にどのような関係にあるのであろうか。前記の定式は、経営事項に限らず裁判所が裁量を統制するために一般的に用いるものともいえる。そうであれば、この原則は従来の注意義務を具体化し、義務違反にならない行為（の一類型）を定式化したものにとどまることになる。他方、この原則を、特別な義務違反排除（軽減）事由と理解することも可能かもしれない。すなわ

---

(39) ただし、この点について森田果「我が国に経営判断原則は存在していたのか」商事法務1858号（2009年）4頁参照。

(40) 近藤光男「経営判断の原則」浜田道代＝岩原紳作編『会社法の争点』（2009年）156頁。

ち、通常は善管注意義務違反となるが、前記定式を満たしたときだけに特別に義務違反を排除（阻却）することができると理解することである。会社法学説においては前者の理解が有力と思われるが、詳細については必ずしも明らかではない。

第2款　不正融資における経営判断原則と背任罪

　以上のような経営判断原則は背任罪においてどのように位置付けられるであろうか。これは、任務懈怠責任と背任罪がどのような関係にあるのかという問題でもある。前述のように、任務違背が本人の意思と刑法外の法規に基づいて判断されるのであれば、銀行と取締役との関係で生じる善管注意義務も当然に考慮の対象となり、したがって、経営判断原則も当然背任罪において考慮されることになる[41]。このことは、矛盾評価を許さない、すなわち、私法上違法ではないと評価されたものが刑法上違法とされることはないという法秩序の統一性の原理からも基礎付けられる。もちろん、刑法と私法との関係については様々な場面において様々な議論がなされているが、少なくとも、本人から財産を委託された者の義務違反を判断する場面において、私法上義務に反しないとされた行為が刑法上義務に反するとの理解は一般的ではないであろう[42]。では、経営判断原則の考慮は背任罪の解釈論にどのような影響を及ぼすであろうか。

第1項　経営者に対する裁量の肯定──結果責任の否定との関係

　経営判断原則の承認による帰結のうち最も重要なものは、取締役等に裁量

---

(41)　ドイツにおいては、株式法において経営判断原則が立法化されており（株式法93条1項2文）、その内容は背任罪の解釈においても考慮されるべきとされるのが一般的である（Christian Müller-Gugenberger/Klaus Bieneck/Wolfgang Schmid, Wirtschaftsstrafrecht, 5.Aufl. (2011) §31 Rn 166 ff.）。ドイツの経営判断原則は主張立証責任の点で日本と大きく異なるものの、その内容についてはむしろアメリカより日本に近く、また、法文化されたその内容は、一般的に取締役の注意基準、責任基準であると理解されている。
(42)　したがって、私見のように刑法外の義務を直接判断に取り込む立場をとらないとしても、私法上の評価との矛盾を避けるためには何らかの形で経営判断原則の存在を考慮に入れざるを得ないであろう。なお、刑法と民法の関係一般については、品田智史「詐欺罪における契約上の規律について」阪大法学67巻1号（2017年）127頁以下も参照。

の余地が認められることである(43)。しかしながら、従来の背任罪の解釈においても、「冒険的取引」の概念を用いながら、損害が発生したからといって直ちに責任を負うわけではなく、行為者には裁量の余地が認められていることが前提とされてきたように思われる。

　もっとも、経営判断原則の採用によって、取締役の裁量の幅が、背任罪において従来想定されていたものよりさらに広がったと考えることも可能である。そうであれば、従来の背任事案において、経営判断原則の採用がなされていれば任務違背が否定されていた事案もあり得たということになる。しかしながら、従来の不正融資事案は、拓銀事件のように「著しく不合理」な措置を行った、「任務違背が明らか」な事案ばかりであった。例えば、不良貸付にかかる最決平成15年2月18日刑集57巻2号161頁（住専事件）(44)においては、借り手企業が再建可能かという点につき十分に検討されないまま無担保の融資が行われており、経営判断原則によって認められる裁量の幅を広く考えても、その限界は超過され任務違背は認められたであろう(45)。

　したがって、裁量の限界が問題となるような事例はそもそも起訴されてこなかったのではないかと推測される。これは、従来の不正融資事案の多くが、放漫な貸付を繰り返した結果不良債権が増大しその発覚を恐れるために融資を継続してきたという経緯のもと、その最終局面となる融資が、当該金融機関の破綻後に起訴されてきたということに由来する。他方、融資先と借り手が一定の緊張状態にある現在であれば、限界事例に該当しそうな融資も

---

(43)　なお、経営判断原則の適用の前提として、取締役のとった措置が経営判断事項に該当するのか問題になることがある。ドイツにおいては、この点は株式法93条1項2文の「企業家決定」に該当するか否かで判断される。この「企業家決定」は「その将来関連性の結果、予測と期判の対象とならない評価によって特徴付けられる」と言われているが、それに対置されるのが「法的に拘束される決定」で、構成要件上の評価の余地がない法律、定款、委任契約上の義務の顧慮が含まれている（Begründung zum Regierungsentwurf UMAG, BT-Drucks. 15/5092, S.11）。このような二項の対置は、日本法における法令違反行為と業務執行上の善管注意義務の対置と親和的であるように思われる。他方、日本法においては、法令違反とは関係ない善管注意義務違反の判断の際にも、それが専門的な評価裁量の余地を伴わなければ経営判断原則の適用対象外であると主張されることがある。最判平成21年11月27日集民232号353頁（四国銀行事件）参照。

(44)　本決定について、品田智史「不正融資と背任」松原芳博編『刑法の判例　各論』（成文堂、2011年）184頁を参照。

(45)　岩原紳作「判批」ジュリスト1422号（2011年）140頁。

背任として取り上げられる可能性があるかもしれない[46]。

第2項　金融機関の融資業務における経営判断原則の限定

　そのような限界事例が問題になる際、拓銀事件において持ち出された金融機関（銀行）における経営判断原則の限定、及び、注意義務の高度化が問題となる。同事件において示された基準は、「合理性」のある融資判断というものであった。この基準は、経営判断原則の定式で用いられた「明らかに不合理」や「著しく不合理」とはやや異なる。すなわち、金融機関（銀行）の融資業務の場合には、単なる「不合理」な融資も善管注意義務、ひいては背任罪になる可能性があるということになる[47]。「不合理」と「著しく不合理」の区別の一つの指標として、行為者のとり得る措置の範囲、すなわち裁量の幅の違いがある。経営判断原則が適用される場合、経営者は高いリスクを冒すことが許容され、また、見込まれる利益として、非財産的な利益も通常考慮要素とされるものと思われる。他方、銀行の融資業務においては、収益が利息収入に限定されるという性質上、リスクを冒すことが極めて制限され、また、破綻の際の影響を考えれば、貸付によって得られると見込まれる利益も基本的には貸付の回収及び利息に限られ、非財産的な利益は排除されることとなるであろう[48]。実際、銀行の不正融資の事案においては、融資打ち切りによる周辺地域の混乱を避けるために、回収可能性に乏しい融資を行うことが許されるとの主張が度々弁護側からなされてきたが、最高裁は基本的にこれを認めていない。

　なお、このような限定の根拠として、最高裁は、前述の通り①銀行の事業の性質、②銀行取締役の専門家性、③銀行の公共性の三点を挙げている。これらの理由は任務違背を判断する際に、どのように位置付けられるであろうか。私見からは、②は金融機関と他の事業会社における融資業務の比較として、①と③は銀行の業務の性質、ひいてはその基本的な方針を画定するも

---

(46)　西田典之「判批」金融法務事情1847号（2008年）10頁は、後述する背任罪の共同正犯の問題（本書第4編）においてこの点を指摘するが、その内容は背任罪の正犯の運用についても妥当するものと思われる。また、実務における背任罪の運用については、本書第5編も参照。

(47)　なお、田原補足意見はさらに厳格な基準を設定している。

(48)　岩原・前掲注（45）140頁参照。

のとして理解できるであろう。

第3項　取締役の法令遵守義務の意味

　次に、会社法学説にいう経営判断原則の適用条件と刑法上の背任罪との関係について検討したい。前述のように、経営判断原則の適用に際しては、取締役は法令に違反してはならないことが挙げられている。では、法令に違反すれば経営判断原則の適用がなく直ちに背任罪は成立するであろうか。ここで、法令違反の場合に裁量はないということの意味は、法令違反をもって善管注意義務ひいては任務懈怠責任を判断するということと解される。会社法上、法令違反があれば任務懈怠責任があることは判例・通説となっているため、その立場からすれば、この帰結は承認されるであろう。一方で、背任罪の判断において、法令違反があれば直ちに任務違背となるという考えは前述のように一般的ではない。実際、財産保護と何の関係もない規範の違反をもって任務違背を認めることは、財産犯である背任罪を別の法益を保護する犯罪類型へと変化させてしまうであろう。このように考えれば、会社法上の経営判断原則の適用条件の一つである法令遵守義務は、背任罪の判断において、直ちに妥当しないことになるのではないだろうか。ここで、会社法上の任務懈怠責任と、刑法上の任務違背、及び、背任罪の成立とは評価矛盾が生じるが、刑法の最終手段性からいっても、そのような帰結は承認できると思われる。

第4項　図利加害目的と経営判断原則

　もう一つの前提条件として、取締役には誠実性（会社の利益のみを図ること）が要求されている。他方、（特別）背任罪の成立のためには主観的な要件として図利加害目的が必要である。そうであれば、経営判断原則が適用されるような場面では、取締役は会社の利益のみを図っていることからそもそも図利加害目的が認められず、経営判断原則と背任罪の適用場面は完全に峻別されるという帰結も考えられる。その場合、経営判断原則は取締役の誠実性の審査を通じて、背任罪の解釈における特別な阻却事由的役割を果たすことになるであろう。

第4章　不正融資に対する刑事責任　117

　しかしながら、不良貸付事案においては、前述のように経営者に財産的利益を得る目的が認定されることはなく、自己保身目的が認定されることがほとんどである。自己保身目的の認定は、基本的には、当該融資が本人にとって客観的に利益がない、したがって、そのような融資を行う経営者には本人図利目的がない、という段階を経て行われる。そうであれば、結局のところ善管注意義務＝任務違背と図利加害目的は同じ事情で基礎付けられることになる。このような形で認定される自己保身目的が、経営判断原則の前提条件としての誠実性の判断で考慮されるべきとは思われない。

　他方、会社法においても、誠実性の問題は前提条件というよりむしろ、判断内容の不合理さを示すための資料として扱われているように思われる。少なくとも、不正融資事案においては、刑法上も、会社法上も、取締役の誠実性という前提条件は機能しないのではないであろうか[49]。

第4節　本章のまとめ

　以上の点からすれば、経営判断原則の会社法上の承認によっても、従来の背任罪の判断は特に変更されることはない、そもそも背任罪の判断の場面において経営判断原則が持つ要素は既に考えられてきたということになる。ひるがえって、会社法上の善管注意義務違反の判断においても、経営判断原則の承認は新たな内容をもたらしてはいなかったのではないのであろうか。現状では、経営判断原則は特別な義務違反排除事由ではなく、善管注意義務の内容を具体化・明確化したものに過ぎないように思われる[50]。もっとも、以上のことは、経営判断原則の意義を損なうものではない。経営者の行動範囲を具体化・明確化し、裁量の余地があることを明言することは非常に重要なことであろう。そのような具体化・明確化は、任務違背要件の解釈に反映される形で、背任罪の解釈・適用にも重要な役割を果たすものと解される。

---

(49)　このことは、アメリカのように善管注意義務と忠実義務を峻別しない日本ならではのことかもしれない。また、一般的な誠実性ではなく、利益相反取引のような類型的に忠実義務に位置付けられる義務については別論である。

(50)　島田・前掲（23）269頁も同旨。

第5章　むすび

第1節　本編のまとめ

　背任罪における任務違背の判断に関して次のような結論を得るに至ったといえよう。

　背任罪の任務違背性を判断する際には、刑法外の規範との関係を考察することが出発点とされなければならない。その際、「背任罪による保護の範囲は、私法（会社法）によるそれを超えてはならない。逆に、私法（会社法）上の規範に対する違反が当然に処罰をもたらすものではない」という定式が妥当する。これに関連して、事務処理者の本人に対するあらゆる財産侵害行為が問題となるわけではなく、事務処理者としての地位が当該財産侵害行為を促進したといえなければならない。

　任務違背の具体的判断においては、第一に、本人の財産処分に関する明確な意思が重要な基準とされるべきであり、それに違反すれば基本的に任務違背が認められる。第二に、本人の意思が明確でなければ具体的な法規が基準となる。その際には、本人の財産を保護するための法規だけが考慮される。第三に、以上のような規範が存在せず、一般条項的規範しかない場合、行為者に与えられている裁量が重要であり、当該行為が裁量の範囲内、具体的には、本人の目から見て支持可能であると認められる以上はその行為は許容され、本人の視点に立てばおよそ支持できない行為だけが任務違背とされる。ただし、その前提として本人に代わって財産について決定する事務処理者は、その任務として適切な決定基盤を確保しなければならず、決定のための調査分析も合理的に行われていなければならない。このことは、いわゆる経営判断原則に由来する会社法上の準則からも基礎付けられる。

　裁判実務との関係では、経営判断原則の採用によって、取締役の裁量の幅

が、背任罪において従来想定されていたものよりさらに広がったと考えるのではなく、そもそも背任罪の判断の場面において経営判断原則が持つ要素の一部は既に考えられてきたということになる。ただし、拓銀事件で示唆されているように、本人の意向や事務処理者の業務内容によっては裁量の幅が狭まる場面も今後想定される。

第2節　私見への批判を受けて

本編の初出後、私見（とりわけ第3章）に対しては、いくつかの疑問や批判が指摘されている。その中で、もっとも、詳細なのは、島田聡一郎教授によるものであろう[1]。その内容は多岐にわたるが、まず、拙稿が比較法の対象をドイツ法に求める際に、日独の背任罪規定における大きな相違である、未遂犯処罰規定の有無を重視していない点があると指摘される。すなわち、ドイツの議論を日本に持ち込むのであれば、背任未遂の可罰性を否定すべき場合と、そうでない場合を区別しなければならず、前者については、たとえドイツでは任務違背が肯定されていたとしても、日本の文脈では、任務違背を否定するのが素直な解釈であるとされる。確かに、渉猟したドイツ語文献についてこの区別を意識して精査していたとは必ずしもいえない部分がある。もっとも、ドイツ法においては、前記連邦憲法裁判所の決定（本編第2章第5節第1款）に代表されるように、背任罪の行為要件（義務違反）と結果要件（損害）が明確に峻別されており[2]、問題視されているのは、ドイツ法の議論を持ち込んで行われた日本法の解釈の妥当性にあると解される。

（1）　島田聡一郎「背任罪における任務違背行為」植村立郎判事退官記念論文集編集委員会編『植村立郎判事退官記念論文集第1巻第1編　理論編・少年法編』（立花書房、2011年）256頁以下。また、大塚仁ほか編『大コンメンタール刑法13巻〔第3版〕』（青林書院、2018年）265頁以下〔島戸純〕、西田典之ほか編『注釈刑法　第4巻』（有斐閣、2021年）362頁以下〔上嶌一高〕も参照。
（2）　例えば、この文脈で島田教授により紹介されている Thomas Rönnau, Untreue als Wirtschaftsdelikt, ZStW 2007, S. 907 f. の事例（刑法外の規定に厳格に従属する義務違反があったが、同程度の利益を得るチャンスによって埋め合わせられる場合には、財産上の損害が欠ける）について、レーナウ自身は、背任罪の行為不法があること自体は明確に認めている。本編第2章注（172）参照。

120 第1編 背任罪における任務違背（背任行為）に関する考察

この点につき、とりわけ批判の対象となっているのが、任務違背判断基準のうちの「本人の明確な意思がない場合、本人の財産保護のための具体的な法規がある場合にはそれに従うべきで、その違反が任務違背を基礎付ける」という部分である。具体的には、この基準に従うと、処範囲が拡がりすぎるおそれがあるとされているほか、刑法外の規範が本人の財産保護を定めたものか否かは一義的に決することができない点、さらに、財産保護のための規範が本人にとっての「支持不可能性」に優先するとされている根拠も明らかではないとされる。

財産保護のための具体的法規違反があれば直ちに任務違背を認めるべきという主張は、本編第4章第2節第1款でも述べたように、本人の意思以外に明確な基準があるのであればそれが用いられるべきではないかとの考えに基づく。確かに、島田論文の指摘や、保護目的連関についてのドイツ刑法の展開（本編第2章第5節第2款）に見られる通り、そもそも、この基準による限界設定が不明確な部分も少なくなく、この基準をそのまま用いることができる場面は必ずしも多いとはいえないのかもしれない。もっとも、少なくとも、財産保護と無関係の刑法外の規範に違反してもそれだけでは任務違背を基礎付けない、という形で片面的に機能することは間違いない。さらに、財産処分についての本人の意思を法規範（群）が代行していると評価できるような場合であれば、それらの違反は、本人にとっての「支持不可能性」の基準に優先・代替し、任務違背を基礎付けることが可能だと解される。具体的には、国や地方公共団体の予算に関する規定を想定しているが、なお検討を必要とする。

最後の批判は、情報収集義務、調査義務の位置付けが明確ではないという点である。島田論文においては、情報収集義務、調査義務は、本人の推定的意思への合致を判断するための一資料と位置付けられており、必ずしもその違反が常に任務違背を基礎付けるわけではないと考えられているものの、一方で、同義務の違反によって直ちに任務違背となる場合を想定した記述も見られる[3]。筆者自身は、情報収集義務・調査義務は、決定内容に関する裁量

（3）　島田・前掲注（1）268頁。また、橋爪隆『刑法各論の悩みどころ』（有斐閣、2022年）393

の前提と共に、本人の「支持不可能性」の限界を設定するもので、同義務について与えられた裁量を超えたという意味で違反しているのであれば、基本的に義務違反を認めてよいと考えているので、もう一歩踏み込んだ考えといえるのかもしれない。これに対しては、本編第2章第5節第3款で紹介した連邦通常裁判所2016年10月12日判決（HSHノルトバンク事件）を挙げた上で、情報収集義務・調査義務は任務違背（義務違反）の徴表に過ぎないという批判がある[4]。しかしながら、情報収集義務・調査義務に裁量超過の意味で違反した場合に、別途「支持不可能性」が否定されることは、任務違背の文脈ではほとんど想定できないのではないかと思われる[5]。

頁も参照。
（4）　天田悠「背任罪における任務違背行為と『手続』の履行」山口厚ほか編『高橋則夫先生古稀祝賀論文集〔下巻〕』（成文堂、2022年）420頁以下。また、佐藤結美「任務違背行為の意義」松原芳博編『続・刑法の判例　各論』（成文堂、2022年）188頁以下も同趣旨。
（5）　松宮孝明「背任罪における『財産上の損害』、『任務違背』、『図利加害目的』の関係」立命館法学375＝376号（2018年）は、調査・検討義務を尽くしていても同じ取引をしたであろうという場合には、結局、「財産上の損害」は回避できず、因果関係あるいは「許されない危険」の実現がないとするが、未遂処罰の余地を認めている。なお、グループ会社の経営を支援するための利益供与が背任に問われた東京地判平成21年9月18日判例秘書L06430404は、処分内容を実質的に検討して任務違背を否定し、検察側の「本件利益供与を行う必要性等について何ら調査、検討をしていない」という主張を退けており、その意味で、調査検討義務の裁量超過があったかについて検討していない。少なくとも、形式的手続違背と調査検討義務違反を同列視している点には疑問がある。

第 2 編

財産上の損害概念の諸相と背任罪の「損害」要件

第1章　はじめに
――問題の所在

　財産上の損害とは、財産上の価値を減少すること、すなわち、既存財産の減少（積極的損害）、及び、あるべき財産の増加の妨害（消極的損害）をいうとされ[1]、財産上の損害の発生を財産犯一般の要件とする見解が従来から有力である[2]。もっとも、財産上の損害の範囲、及び、財産減少の判断方法については、必ずしも議論が十分であったわけではない。このことは、財産上の損害概念が、財産犯論において、必ずしも明確な位置付けを与えられているわけではないことにも由来するであろう。財産損害は、財産犯（財産侵害）の本質や、財産という法益の裏返しとしての財産犯の法益侵害として捉えられている。しかしながら、詐欺罪などで財産上の損害（要件）の存否が問題となっていることに鑑みれば、そのような理解は必ずしも統一的なものではない。財産損害を不要とする見解も、各財産犯類型の法益の存在とその侵害自体は必要としているからである。

　財産上の損害概念の位置付けが不明確な理由は、我が国における財産犯の規定ぶりにあると思われる。すなわち、刑法典において、「損害」の文言があるのは、刑法247条の背任罪だけであり、他の財産犯においては、個別の財の移転、効用喪失のみが規定されているのみで、「損害」の文言がないからである。実際、詐欺罪などで「財産上の損害」という要件自体は不要とす

（1）　大判大正2年4月17日刑録19輯511頁、大判大正11年9月27日刑集1巻483頁（背任罪に関するもの）。瀧川幸辰『刑法各論増補』（世界思想社、1968年）170頁は、「財産上の損害は広く財産上の価値を少くすること」とする。木村亀二『刑法各論』（法文社、1949年）147頁は、「財産上の価値を減少すること」が損害であるとする。大場茂馬『刑法各論上巻』（中央大学、1911年）728頁は「財産上の損害とは意義広くして本人が現に有する財物に対する侵害のみならず、本人に対し財産上の損失を及ぼすべき一切の行為を包含す」とする。

（2）　佐伯千仭『刑法各論〔訂正版〕』（有信堂高文社、1981年）147頁、瀧川・前掲注（1）170頁参照。また、宮本英脩『刑法大綱〔第4版〕』（弘文堂、1935年）345頁は、財産上の損害又はその危険を要件とする。全ての財産犯が全体財産に対する罪であることを理由に財産上の損害を財産犯共通の要件であると明言するのは、林幹人『財産犯の保護法益』（東京大学出版会、1984年）100頁以下。

126 第2編 財産上の損害概念の諸相と背任罪の「損害」要件

る見解は、そのような文言上の根拠を主張する[3]。もっとも、錯誤に基づき交付された個別の財自体を損害と把握する見解も存在するところであり[4]、財産上の損害という要素と個別の財の移転との関係について錯綜があるように見られる。

他方、背任罪においては、文言に「本人に財産上の損害を加えたとき」とあることから、結果要件として「財産上の損害」が必要であり、その有無は本人の全体財産が減少したか否かで判断される、すなわち、背任罪は全体財産に対する罪であるとする理解が一般的である[5]。しかしながら、「損害」という文言は、全体財産に対する罪であることを必ずしも基礎付けるわけではないとの理解もある[6]。また、従来、背任罪のみが全体財産に対する罪であるという前提で議論が行われてきたわけではなく、詐欺罪についても全体財産に対する罪か否かが問題となっていた。「全体財産に対する罪」は、ドイツ刑法における財産侵害罪が、犯罪の成立要件として条文上損害を要求した上で、その判断方法として「全体財産」に損害を与える必要があるとしていることに由来する[7]。しかしながら、窃盗罪や横領罪などの所有権に対する罪と、詐欺罪や背任罪などの財産侵害罪を対置し、後者において損害要件

（3） 木村（亀）・前掲注（1）125頁、藤木英雄『刑法講義各論』（弘文堂、1976年）308頁以下、山口厚『刑法各論〔第2版〕』（有斐閣、2010年）267頁。

（4） 団藤重光『刑法綱要各論〔第3版〕』（創文社、1990年）619頁、大塚仁『刑法概説各論〔第3版増補版〕』（有斐閣、2005年）255頁以下、福田平『全訂 刑法各論〔第3版増補〕』（有斐閣、2003年）249頁以下など。

（5） たとえば、団藤重光編『注釈刑法6巻』（有斐閣、1986年）290頁〔内藤謙〕、大塚仁ほか編『大コンメンタール刑法13巻〔第2版〕』（青林書院、2000年）201頁以下〔日比幹夫〕、山口・前掲注（3）320頁。また、木村亀二「背任罪の基本問題」法学志林37巻8号（1935年）15頁以下参照。

（6） 林幹人『刑法各論〔第2版〕』（東京大学出版会、2007年）144頁以下。なお、内田文昭『刑法各論〔第3版〕』（青林書院、1996年）246頁は、「個別財産に対する罪は、論理必然的に全体財産に対する罪ともな」り、「個々の『財物』と個々の『利益』を考えるだけで足りる」として、「背任罪も、もちろん『個別財産に対する罪』としてとらえられうる」とする。しかし他方で、背任罪は詐欺罪とは異なり、損失補填が直ちに行われたときには「損害」を認める必要はないとして、ドイツ法の論者を引用しているため（同353頁）、実質的には全体財産に対する罪と理解する見解と結論は変わらないものと思われる。

（7） たとえば、Thomas Fischer, Strafgesetzbuch und Nebengesetze, 60. Aufl. (2012) §263 Rn 111, §266 Rn 115a; Karl Lackner/Kristian Kühl, Strafgesetzbuch mit Erläuterungen, 27. Aufl. (2011) §263 Rn 36, §266 Rn 17; Schönke/Schröder/Peter Cramer/Walter Perron, Strafgesetzbuch, 28. Aufl. (2010) §263 Rn 99, §266 Rn 40などを参照。

を要求するドイツ刑法の財産犯論の理解が、個別財産に対する罪に対置する概念として全体財産に対する罪（背任罪）を位置付ける我が国の財産犯論の理解にそのまま転用できるわけではない。

実際、詐欺罪における財産上の損害を巡る議論は、現在、ドイツ刑法における「損害」の解釈論を離れて、詐欺罪の構造に即した形で再構成されている。すなわち、詐欺罪においては、未成年者がその事実を秘匿して煙草を購入する事例のように、被欺罔者が錯誤による給付と同時に相当額の反対給付を得た場合、「財産上の損害」がないとして詐欺罪が否定されるのではないかという主張が従来からなされてきた。しかし、そこでの議論の内容は、詐欺罪において条文に明示されていない「財産上の損害」要件が必要か否か、詐欺罪が全体財産に対する罪か否かという点が中心であり[8]、財産犯に共通する要素としての「財産上の損害」が何を意味し、どのように判断されるのかという形の議論は必ずしも中心にはなかった。そして、後述する通り、詐欺罪における財産上の損害を巡る議論は、現在においては、詐欺罪独自の構造・法益に基づいて詐欺罪の成立範囲のみを画定するものへと変容していっている[9]。

そうであれば、背任罪の損害概念においても、ドイツ刑法における損害概念、および、全体財産に対する罪の理解をそのまま転用してよいのかということは、我が国の財産犯論体系に照らして検討されるべきであるように思われる。その際、他の財産犯類型においても、財産上の損害が必要か、及び、今まで考慮されていたのではないかも、検討される必要がある。加えて、財産犯論においては、損害と実質的に同一の要素が他の要件、とりわけ主観的要件において議論されていることがある。

背任罪の「財産上の損害」要件については、従来の判例が「実害発生の危険」も損害に含まれるとしていたことから、過去、その意義を巡って学説において多くの議論が行われていた。しかし、判例[10]が「財産上の損害」は

---

(8) この問題に関する代表的な文献として林（幹）・前掲注（2）3頁以下。

(9) 伊藤渉「詐欺罪における財産的損害——その要否と限界——（1）～（5・完）」警察研究 63巻（1992年）4号27頁以下、5号28頁以下、6号39頁以下、7号32頁以下、8号30頁以下参照。

(10) 最決昭和58年5月24日刑集37巻4号437頁。その後の、財産上の損害についての最高裁判例

128　第2編　財産上の損害概念の諸相と背任罪の「損害」要件

「経済的見地」によって判断されると述べた後は、それ以上の議論はほとんど行われていない状況にある[11]。しかしながら、「経済的見地」による損害評価の具体的内容は必ずしも明確ではない。すなわち、過去裁判に上った事例を見る限りにおいても、様々な「財産上の損害」が認められてきており、それらが本当に経済的見地から見て損害と評価できるのか検討する必要があるように思われる。また、近時は、「経済的見地」による損害評価がいわば希薄化しているように見える裁判例も登場しているところである。背任罪は、経済活動と密接に関わる犯罪類型である。経済活動においては、合理的な計算に基づいて行動が決定されるため、「どのような行為が背任罪となるのか」ということを画定する必要性が大きい。その意味でも、「経済的見地による損害評価」とはどのような意味を持ち、具体的にどのように判断されるのかについて検討する必要があるのではないであろうか。

　本編の目的は、財産犯の様々な場面に散在する財産上の損害にかかる議論を整理した上で、財産上の損害という概念についてあらためて検討を加えることにある。その上で、背任罪において、財産上の損害がどのように解釈されるべきなのかを検討することとしたい。

───────────

　　　としては、最決平成8年2月6日刑集50巻2号129頁がある。
(11)　同判例後、背任罪の財産上の損害要件について検討を加えた論稿として、岡本勝「背任罪における『財産上の損害について』」阿部純二編集代表『刑事法の思想と理論：荘子邦雄先生古稀祝賀』（第一法規、1992年）409頁以下。

第2章　背任罪の損害を巡る議論

第1節　全体財産の意義

　背任罪においては、前述のように、財産上の損害が文言に規定されているため、その要件としての要否は問題にならない[12]。問題となるのは、損害の内容、及び、判断基準である。背任罪については、現在、それを（財産犯における唯一の）全体財産に対する罪と理解するのが一般的である。その根拠は、前述のように、「損害」という文言にあるとされているが、必ずしも論理的必然ではない。そのため、全体財産に対する罪の意義についてあらためて検討する必要がある。

　全体財産に対する罪とは、「被害者の財産状態全体に対して侵害が加えられ損害を生じた場合に成立する犯罪」[13]であり、その具体的帰結は、財産の喪失及び取得を全体として評価し、犯罪行為により財産喪失が生じたが、同時に相当対価の反対給付を取得したような場合には、犯罪の成立が否定されることにあるとされる[14]。このような理解は、ドイツ刑法の詐欺罪（263条）・背任罪（266条）における「損害」要件[15]の解釈に由来するものであ

---

(12)　なお、いわゆる図利加害目的要件のなかにも「損害」の文言はあるが、同目的の「利益」の意義が財産上の利益に限られるか否かについて議論があるのに対し（判例・通説は自己保身目的なども含まれるとする）、損害の意義については議論に乏しい。一般的には、「財産上の」という表現がなく、また、背任罪の財産犯としての要素は既に財産上の損害要件が担っているという理由で、利益と同様に損害も、財産上のものに限られないとされている。西田典之『刑法各論〔第6版〕』（弘文堂、2012年）259頁などを参照。反対する見解として、山中敬一『刑法各論〔第2版〕』（成文堂、2009年）417頁。

(13)　大塚・前掲注（4）167頁。

(14)　たとえば、山口・前掲注（3）170頁。

(15)　ドイツ刑法の詐欺罪と背任罪とでは構成要件的結果に関する文言は異なるが、伝統的には、どちらも同じ内容であると考えられてきた。Thomas Fischer, Strafgesetzbuch und Nebengesetze, 70. Aufl.（2023）§266 Rn 115 usw.

130 第2編 財産上の損害概念の諸相と背任罪の「損害」要件

る(16)。ドイツ刑法は、詐欺罪と背任罪を財産損害罪として規定し、両者の成立においては、被害者の財産に損害が発生していること、および、その判断は被害者の全財産を対象に行われるという解釈が一般的である。もっとも、ドイツにおいても、日本においても、ここで考慮される被害者の財産の得喪は、行為者の行為によって直接発生したものに限られると解されている。その限りで、全体財産に対する罪であるとしても、実際に重要なのは、反対給付を考慮するか否かという点のみである。

　判例においても、銀行の支店長が、経営が悪化している会社の代表取締役が振り出した手形の保証を銀行名義で行い、その対価として銀行の会社名義の当座預金口座に金銭が入金され、銀行に対する当座貸越債務の弁済に充てられたという事案において、前掲最決平成8年2月6日が、任務違背行為による手形保証に対する反対給付が未だ確定的に帰属していないことを理由に背任罪の成立を是認しており、適切な反対給付があれば財産上の損害が否定されることを当然の前提としている。また、背任罪が全体財産に対する罪であることを意味する判例として、最判昭和28年2月13日刑集7巻2号218頁が挙げられることがある(17)。同判例は、食糧営団の役員が国庫に納入すべき利益金を営団職員の生活資金として交付したという事案において、「被告人が判示利益金保管の任務に背いて、同営団職員の生活資金として判示の金員を職員に交付したとしても、右職員に対する生活資金の交付が同営団として当然為すべき出捐であるとしたならば、右金員の交付を以て直ちに同営団に対して財産上の損害を与えたものと速断することはできない。すなわち、論旨にいうがごとく右金員の支給が、実質上年末賞与たる性質を有し、営団として当然支出すべき費用に属するものであるかどうかは本件背任罪の成否に影響を及ぼすこと勿論であるといわなければならない」としたものである。交付した金銭が「当然支出すべき費用」か否かを問題としているた

----

(16)　この点を明言するのは、木村（亀）・前掲注（5）17頁。なお、江家義男「背任罪の解釈学的考察」『江家義男教授刑事法論文集』（早稲田大学出版部、1959年）163頁は、ドイツ刑法においては、委託財産の総額について財産減少が生じる必要があるのに対し、我が国においては、本人の総財産の価値が減少すれば財産上の損害が認められるとする。

(17)　大塚・前掲注（4）328頁、団藤編・前掲注（5）290頁〔内藤〕、前田雅英『刑法各論講義〔第5版〕』（東京大学出版会、2011年）401頁。

め、おそらく、反対給付としての職員の賞与請求権の消滅を考慮したものと思われる[18]。

さらに、最判昭和43年4月26日刑集22巻4号301頁は、被告人が物品管理法、及び、予算決算及び会計令所定の規定に違反し、あらかじめ不用の決定等をすることなく、代金完納前に廃材をAに引渡すことにより、国に右廃材の価額に相当する実害発生の危険を生じさせたとして背任罪に問われた事案において、①被告人は、Aの廃材払下げの申出は、従前から廃品の払下げを受けていた株式会社の出張所員の資格でなされたものと信じてこれを承諾したものであり、その代金は、物件引渡の完了した僅か二日後に、官庁側の書類の整備を待って現実に納入されていること、②Aは、本件廃材の一部の引渡しが行われた頃、現金10万円をその代金に充当する趣旨で、被告人の事業所の庶務課長に預託していたという事実もうかがわれることから、「被告人は、右代金は、官庁側の書類の整備次第直ちに支払われるから、国に財産上の損害を与えることはないと信じていたと推認できないことはない」としている。本判決が財産上の損害自体ではなくその認識を否定した理由については、財産上の損害は認められないが未遂犯の成立も否定したかった[19]、及び、財産上の損害は認められるが有罪にすることに抵抗があった[20]という二通りの理解があるが、廃材引渡しという財物の喪失と同時に相当対価の反対給付としての代金請求権（将来の代金獲得の高度の蓋然性）を取得した事案として、前者の理解が適切なように思われる。

なお、反対給付を考慮するとしても、任務違背行為自体によって生じた事務処理者に対する損害賠償請求権は、損害判断において一般的に考慮されず、したがって、財産流出時において、犯人に損害を弁償する資力があった

---

(18)　なお、判決は続けて、「又若し原判決は、国庫に納入すべき利益金を他の使途に流用したこと自体を以て背任罪を構成するものとする趣旨ならば、それがため国庫に対する納付不能となり国庫に損害を与えたというは格別、判示のごとく『右営団に同額の損害を与えた』とするがためには、右背任と損害との因果の関係について、審理判示するところがなければならない」としており、国庫からの営団への損害賠償請求を「財産上の損害」と解する余地を認めているようにも思われる。このような損害の類型はドイツ刑法において実際に問題となっている（本書第1編第2章第3節第2款第1項参照）。

(19)　海老原震一・最判解刑事篇昭和43年度73頁以下参照。

(20)　香川達夫「判批」警察研究41巻5号（1970年）122頁以下参照。

132　第2編　財産上の損害概念の諸相と背任罪の「損害」要件

かどうかは損害額の認定に影響を及ぼさないと解されている[21]。

第2節　全体財産に対する罪と個別財産に対する罪

第1款　二つの概念の異同

　全体財産に対する罪という概念は、個別財産に対する罪と対置するものとして理解されている。もっとも、このことは、全体財産である背任罪が、個別の物・利益をおよそ考慮しないということを意味しているわけではない。むしろ、従来、背任罪は、債権をはじめとする利益に対する罪として理解されており、2項横領罪としての性質を強調されていた[22]。もっとも、当時の背任罪について、反対給付をおよそ考慮せず犯罪が成立すると考えられていたわけではない。背任罪を財産上の利益に対する罪と解しながらも、損害を全体財産に対するもの、すなわち反対給付を必要とするとしていた見解も存在するのである[23]。ここでは、行為客体と損害が切り離され、損害についてはドイツ刑法と同様に、詐欺と背任に共通する損害（全体財産に対する罪）概念が想定されていたものと解される[24]。

　このように、財産上の利益に対する罪であるという理解と全体財産に対する罪であるという理解は相反するものとしては考えられてこなかった。もっとも、現在、背任罪が利益に対する罪であるという理解は一般的ではない。それは、横領と背任の区別の議論などを通して、物に対しても背任罪が成立することが現在では広く認められているからである[25]。したがって、背任罪は、全体財産に対する罪であるとともに、財物・財産上の利益に対する罪であるという理解もまた、相反するものではないと解される[26]。このこと

---

(21)　団藤編・前掲注（5）295頁〔内藤〕など。

(22)　たとえば、宮本・前掲注（2）391頁、瀧川・前掲注（1）103頁以下。大場・前掲注（2）505頁以下も、財産犯の分類において、背任罪を直接財産を侵害する罪のなかの、債権を侵害する罪に位置付ける。また、本書第5編第2章第3節も参照。

(23)　木村（亀）・前掲注（1）100頁、148頁。瀧川・前掲注（1）103頁以下も参照。

(24)　ドイツ刑法における全体財産に対する罪の意義と展開については、林（幹）・前掲注（2）3頁以下参照。

(25)　大場・前掲注（2）722頁は、背任罪により物権等に侵害が生じる場合は、債務者（行為者）がその義務を完全に履行しないことにより間接的に侵害されるものとしていた。

は、背任罪の文言に、「財物」や「財産上（不法の）利益」という文言が規定されていないことによっては否定されない。というのも、行為によって生じた被害者の財産流出だけではなく、同時に直接生じた財産増加も考慮して財産上の損害を判断するためには、結局のところ、個々の物・利益に着目した判断を行わざるを得ないからである。

第2款　各財産概念と全体財産

　以上の点は、いわゆる財産概念についての、経済的財産概念と法律的財産概念の対立とは無関係である。この関係で、全体財産に対する罪は、「財産」概念を個人の経済的な財の全体として把握するいわゆる経済的財産概念と親和的であるとの理解がある。すなわち、法律的財産概念を採れば、財産上の損害の有無も純粋に法律的見地において判断されることになり、その決定的な基準は被害者が法律上の請求権を持っているか否かということになる。しかし、背任罪が全体財産に対する罪であれば、当然に損害評価も経済的見地からなされるということと結び付くのである、と[27]。たしかに、全体財産に対する罪が、前述のように財産喪失行為と同時に反対給付を被害者が得た場合、当該反対給付も損害を判断する際に考慮するという意味であり、いわゆる法律的財産概念を、個々の財産権という構成要素が財産であって対価の提供にかかわらず財産犯は成立するということを意味する見解[28]と理解するならば、法律的財産概念と全体財産に対する罪はおよそ調和しない。しかしながら、被害者から回収可能性のない貸付金が流出し、その対価として被害者が額面上同額の債権を取得するという不良貸付事例において、「（債権が現実に回収不能となるまで）法律的財産概念によれば損害はない」という現在一般に承認された理解[29]を採る場合、そこでは既に反対給付を考慮すること

---

(26)　佐伯（千）・前掲注（2）138頁は、「全ての財産犯がその行為客体として財物又は財産上の利益を予想している」とする。

(27)　団藤編・前掲注（5）291頁〔内藤〕参照。また、前田（雅）・前掲注（17）401頁以下。

(28)　このような考え方の代表例として法律的財産概念の提唱者であるビンディングの見解がある（Karl Binding, Lehrbuch des Gemeinen Deutschen Strafrechts, Besonderer Teil, 2. Aufl. (1902) S.237 ff.）。ビンディングの見解については、林（幹）・前掲注（2）24頁以下も参照。

(29)　林（幹）・前掲注（2）29頁参照。他方、ビンディングはこの場合に損害を認める（Binding, a.a.O. (Anm. 28), S. 239）。わが国においては、損害は「民法ノ観念ニ従テ之ヲ決定スルヲ

が暗黙の前提とされており、したがって、前述の意味での全体財産に対する罪と矛盾は生じないと解される。ここで「法律的財産説的考え方」とされているのは、貸付金流出と額面上等価の債権を取得したことで被害者は権利としては等価のものを獲得しており、最終的に同権利が実現できない時点でその等価性が崩れるというものだと思われる。そのため次のように言うことも可能であろう。法律的財産説と経済的財産説の対立においては、本人に出入りする財産権を法的権利に限定するか否かの問題と、出入りする個々の財産構成要素の評価をどのように行うのかという問題が存在し、両者は切り離して論じることが可能である、と[30]。

　そして、第1款で述べた通り、背任罪を全体財産に対する罪であると理解したとしても、具体的に「財産上の損害」を判断する際には、行為によって本人から流出した個々の財産構成部分（及び本人に流入した財産構成部分）を特定することが必要と解される[31]。前述のように、法律的財産説と経済的財産説の対立は権利に至らない事実上の利益を考慮すべきか否かの対立であり、評価方法の対立も特定された財産の価値をどのような基準で評価するのかに過ぎないのである。このことは、背任罪の本質論においていかなる立場に立つのかにも関わらない。背任罪の本質を法的代理権の濫用と見る権限（代理権）濫用説に立つ場合は、代理人による権限濫用の法律行為が必要であり、通説である背信説に立つ場合には、法律行為に限られず事実行為も含む[32]。しかし、いずれの立場においても、本人が喪失した財産又は価値が損なわれた財産が特定されなければならない。このことは、後述するように担保権の喪失自体が損害と捉えられていることからも裏付けられる。すなわち、担保権が喪失しても少なくとも債権の価値が減少しなければ「全体」としてマイナスは生じていないようにも思われる。にもかかわらず、判例・通

　　要ス」（泉二新熊『刑法大要〔増補32版〕』（有斐閣、1936年）834頁）との主張もあるが、それ
　　が額面による評価を意味していたかは明らかではない。近時の文献として、大塚仁ほか編『大
　　コンメンタール刑法13巻〔第3版〕』（青林書院、2018年）335頁以下〔島戸純〕参照。
(30)　岡本・前掲注（11）423頁は経済的財産概念、法律的財産概念とは離れて、「実害」の発生こ
　　そが背任罪の「財産上の損害」であるとする。
(31)　その意味で、内田（文）・前掲注（6）246頁の指摘は正当であろう。
(32)　木村（亀）・前掲注（5）5頁、江家・前掲注（16）163頁などを参照。

説は担保権喪失自体をもって財産の減少が生じたと考えている。このような考え方は、結局のところ、喪失した財産に見合うだけの獲得財産があるのかということだけを判断しているに過ぎないのであって、「全体の財産」自体にはあまり重要性はない[33]。また、二項犯罪を全体財産に対する罪と理解する見解の一部においては、全体財産に対する罪を犯罪類型ではなく特殊な実行態様として考えているものもあるが、その内実は明らかではなく[34]、上記の整理に基づけば採用できない。

第3節　損害の構成要素・評価方法

第1款　損害の構成要素

では、財産上の損害の具体的な判断基準についてはどのように理解されているであろうか。前述のように、背任罪が全体財産に対する罪であるとしても、基本的な判断の出発点は、行為によって被害者から流出した個々の財である[35]。背任罪以外の財産犯においては、財物と財産上の利益が客体として規定されており、財産上の利益は、財物以外の財産的利益と定義されるのが一般的であるため、財物と財産上の利益の両者をもって全体財産の構成要素と考えるべきであろう。実際、背任罪においては、財産上の利益の毀棄行為が処罰の対象となると一般的に理解されている[36]。

ここで、財物に関しては、その喪失及び価値減少を捉えることについて問題は少ない[37]。しかしながら、背任罪においては、特に財産上の利益に関して、個別財産に対する罪と異なる点があるため、いくつかの検討が必要と

---

(33)　法律的財産概念に拠っても、担保権自体の喪失は損害であると理解することは不可能ではない。したがって、ここでも経済的財産概念か法律的財産概念のいずれの立場をとるかは重要ではない。

(34)　中森喜彦「二項犯罪」中山研一ほか編『現代刑法講座　第4巻』（成文堂、1982年）298頁。

(35)　後述するように、経済的見地のもと、財産権の流出（増加）の可能性も含まれている。

(36)　深町晋也「財産上の利益」西田典之ほか編『刑法の争点』（有斐閣、2007年）161頁。

(37)　ただし、詐欺罪における文書の不正取得事例においては、財物である文書の流出があっても、（経済的には）損害がないとして財物罪の成立を否定する見解が有力であり、そのこととの関係で問題がないわけではない。すなわち、流出した財物以外に実質的な損害が背任罪において必要なのかということである。この点は、本編第6章第2節第2款参照。

136 　第2編　財産上の損害概念の諸相と背任罪の「損害」要件

なる[38]。

　すなわち、財産上の利益については、財物とは異なり無形的なものを対象としているため特定が難しく、また、様々な利益が想定可能であるため、非常に広範な処罰範囲を形成する可能性を持つ。実際、東京高判平成21年11月16日判時2103号158頁は、犯人が、キャッシュカード窃取の際に被害者に暴行・脅迫を加え、その反抗を抑圧して、被害者から当該口座の暗証番号を聞き出したという事案において、「キャッシュカードとその暗証番号を用いて、事実上、ATMを通して当該預貯金口座から預貯金の払戻しを受け得る地位」という財産上の利益に対する二項強盗罪を認めているところである。

　財産上の利益を客体とする二項犯罪[39]の成立については、学説において、財産上の利益の「移転性」を要求する見解が有力である[40]。また、前掲東京高判平成21年11月16日もそのような発想を根本に置いている。この見解によれば、二項犯罪の成立には、利益が「占有者」から行為者・第三者に移転し、それに対応する法益侵害（利益の取得に対応した利益の喪失）が元の「占有者」に生じていることが必要であるとされ、企業秘密などの情報や、役務・サービスについては、移転性が基本的に認められないため、二項犯罪が成立しないとされている[41]。しかしながら、このような移転性は、仮にそれを認めるとしても、財産上の利益に内在する要請ではなく、あくまで移転罪である二項犯罪について要求される要件であろう[42]。したがって、移転性のない情報や役務・サービスを侵害した場合にも背任罪成立の可能性は否定されないことになる。実際、情報の窃用について、背任罪が認められた事例が存在する。東京地判昭和60年3月6日判時1147号162頁は、プログラ

---

(38)　なお、財産上の利益を背任罪との関係で考える場合、注意しておく点がある。財物移転罪については、行為者が取得したものと被害者から喪われたものは同一であるのに対し、利益移転罪については、両者が完全には一致しないことがある。典型的には、労務・サービスの流出である。この場合、行為者が労務を獲得しても、被害者が労務・サービス自体を失ったわけではない。そして、背任罪の財産上の損害要件を考える際には、厳密には、被害者が失ったものを考えなければならないであろう。

(39)　電子計算機使用詐欺罪（刑法246条の2）も含まれる。

(40)　山口・前掲注（3）214頁。

(41)　他方、山中・前掲注（12）286頁以下は、情報について利益罪の成立を認める。

(42)　深町・前掲注（36）161頁、伊藤渉ほか『アクチュアル刑法各論』（弘文堂、2007年）159頁〔伊藤渉〕。

ムを管理する事務を委託されていた被告人が、当該プログラムを社外に持ち出し無断入力した事案について、背任罪の成立を認めている。

ただし、移転性の要件が欠けることで様々な利益が背任罪の対象になり得ることになる。諫早簡判昭和50年3月28日刑月7巻3号419頁は、株式会社の代表取締役が、会社を害する目的で、6か月内に二回以上小切手の不渡処分を受けさせ、同会社に対し「銀行取引停止処分決定」を受けさせた事案において、二通の小切手の遡求支払債務を負担させたこと以外に、「商法第285条ノ5および同条を準用する有限会社法第46条は、一定の場合において、『暖簾』を貸借対照表の資産の部に計上することができる旨規定しているところからみても、『暖簾』は営業財産の一種というべきである。そもそも、英米における『グッド・ウイル』は『得意先』とか『暖簾』とか訳されるが、元来は正直なよく働く者として、個人のよき評判を意味したものである。そのよい評判は営業上きわめて重要であり、営業に影響することが多いので、営業の発達にともない法律上の財産として認められるに至つたといわれている〔中略〕わが国の法制下においても、老舗としての信用は、『暖簾』の重要な要素をなしていることは公知の事実である。従つて、地方の中小企業にすぎない株式会社A社が、被告人の本件所為に因り、『銀行取引停止処分決定』を受けさせられたことは、商事会社である同社にとつては、営業上、致命的ともいうべき重大な信用失墜に該当し、即、営業財産である、『暖簾』の価値を著しく減少させたものと認められるから、財産上の損害を与えたものというべきである」として、「暖簾」が会計法上資産の部に計上することができることから財産であることを肯定し、その要素である株式会社の信用を失墜させたことを損害と認めている。これに対しては、背任罪の客体の限界の問題と共に、信用毀損罪（刑法233条）との関係も問題になるであろう。

以上のような広範な個々の財物・利益の喪失及び価値減少が背任罪の対象となり得るが、同時に取得する反対給付との関係で、また、喪失した物・利益それ自体においても「財産上の損害」と評価されなければ背任罪は成立しない。そこで、次に我が国において背任罪の「財産上の損害」要件がどのように理解されてきたのかを確認する。

138　　第 2 編　財産上の損害概念の諸相と背任罪の「損害」要件

第 2 款　損害の評価方法
第 1 項　「実害発生の危険」と「経済的見地から見た損害」

　背任罪の典型例である不正融資事例においては、任務違背行為により本人
は貸付金として現金を第三者に交付すると同時に、額面上は同額の金銭債権
を反対給付として取得する。この場合に、全体財産に対する罪としての背任
罪の既遂を認めるための理論構成として、従来、判例においては、財産上の
損害は「実害発生の危険を生じさせた場合」[43]を包含するとされてきた。例
えば、最決昭和38年 3 月28日刑集17巻 2 号166頁は、労働金庫の専務理事の
非会員に対する不良貸付の事案において、「刑法247条にいう『財産上ノ損害
ヲ加ヘタルトキ』とは、財産上の実害を発生させた場合のみでなく、実害発
生の危険を生じさせた場合をも包含するものと解するを相当とする」として
おり、大判昭和13年10月25日刑集17巻735頁も、組合の定款に反した不正融
資の事案において、「財産的実害ヲ生セシメタル場合ノミナラス実害発生ノ
危険ヲ生セシメタル場合ヲモ指称スルモノトス」としている。また、村長が
規則に違反して無担保の貸付を行った大判昭和 8 年12月 4 日刑集12巻2196頁
が、「財産上ノ損害トハ財産上権利ノ実行ヲ不確実ナラシムル虞アル状態ヲ
モ指称スルモノナルカ故ニ財産的権利ノ実行ヲ確実ナラシムヘキ事実ノ成立
ヲ妨ケ其ノ確実性ヲ薄弱ナラシムルカ如キモ財産上ノ損害ヲ加フルモノナ
リ」もこれと同趣旨とされる。

　このような「実害発生の危険」という表現は、不正融資以外の類型にも用
いられている。最判昭和37年 2 月13日刑集16巻 2 号68頁は、漁業信用基金協
会の業務の範囲外であって法律上無効の質権を設定した行為について、「背
任罪における財産上の損害を加えたるときとは、財産上の実害を発生させた
場合だけではなく、財産上の実害発生の危険を生じさせた場合をも包含する
ものである」とした上で、質権設定が「法律上無効であるとしても、協会を
して定期預金債権の回収を不能ならしめる危険があるから、財産上の損害が
ないものということはできない」と述べていた。

---

(43)　この表現は、ドイツ法の詐欺罪と背任罪において結果要件である損害を認める際の、「損害
　　と同一の財産危殆化」(schadensgleiche Vermögensgefährdung) 及び「危殆化損害」(Ge-
　　fährdungsschaden) と類似性を有する。

第2章　背任罪の損害を巡る議論　139

　しかしながら、判例の用いた「実害発生の危険」という表現に対しては、学説から批判が提起されていた。すなわち、実害発生の危険を生じさせた場合も財産上の損害に包含されると表現することは、実害発生の危険があればつねに財産上の損害があるように解されるおそれがあり、両者の区別を不明確とし、また、背任罪に未遂処罰規定があることからも妥当とはいえない、と[44]。

　このような批判のなか、最決昭和58年5月24日刑集37巻4号437頁が登場する。本件は、信用保証協会の支所長が、経営者の資金使途が倒産を一時糊塗するためのものであることを知りながら、内規に反して債務保証を専決したという事案において、「刑法247条にいう『本人ニ財産上ノ損害ヲ加ヘタルトキ』とは、経済的見地において本人の財産状態を評価し、被告人の行為によつて、本人の財産の価値が減少したとき又は増加すべかりし価値が増加しなかつたときをいうと解すべきであるところ、被告人が本件事実関係のもとで同協会をしてAの債務を保証させたときは、同人の債務がいまだ不履行の段階に至らず、したがつて同協会の財産に、代位弁済による現実損失がいまだ生じていないとしても、経済的見地においては、同協会の財産的価値は減少したものと評価されるから、右は同条にいう『本人ニ財産上ノ損害ヲ加ヘタルトキ』にあたるというべきである」と述べた。

　もっとも、本決定は、従来の判例を変更するものではないとされている。本決定における二人の裁判官の補足意見によれば、従来の「実害発生の危険」は表現として誤解を招きかねないものを含んでいるように思われるが、その趣旨は経済的見地による財産評価を指し、本件判旨は従来の判例の正しい趣旨を明確にしたものにほかならないとされ[45]、また、「実害発生の危険」とは「本人をして債務を負担させた場合について、その債務を弁済させるなどの具体的損害（実害）が発生することは必要でないという見解に立った上で、本人をして債務を負担させたという事態を法律的観点から捉え、本人をして事実上債務の履行を免れえない地位に置いたということを説明した

(44)　団藤編・前掲注（5）294頁〔内藤〕、大塚ほか編・前掲注（5）199頁〔日比〕、江家・前掲注（16）182頁参照。なお、この問題と財産概念の関係については本章第2節第2款を参照。
(45)　最決昭和58年5月24日団藤重光補足意見。

だけのことであつて、実は、本人に当該判例掲記の債務を負担させたこと自体で、本人に経済的意味において財産上の損害を加えたものといえるわけである。したがつて、本件においても、同協会をして原判示の債務保証をさせたこと自体で同協会に損害を加えたものとすることは、当裁判所の判例上からも当然のことである。また、このように本人をして債務を負担させたことじたいを目して財産上の損害を加えたと解しても、背任罪の財産罪としての性格を基礎づけている財産上の損害の概念を無内容なものとし、あるいは同罪の未遂犯処罰規定の適用される余地を不当に狭めることにはならないと思われる」とも述べられている[46]。

　従来の判例が「実害」を経済的に評価した「財産上の損害」と捉えていなかったこと、及び、「危険」について抽象的なものまで含むと考えていなかったことを前提とすれば、「実害発生の危険」は経済的見地から評価された「財産上の損害」と実質的に同義であるとの理解は確かに可能である[47]。実際、この判例以降、「実害発生の危険」という表現は用いられることなく、「経済的見地」による損害判断が行われており、学説においても、判例の立場は基本的に支持されている[48]。

第2項　債務負担事例と担保権喪失事例に見る判例・学説の「実害」と「経済的見地」

　しかしながら、前掲最決昭和58年5月24日の判示が、従来の判例の表現を単に変更したに過ぎないのかについては検討を要するように思われる。この点、実質的に「経済的見地」による評価が従来の「実害発生の危険」があるとして背任既遂が肯定された事例と全て同じ結論に至るのかという点[49]もあるが、ここで問題としているのは、そもそも、従来の「実害発生の危険」という表現が用いられてきた事案と、前掲昭和58年5月24日の事案が異なるのではないかという疑問である。不良貸付の事案においては、本人の金銭の

---

(46)　最決昭和58年5月24日谷口正孝補足意見。
(47)　斎藤信治『刑法各論〔第3版〕』（有斐閣、2009年）194頁参照。西田・前掲注（12）260頁、山口・前掲注（3）329頁、大塚仁ほか編・前掲注（5）198頁以下〔日比〕などを参照。
(48)　反対説として、岡本・前掲注（11）423頁以下。
(49)　森岡茂・最判解刑事篇昭和58年度119頁参照。

喪失に対する反対給付としての額面上同額の貸金返還請求権が同時に発生し、返還請求権の回収不可能という「実害発生の危険」＝「経済的見地から見た損害」が問題となっていた。これに対して、前掲最決昭和58年5月24日のような信用保証協会の債務負担の事例においては、保証と額面上同額の反対給付が想定されるわけではない。確かに、保証協会は保証と引き換えに保証料を取得するがその金額はわずかであり、また、判示においてそのことは全く指摘されていない。本判例において考えられているのは、代位弁済による現実の金銭の損失がなくとも損害があるということであり、ここにいう「実害発生の危険」＝「経済的見地から見た損害」は、「本件事実関係のもとで」協会が任務違背行為によって負担した債務の将来の実現の可能性なのである。(任務違背行為による) 債務負担によって、行為以前にはなかった債務という財産上の不利益が加えられている以上、その実現可能性を問わずに損害ということも可能であるのに、判例は、そのような考え方をとらず、本債務の不履行によって弁済が生じる危険性を基準に損害を考えている。この場合、経済的評価を行うことにより既遂時期が早期化した不良貸付の事例と異なり、経済的評価を行うことにより既遂時期が遅くなる、または、背任罪が認められない場合が出てくる可能性がある。

　この点、前掲最決昭和58年5月24日以前の債務負担の事例である前掲大判大正2年4月17日は、約束手形及び小切手の割引周旋依頼を受けて預かり保管中、裏書せずに第三者に渡したという事案において、傍論として「刑法第247条ニ所謂財産上ノ損害トハ汎ク財産上ノ価値ヲ減少スルヲ謂フモノナレハ必スシモ約束手形ノ裏書人カ現実償還義務ヲ履行シタルコトヲ要セス単ニ裏書人タル義務ヲ負担セシメタル場合ニ於テモ之ニ対シ財産上ノ損害ヲ加ヘタルモノト云フヲ得ヘシ」と述べており、「実害発生の危険」という表現を用いていなかった[50]。他方、「実害発生の危険」を用いた、前掲最判昭和37

---

(50)　また、大判大正14年8月3日刑集4巻506頁は、保険会社の事務担当者が制限額以上の保険契約を締結し会社に保険金支払いの危険を負担させた事案において、財産上の損害を肯定している。これに対し、倉庫営業を営む組合の理事が受託を仮装した倉庫証券を発行したという事案につき、大判昭和10年4月13日大審院裁判例9巻刑16頁は、倉庫証券を交付して証券上の権利を生じさせたときではなく、同証券に基づく金銭・物を債権者に交付したときにはじめて財産上の損害が生じたかのような表現を用いている。

142 第2編 財産上の損害概念の諸相と背任罪の「損害」要件

年2月13日は、質権設定の事案であり、保証債務の負担である前掲最決昭和58年5月24日と類似の事案と考えることも可能であるようにも思われる。しかしながら、前掲最判昭和37年2月13日は、組合の権限外の行為として法律上無効な質権設定が財産損害であることを基礎付けるために「実害発生の危険」という表現を用いている。有効な債務負担及び担保設定による債権行使、担保権実行の危険と、法律上無効の債務負担及び担保設定による危険とは既に質的に異なるといえよう[51]。

また、本人が負担した債務の実現可能性を問題とする判例の態度は、他の財産犯における判例の立場と整合しない可能性がある。いわゆる詐欺賭博の事案において、判例は、被欺罔者の債務の負担によって既に利得罪の成立を認めている[52]。同判例を前提とすれば、前掲最決昭和58年5月24日の事案においても、履行可能性を持ち出して「経済的見地」という表現を用いるということなしに損害が肯定されたのではなかろうか[53]。確かに、学説においては詐欺賭博の判例に対する批判は多い。しかしながら、そこで批判の対象となっているのは、例えば、「財物の移転を目的とする以上二項詐欺の成立を認めるべきではない」[54]というように、一項詐欺未遂と二項詐欺の関係の点であり、「財産上の損害」がこの場合には存在しないという議論ではない。

学説においては、債務負担そのものを財産損害と認める見解もある。例えば、「経済的にみれば保証債務を負担していること自体すでに本人の信用を低下させることになる」という信用低下を理由とする見解である[55]。他方、この見解を、「現金を債権に変えた場合も本人の信用を低下するものとして財産上の損害と言わなくてはならない〔ことになってしまう〕」と批判し

---

(51) それどころか、無効な債務負担であっても事実上の危険性をもとに損害を肯定するのであれば、有効な債務負担は常に損害を肯定するということもできるように思われる。

(52) 最決昭和43年10月24日刑集22巻10号946頁。

(53) ただし、判例は詐欺罪においては「財産上の損害」に関わる要素を軽視して広く同罪の成立を認める傾向にある。本編第3章第3節参照。

(54) 西田・前掲注(12)186頁。

(55) 藤木英雄『総合判例研究叢書11巻』(有斐閣、1951年)160頁。もっとも、藤木英雄『経済取引と犯罪』(有斐閣、1965年)294頁においては、手形債務の負担で直ちに損害を認めているようにも見える。

て、本人の債務の負担は、本人が債権を取得した場合に比べて危険が格段に大きく、債務を負担すれば、原則としてその履行を免れ得ないことを理由に債務負担そのものを損害と認める立場もあった[56]。しかしながら、現在においては、単なる債務負担だけでは財産上の損害は認められないという見解が有力であり、負担した債務の履行という現金の支出を「実害」とし、その危険を経済的に評価してはじめて損害が認められている[57]。

　以上の債務負担と異なる評価が行われているようにも思われるのが、担保権の喪失事例である。いわゆる二重抵当事例において、最判昭和31年12月7日刑集10巻12号1592頁は、「抵当権の順位は当該抵当物件の価額から、どの抵当権が優先して弁済を受けるかの財産上の利害に関する問題であるから、本件被告人の所為たるＡの一番抵当権を、後順位の二番抵当権たらしめたことは、既に刑法247条の損害に該当する」と述べている。この判決については、経済的見地から見れば抵当権の価値の下落自体が損害であるとして、好意的な評価が多い[58]。しかしながら、債務負担についての判例・有力説の立場からすれば、本件判例の上告趣意のいうように、「第一順位抵当権が第二順位抵当権になったとしても、同抵当権が債務を担保できているならば、未だ実害発生の危険はなく、経済的見地によっても被害者に損害がない」となるようにも思われる[59]。そうでないならば、任務違背による（保証）債務負担と、任務違背による担保権の価値減少の間に、何らかの違いがあると考えるか、いずれかの事例における判例・学説の判断方法が誤っていると考えざるを得ない。以上の点からは、特に財産上の利益が問題となるケースにおいて、「実害」の意味との関係で「経済的見地」による損害評価

(56)　井上正治＝羽田野忠文『判例にあらわれた財産犯の理論』（酒井書店、1964年）219頁、団藤編・前掲注（5）303頁〔内藤〕。また、江家・前掲注（16）197頁も、現代のごとき信用経済のもとでは、債務負担は財産減少と見られねばならないとする。

(57)　例えば、林（幹）・前掲注（6）176頁以下。

(58)　例えば、中森喜彦「判批」平野龍一編『刑法の判例〔第2版〕』（有斐閣、1972年）276頁。

(59)　なお、江家・前掲注（16）180頁、団藤編・前掲注（5）306頁〔内藤〕は、担保権の喪失により債権の経済的価値が減少したことが損害であるとするが、およそ弁済可能な場合にも減少する経済的価値の内実が問題となろう。本稿初出時点では以上のように述べたが、経済学的に見れば、担保権は一種のオプションとしてその交換価値が債権とは別途把握可能であり、二重抵当の場合にはその価値の低下が認められるので、被担保債権の額に関わらず経済的見地から全体財産の減少があるといえるとの指摘を受けた。

144　第2編　財産上の損害概念の諸相と背任罪の「損害」要件

の内実を確定しなければならない必要を感じさせる。

第3項　被害者の個別的・主観的事情の考慮

　次の問題は経済的評価の具体的方法である。「経済的見地」が従来の判例における「実害発生の危険」を単に言い換えたものにすぎないならば、経済的見地による損害評価の基準は、「実害」の意味内容と、それに対する危険判断に尽きる[60]。学説においては、財産上の損害は金銭的に見積もり得るものであることが必要であるとする見解[61]が有力であり、被害者の金銭的価値の低下を「実害」と考えるのであれば、「経済的見地」（＝実害発生の危険）とは、金銭的価値の低下の危険（および、金銭的価値増加の可能性）ということになろう。

　しかしながら、学説の多くは、財産上の損害を評価するに当たって、金銭的価値低下の危険以外の事情も考慮しているように見える。例えば、「背任罪における財産上の損害の有無は、背任に固有な事務の性質、目的を考慮した任務違背行為の性格、取引の相手方の支払能力などの要素などを総合考慮したうえで、決定されなければならない。すなわち、背任罪の他の要件との関係において、損害の有無を判断することが必要である。その意味で、客観的基準によることは、当該具体的財産関係の個別的事情を考慮に入れた客観的評価によることなのである」とされている[62]。ただし、このような立場は、実際には後述する詐欺罪の財産上の損害における議論[63]、ひいては、詐欺罪を念頭において展開されてきたドイツ刑法の全体財産概念をそのまま転用したものである。

　これに対して、詐欺罪において財産上の損害要件を否定する方向にある見解は、全体財産に対する罪とは、金銭的価値をその基本とするとして、詐欺

---

(60)　「財産上の損害」とは、財産減少の具体的危険であるということを明言するものとして、松宮孝明『刑法各論講義〔第3版〕』（成文堂、2012年）291頁参照。

(61)　大塚ほか・前掲注（5）201頁（日比）。藤木・前掲注（3）346頁、木村（亀）・前掲注（1）148頁もそのような趣旨を述べている。

(62)　団藤編・前掲注（5）291頁〔内藤〕。川崎友巳「財産上の損害」西田典之ほか編『刑法の争点』（有斐閣、2007年）210頁。

(63)　福田平「詐欺罪の問題点」日本刑法学会編『刑法講座6巻』（有斐閣、1964年）84頁以下。

罪の成立に損害要件が不要であるとする結論を導こうとする[64]。もっと
も、これらの見解が背任罪の損害概念について、金銭的価値を基準とした損
害評価を志向しているかどうかは明らかではない。他方、全ての財産犯を全
体的財産に対する罪と理解する有力説は、財産上の損害要件において、個別
的・主観的価値を考慮することを明言する[65]。ただし、この見解も、基本
的には詐欺罪を念頭において財産上の損害の内容を説明する。

　近時の下級審裁判例においても、実害発生の危険以外の理由を考慮するも
のが見られる。東京地判平成19年9月28日判タ1288号298頁は、全国小売酒
販組合中央会の事務局長等をしていた被告人が、リベートを得る目的で、中
央会の年金資産をチャンセリー債なるリスクの高い金融資産へ投資させたと
いう事案において、「年金資産の運用対象として、商品の仕組みやリスク等
を把握していない金融商品を組み入れ、なおかつ、その単一の金融商品の組
入比率を年金資産の7割以上とすることは、仕組みやリスク等の不明な一つ
の金融商品の運用実績如何に年金資産の大半の帰趨を委ねることにほかなら
ず、通常の年金資産運用上許容される限度をはるかに超えたリスクを負担す
ることになることは明らかであるから、このような資産運用を行うこと自体
が、経済的見地から評価した場合に、全体として年金資産の財産的価値を棄
損するものといわなければならない」としながら、「本件投資を行った当時
からすでにチャンセリー債のスキーム自体が破綻必至のもので、商品として
およそ成立する余地のないものであったとまでいうことはできない」とし
て、「本件投資を実行した時点において、チャンセリー債の財産的価値を経
済的見地から評価した場合に、リスクの非常に高い商品であったとまではい
えるが、かかるリスクの高低を超えて、それがおよそ経済的価値のないもの
であったと認定するには疑問が残るものといわざるをえない」と述べ、「本

---

(64)　長井圓「証書詐欺罪の成立要件と人格的財産概念」板倉宏博士古稀祝賀論文集編集委員会編
　　『現代社会型犯罪の諸問題』（勁草書房、2004年）333頁以下は、全体財産概念の長所は金銭的
　　価値の比較による客観的評価にあるとする。また、酒井安行「詐欺罪における財産的損害」西
　　田典之ほか編『刑法の争点』（有斐閣、2007年）刑法の争点（2007年）190頁も、詐欺罪におけ
　　る財産的損害の要否の議論の中で、全体財産概念は金銭的価値を基本とせざるを得ないと
　　する。

(65)　林（幹）・前掲注（6）143頁、また、林幹人「詐欺罪の新動向」『判例刑法』（東京大学出版
　　会、2011年）285頁。

146　第 2 編　財産上の損害概念の諸相と背任罪の「損害」要件

件投資を実行した時点で送金額全額の損害が生じた、とまで認めるには、金融商品への投資という性質等から疑問が残るといわざるをえない」とした。

本判決は、チャンセリー債については、高いリスクを孕むものでありながらも、経済的見地から評価しておよそ経済的価値のないものであったとまでは認定できないとした。その上で、チャンセリー債への投資によって本人の財産の経済的価値がどの程度低下したのかということは判断せずに、「中央会に通常の年金資産運用上許容される限度を超えたリスクを負わせる財産上の損害を加え」たとして背任罪の成立を認めている。そのような損害を認めた根拠は、チャンセリー債の客観的なリスクではなく、①行為者・本人がリスクを承知していない金融商品であること[66]、②年金資産の 7 割以上を当該金融商品に投資したことにある。すなわち、金銭的価値からすれば財産減少が（それ単独では損害とは）認められないのに[67]、その他の要素をもって損害を認めているのである。

もっとも、金銭的価値からすれば財産減少がない、あるいは、認定されていないように見えるのに損害を認めたのはこの裁判例がはじめてというわけではない。不当貸付の事例において、前掲大判昭和13年10月25日は、「判示ノ如ク所論組合ニ於テ組合総会ノ決議ヲ以テ組合員ニ対スル無担保貸付最高限度額ヲ金千円ト定メ且ツ其ノ定款ニハ無担保貸付ニ付テハ組合員二名ヲ保証人ニ立テシムルコトヲ要スル規定アルニ拘ラス右決議及規定ニ反シ被告人ノ利益ヲ計リ限度外ノ貸付ヲ為シタル本件ニ在リテハ回収不能ノ結果ヲ俟ツコトナク既ニ此ノ一事ニ依リテ組合ニ財産上ノ損害ヲ加ヘタルモノト解スヘク進テ貸付当時ニ於ケル組合員ノ資産乃至信用状態如何ヲ顧ルノ要ナキモノトス」と述べ、組合の決議及び規程に反した貸付により直ちに損害が発生し、組合員の信用状態などの調査による貸付の回収可能性を考慮する必要がないとしている。このような場合の損害の具体的内容について、福岡高判昭和26年11月23日刑集 7 巻13号2329頁は、「組合員に対する資金の貸付及び貯

（66）　ただし、行為者が当該金融商品のリスクを知らなかったという点は、任務違背にとってはともかく損害にとっては意味のないものであろう。
（67）　判決自身は他方で、極めてリスクの高い商品であったということも認定しており、実質的には、この点も損害の評価に影響を与えているものと思われる。

金の受入等の事業を営む組合において、組合長が任務に違背した不正の貸付をなし、その結果相当の時期に貸金を回収することができないため、他の原因と相俟つて組合資金の枯渇を来し、組合をして組合員に対する資金貸付及び貯金の払戻をなすことができない状態に至らしめたときは、借主に債務を弁済する資力があるとしても、本人たる組合に対し財産上の損害を加えたものといわなければならない」ことを挙げる[68]。すなわち、不当貸付が行われる期間内は、組合が事実上その資金の利用を妨げられることになるから、回収可能性が肯定されても損害が認められるとしているのである[69]。また、背任罪の「財産上の損害」について、判例は損害額が不確定でも構わないとしており[70]、実際、前掲東京地判平成19年9月28日においても、損害額は記載されていない。

第4項　経済的見地による具体的な損害判断

ならば、金銭的価値に見積もり得る財産減少さえ生じていれば、財産上の損害の判断に当たって問題がないかというとそうではない。むしろ、この点こそが、背任罪における「財産上の損害」要件の解釈において、実際にもっとも重要であり、かつ困難な問題と関連する。経済的見地から財産減少がある場合には損害が肯定できるとしても、具体的にどの時点、どの段階で損害と認めるのかという問題である。この問題は、積極的損害だけではなく、いわゆる消極的損害の議論にも関連する。すなわち、増加すべき利益が増加しなかったという消極的損害は一般に「財産上の損害」にあたると認められているが[71]、増加すべき利益の可能性がどの程度あれば、その挫折が損害に

---

(68)　なお、本件の上告審である最判昭和28年12月25日刑集7巻13号2321頁は、本文記載の背任罪の判示に対する弁護人の上告趣意については判決で述べることなく、同時に問題となった横領罪について、「支出が専ら本人たる組合自身のためになされたものと認められる場合には、被告人は不法領得の意思を欠くものであって、業務上横領を構成しないと解するのが相当である」として破棄差戻しの判決を下している。

(69)　藤木・前掲注（55）『経済取引と犯罪』234頁以下。団藤編・前掲注（5）299頁〔内藤〕は、このような場合を特殊事情であるとする。これに対して、岡本・前掲（11）425頁以下は反対。

(70)　前掲大判昭和8年12月4日などを参照。

(71)　背任罪が現行刑法において創設された時点においても、事務処理者に本人の物の買占めを崩され（それによって買い占めの場合の代金によって物が売れなくなった損害が生じ）た事例が

148　第2編　財産上の損害概念の諸相と背任罪の「損害」要件

なるのかについては、必ずしも決着がついていないのである。

　不良貸付を例にとれば、信用力のない相手方に無担保で金銭を貸し付けれ
ば、それと同額の反対債権を取得してもその債権に経済的価値はないために
損害は肯定されるという点で、一致がある[72]。もっとも、それ以外の状況
において、いかなる場合に損害が認められるのかについては、必ずしも意見
の一致をみない。すなわち、旧来の判例においては、当然採るべき担保を設
定していなかっただけで損害を認めたものや、前述の通り不当貸付の事例で
相手方の信用の有無を審査することなく損害を認めた事例もある[73]。一方
で、不良貸付事例ではないが前掲東京地判平成19年9月28日は、金融商品の
リスクが高いというだけでは経済的価値がないとはいえないとして、価値の
減少と判断することを否定している。このような様々な状況が、全て「経済
的見地」によって説明できるのか、その具体的内容を検討する必要があるよ
うに思われる[74]。

　また、背任罪には未遂処罰規定が存在するが、経済的見地による損害評価
と未遂処罰規定が調和するのかという問題がある[75]。「実害発生の危険」に
ついては、未遂と既遂の区別を曖昧にするとの批判が加えられていたが、
「経済的見地」の採用によりその批判は当たらないとされてきた。しかしな

　　挙げられており（明治35年改正案における第一六回貴族院特別委員会における説明。倉富勇三
　　郎ほか監修（松尾浩也増補解題）『増補刑法沿革総覧』（信山社、1990年）1198頁）、既に、消
　　極的損害は立法段階で想定されていたことになる。しかしながら、消極的損害の議論は不良貸
　　付の損害に利息を含むか否かの点で問題となるのみであり、その他の事例はあまり多くは
　　ない。

(72)　これに対して、岡本・前掲注（11）423頁以下は、「現実の損失（実害）」こそが背任罪の
　　「財産上の損害」であり、それに未だ至らない経済的損害は財産上の損害に該当しないとし
　　て、例えば不良貸付の場合には貸付金の回収不能が確定したときに背任既遂を認めている。

(73)　前掲大判昭和13年10月25日など。

(74)　学説においても、無利息で貸付をした場合の利息分が損害であるとの見解もあるところであ
　　る（江家義男『刑法各論〔増補版〕』（青林書院新社、1963年）338頁。なお、大判大正15年9
　　月23日刑集5巻427頁などは、利息を得べかりし利益の喪失として損害に加えている）。

(75)　前掲大判昭和13年10月25日は、「現行法上横領罪ニ付テハ其ノ未遂ヲ処罰セサルニ拘ラス背
　　任罪ニ付テ其ノ未遂ヲ処罰セルノ律意ニ徴スレハ背任罪ノ既遂タルニハ実害ノ発生ヲ必要トス
　　ルカ如シト雖モ爾ク解スルニ於テハ背任行為後損害補塡ノ事実等アリタルトキハ竟ニ既遂トシ
　　テ処罰スルコト能ハサルニ至ルヘシ是ニ於テカ外国立法例中ニハ我現行法ト異リ横領罪ノ未遂
　　ヲ処罰スルニ拘ラス背任ノ未遂ヲ処罰セサルモノアリ蓋シ背任罪ノ既遂タルニハ財産的実害ニ
　　対スル危険ノ発生ヲ以テ足ルト解スルニ於テハ之カ未遂ヲ観念シ難キニ至ルニ由ルヘシ」とし
　　て、未遂処罰規定自体を問題にしているようにも見える。

がら、近時の裁判例においては、「経済的見地」という概念を用いることで、既遂の成立時期を相当程度早めたと評価できるものも存在する。東京高判平成19年12月7日判時1991号30頁は、旧日本道路公団（JH）の理事であった被告人が、公団が発注する工事に関する入札談合への協力として工事の受注業者数が増えるようにするため、経費が一億円以上増額する分割発注を指示したという事案において、「本件の損害は、分割後の二つの工事によって諸経費が増大するというものであり、第一工事が発注されても、第二工事が発注されない以上、現実の経済的損失が発生するかどうかは明らかでない（第二工事の発注時には、鉄鋼価格や人件費等の変動により、工事予定価格が増減する可能性がある。）のであるから、第一工事が発注されたからといって、損害が確定するわけではなく、未だ既遂には至っていない」旨の主張に対し、本件工事が連続した工事の一部であることから、「第一工事のみが発注されて第二工事が発注されないことはあり得ず、第一工事の請負契約が締結された時点において、本件工事の分割発注が確定し、第二工事の発注も確定的になったということができる。してみると、第一工事の請負契約が締結されることによって、第二工事が現実には未だ発注されておらず、第二工事の発注による現実の損失が未だ発生していないとしても、経済的見地においては、その時点において、JH の財産的価値が減少したものと評価することができるのであるから、背任罪が既遂に達したというべきである」として背任罪の既遂を肯定し、さらに「第一工事の請負契約が締結され、本件工事の分割発注及び第二工事の発注が確定的になることにより、第二工事の工事予定価格の増額も確定的になったということができるので、第一工事の工事予定価格の増加分のみならず、第二工事の工事予定価格の増加分も含めた本件工事全体の工事予定価格の増加分」が、財産上の損害に当たると述べた。ここで、「経済的見地」は、工事価格の増大がどの時点で財産上の損害として認められるのかを確定する理由として用いられている[76]。たしかに、本件では、第一工

---

(76)　なお、本判決は、「経済的見地」により実際の契約額ではなく予定価額を損害算定の基準としているところも特徴的である。これについては、実際の契約額による損害の算定が困難であり、かつ、談合により工事予定価格が現実の落札価格（受注業者の報酬債権額）に近似していることに基づくのではないかと思われる。

150 第2編 財産上の損害概念の諸相と背任罪の「損害」要件

事の請負契約が締結されている以上、未遂にとどめることには抵抗があったのかもしれない。しかし、判決自身が、既遂時期と損害額を区別して論じているのだから（また、第一工事のみで損害の発生が考えられることも指摘していた）、第一工事のみの損害を認定して背任罪の既遂とする余地も残されていた。にもかかわらず発注すらされていない第二工事の「損害」が、工事はいつか必ず行われるという理由で「経済的見地」により発生しているとされているのである[77]。

　このように、「経済的見地」の採用によって背任既遂罪の成立範囲は実際には非常に前倒しされているように思われる。他方で、「経済的見地」による損害が発生する具体的危険をもって未遂の成立時期を認める、すなわち、未遂の成立時期自体も前倒しすることも可能なはずである。しかしながら、そのような段階で背任未遂を認めた事例は公刊物においては見当たらない。むしろ、判例としてあらわれた背任未遂の事案を見ると、例えば、権利の二重譲渡において登記などを完了していない事案などに限られているように思われる[78]。このような事案については、前掲東京高判平成19年12月7日の基準からすれば既遂が認められてもおかしくないように思われるが、あえて異なる取扱いをする理由を挙げるとすれば、横領罪（既遂）の成立時期との関係がある。すなわち、不動産登記などが絡む横領行為の事例においては横領罪の成立時期は登記を了した時点であるため、権利の二重譲渡など実質的な二項横領類型においては既遂時期も横領罪と同一にしようとの意識がはたらくものと解されるのである[79]。もっとも、そうであれば、横領罪において未遂がないのに、何故背任において未遂があるのかという問題は生じるであろう。いずれにせよ、背任未遂の意義[80]との関係でも「経済的見地」の

――――――――――――

(77)　塩見淳＝品田智史「判批」刑事法ジャーナル14号（2008年）110頁、今井猛嘉「判批」公正取引730号（2011年）88頁。

(78)　大判昭和7年10月31日刑集11巻1541頁（電話加入権の二重譲渡事例）。

(79)　もっとも、動産売買において対抗要件である引渡し時ではなく意思表示を横領罪成立時期とした判例（大判昭和8年10月19日刑集12巻1828頁）もあり、他方、債務負担で既遂を認める詐欺罪においても、不動産の詐取については横領と同様の既遂時期（移転登記を了した時点）が考えられている（大判大正11年12月15日刑集1巻763頁）。したがって、不動産（登記制度）の特殊性といえるかもしれない。

(80)　戦後の刑法改正作業において、背任未遂の規定は、刑法改正草案準備案の段階で一度削除の

内容を考える必要はあるのではなかろうか。

第4節　小　括

　背任罪においては、「損害」という文言から、全体財産に対する罪であるとの理解が一般的である。もっとも、全体財産に対する罪であるとの理解は、背任罪の成否の判断において、個別の物・利益を考慮しないことを意味しない。「全体財産に対する罪」の意味は、任務違背行為によって本人に生じた財産構成要素の流出・価値減少と、同時に生じた財産構成要素の流入・価値増加を比較して「財産上の損害」の有無を判断するということにあると解されているからである。その意味で、背任罪の「財産上の損害」を判断する際にも個々の物・財産的利益に着目することは避けて通れない。

　もっとも、財産的利益の毀棄形態まで広く行為態様に含む背任罪においては、財産移転罪における限定を用いることはできず、とりわけ財産上の利益について、その限界が問題になる。

　背任罪における「財産上の損害」の評価方法においては、従来「実害発生の危険」という概念が用いられてきたが、趣旨はそのままに「経済的見地」による損害評価が一般的に用いられている。しかしながら、「経済的見地」による損害評価は、なおその内実が明らかではない。少なくとも、判例・通説は、給付と反対給付を比較した金銭的価値の減少に限られない要素も考慮して財産上の損害を考慮しているように見られる。もっとも、このような個別的事情の考慮は、ドイツと同様、詐欺罪における損害の議論を通じて展開されてきたところである。その意味で、財産上の損害を巡る議論の重点は、むしろ詐欺罪にあったといってよい。一方で、我が国においては、現在、詐

提案がなされたものの、その後の、刑法改正草案においては、横領と異なり、背任行為と損害発生との間に相当の時間的間隔がある場合など、未遂を処罰する必要がある場合が多く、現実に背任未遂として処罰される例も少なくないとして、未遂処罰規定は結局残されることとなった（以上について、林弘正『横領罪と背任罪の連関性』（成文堂、2022年）155頁以下参照。この点について、初出論文では不正確な記述があったので修正する）。なお、そもそも背任に未遂があるのは、詐欺・恐喝の罪において両罪と一括して設けられたために過ぎないとする指摘もある（青柳文雄『刑法通論Ⅱ各論』（泉文堂、1963年）553頁）。

欺罪については、ドイツ刑法における「損害」の解釈とは異なる方向へ議論が展開されている。そのため、財産上の損害の内容を明らかにするために、詐欺罪における財産上の損害を巡る議論を検討する。

第3章　詐欺罪の損害を巡る議論

第1節　従来の財産上の損害を巡る議論

　詐欺罪においては、被害者が価格相当の反対給付を受けた事例や文書の不正取得事例などを念頭に、従来から、財産上の損害が必要か否かが議論の対象となっていた。価格相当の反対給付を受けた事例とは、例えば、時価10万円の商品 A について、「本来は30万円の品であるが特別に10万で売却する」と欺罔し、その対価として10万円を被害者から詐取する場合である。この場合、被害者は10万円の物を取得して、10万円を支出したため、金銭的価値に限っていえば損害がないのではないかということが問題になる。次に、文書の不正取得事例とは、証明書や通帳などの文書を身分を偽るなどして取得する場合である。この場合、反対給付の事例と異なり、被害者は交付した財物（文書）に相応する対価の物を取得しているわけではないが、文書の持つ財産的価値が僅少である、もしくは、文書の交付のみでは詐欺罪（財産犯）の法益侵害が認められない（ように見える）ため別途財産上の損害が必要であるのかが問題になるのである[81]。

　判例は、いわゆる財産上の損害を要求していない立場であると評価されてきた。すなわち、判例は、「既に人を欺罔して財産を騙取したる以上は此に財産権侵害の事実あること明白にして更に之の以外の計算関係に於て損害の存することを要するものに非ず」[82]と述べていたことなどから、真実を告げ

---

(81)　また、募金先を偽られた場合などの寄付詐欺の事例も、同様に損害の問題とされることがある。この事例の場合、文書の不正取得事例と異なり、金額自体は軽微でない場合も含まれるため、その限りでは損害の問題は生じないといえる。しかしながら、「金銭の交付により、被害者の想定していた目的を達成できなかった」として、被害者の処分の自由を含めた形で法益侵害を評価すれば、「文書の交付により、被害者の想定していた目的を達成できなかった」場合と同様に損害の問題に位置付けられるのである。

154　第2編　財産上の損害概念の諸相と背任罪の「損害」要件

れば相手方は財物を交付しないとみられる場合には、財物の価値に相応する、または、それを超える対価を提供しても詐欺罪は成立するものと考えられていたのである。このようなケースとして挙げられていたのは、容易に入手可能な電気按摩器を、一般には入手困難な特殊治療器で高価なものと偽り定価で販売した事案にかかる最決昭和34年9月28日刑集13巻11号2993頁である[83]。文書の不正取得事例については、一部において詐欺罪の成立が否定された事案があったが[84]、これらの類型については、財産的損害の問題ではなく、国家的法益に対して向けられた欺罔行為として詐欺罪の成立を否定するという説明がなされていた[85]。学説も、詐欺罪において財産上の損害要件を不要とする見解が有力であった。多くの見解は、判例と同様に、詐欺罪においては欺罔により財物が交付されればそれで犯罪の成立にとっては十分であるとの立場をとっていたのである[86]。また、交付された物・利益こそが損害であるという見解[87]も、損害という言葉自体は用いているものの、上記見解と同じ立場に位置付けられる。

　他方、特別に財産上の損害が必要であるという見解も、有力に主張されていた[88]。その判断方法については、ドイツ刑法の詐欺罪の損害に関する議論が参照され、例えば、①財物と対価の純然たる客観的価値の比較、②被害者の主観的地位から見た価値の客観的な比較（もともと安い商品を特売として価格相応で売る事例を想定する）、③純然たる主観的事情であっても、当事者間に

---

(82)　大判大正12年11月21日刑集2巻823頁。

(83)　しかしながら、後述するように、この判例は現時点では財産上の損害を必要とする立場からも説明できると一般に理解されている。

(84)　建物所有証明書（大判大正3年6月11日刑録20輯1171頁）、印鑑証明書（大判大正12年7月14日刑集2巻650頁）、旅券（大判昭和9年12月10日刑集13巻1699頁、最判昭和27年12月25日刑集6巻12号1387頁）などについて詐欺罪否定例が存在する。

(85)　団藤・前掲注（4）607頁以下、大塚・前掲注（4）240頁など。文書の不正取得事例における国家的法益に対する詐欺の議論と財産的損害の議論の関係については、品田智史「詐欺罪・背任罪論の系譜」浅田和茂ほか編『刑事法学の系譜』（信山社、2022年）703頁以下も参照。

(86)　牧野英一『日本刑法　下巻各論〔重訂版〕』（有斐閣、1938年）385頁。

(87)　団藤・前掲注（4）619頁、大塚・前掲注（4）255頁以下など。形式的個別損害説と呼ばれる。

(88)　佐伯（千）・前掲注（2）158頁、大場・前掲注（1）800頁以下。宮本・前掲注（2）370頁は、財産上の損害要件が、領得又は利得の結果のほかに必要であるとする（行為の性質上、損害発生の危険がないときには、未遂も成立しないとする）。また、瀧川・前掲注（1）152頁参照。

おいて特にこれを条件としたものと認められれば、これに基づく価値を比較、という主張などがなされていた[89]。具体例としては、保険会社を間違って契約しても、両者の信用が同等で保険料において差がない場合や、一定の有価証券の代わりに、確実の度合いが同様で相場も同様の証券を取引した場合、卸売が小売に対して、商品を交付する場合に、同一価格を有し、同様に小売りに適する場合などに損害を否定している。

　以上の見解は、詐欺罪の事例を念頭に置いていたものの、なお、財産犯一般の要素として損害を捉えていたものと評価できる。また、この時期の議論の特徴として、ドイツ刑法における損害の解釈、すなわち、全体財産に対する罪との関係での損害が明らかに意識されており、被害者の処分前後の財産状態の比較が重要とされている[90]。

第2節　詐欺罪独自の損害概念の展開

　しかしながら、この後、議論の方向は、(財産犯に共通する)「財産上の損害要件」において個別的・主観的価値を考慮するか否かというものから、「財産上の損害」の要素を詐欺罪固有の欺罔行為や錯誤の要件に解消していく方向へと変化する。例えば、詐欺罪における錯誤は法益関係的錯誤であるとする見解がこの例として挙げられる[91]。

---

(89)　宮本・前掲注（2）370頁。ほかに、ドイツの見解を明示的に引用しているのは、大場・前掲注（1）824頁以下（物の交換においてその先方に渡したる物と同価格の物又はこれより優れる物を得たる場合においては財産上の損害なしとする一方で、物の価格算定につき、主観的価格は取り除くことはできないが、感情上の好悪は含んではならないとする。他方、主観的価値を考慮する場合、もし錯誤なければ売却しない財物を売却した以上は、主観的価値において損害があるとする）。また、泉二新熊『日本刑法論　下編各論〔全訂26版〕』（有斐閣、1919年）1570頁以下は、相当対価の給付の場合、場合分けをし、欺罔が対価の有無にかかわらず給付の決意の原因たる場合であれば詐欺を認め、相当の対価を得ることが給付を為す条件にしてその他の点に関する錯誤は何等の条件となっていない場合については詐欺を否定する。そして、給付の条件となるべき要点に関する錯誤の存否は各場合における特別の事情に従い当事者の意思を探究しそれが不明瞭ならば、その取引に関する普通一般の観念に従ってその意思を推究せざるを得ないとする。
(90)　福田・前掲注（63）86頁、宮本・前掲注（2）370頁、佐伯（千）・前掲注（2）147頁も参照。木村（亀）・前掲注（1）125頁は、行為客体が個々の財物か、全体の価値かという問題を立て、それを財産的損害の問題と言い換える。その上で、文言を理由に損害を不要として、相当対価の場合にも詐欺罪は成立するとする。

156 第2編 財産上の損害概念の諸相と背任罪の「損害」要件

　法益関係的錯誤説の特徴は、詐欺罪の法益概念について詐欺罪の構造に即した具体的な考察を加えることにある。同説は、詐欺罪が取引関係における犯罪であることを重視し、財物・利益を使用・収益の手段としてだけでなく交換手段としても把握する。その上で、「錯誤による財産の交付」を実質的な詐欺罪の法益侵害と位置付ける[92]。

　続いて、ドイツ刑法における詐欺罪を巡る財産上の損害概念について検討を加え、詐欺罪においては金銭的意味での財産減少の要素は必要ではなく、従来「財産上の損害」として考慮されていた要素は欺罔行為や錯誤の要件において考慮すればよいという見解も登場した[93]。

　これに対して、詐欺罪にとってあくまで財産上の損害が必要であると主張する見解においても、「詐欺罪の財産上の損害について、『被害者が失ったものと得たものが金銭的価値において客観的に同じであれば財産上の損害がない』という考え方ではなく、被害者が当該取引において『獲得しようとしたもの』と『給付したもの』との比較が必要」とする立場が有力である[94]。この立場は、従来考えられてきた全体財産に対する罪の損害評価とは明らかに異なるとされている[95]。この立場によれば、例えば、財産上の損害の不存在により詐欺罪が否定される典型例である、未成年者が、そのことを秘して酒やタバコなどを購入するという事例については、販売者は酒・タバコの

---

(91)　佐伯仁志「被害者の錯誤について」神戸法学年報1号（1985年）102頁以下、山口・前掲注（3）266頁以下、橋爪隆「詐欺罪成立の限界について」植村立郎判事退官記念論文集編集委員会編『植村立郎判事退官記念論文集第1巻第1編　理論編・少年法編』（立花書房、2011年）175頁以下。

(92)　詐欺罪における欺罔の意味を、財産的処分の自由の侵害と捉え、この要素が、詐欺罪における「財産」法益のなかに含まれると構成する見解（足立友子「詐欺罪における欺罔行為について（5・完）」名古屋法政論集215号（2006年）411頁以下）も、同様の方向性を持つ。

(93)　伊藤・前掲注（9）「詐欺罪における財産上の損害—その要否と限界—（5・完）」警察研究63巻8号（1992年）40頁以下参照。なお、伊藤・前掲注（9）「詐欺罪における財産上の損害—その要否と限界—（2）」警察研究63巻5号63頁は、ドイツ刑法の詐欺罪における「財産損害」についても財産減少が必然性はないのではないかと述べている。

(94)　西田・前掲注（12）204頁以下、松宮・前掲注（60）256頁以下、高橋則夫『刑法各論』（成文堂、2011年）319頁、前田（雅）・前掲注（17）350頁以下、木村光江「詐欺罪における損害概念と処罰範囲の変化」法曹時報60巻4号（2008年）21頁以下など。実質的個別損害説と呼ばれる。なお、この見解の評価について、冨川雅満「財産的損害をめぐる『通説』：実質的個別財産説に潜む問題」法学セミナー821号（2023年）25頁以下。

(95)　橋爪・前掲注（91）180頁。

代金を得ているという説明は、全体財産減少説による説明であって、実質的損害説はこれとは異なるとする。詐欺罪における実質的損害は、被害者が（錯誤により）達成できなかった目的が経済的に評価して損害といえるのかという点で評価され、未成年者の事例では未成年者に酒・タバコを販売しないという目的が経済的なものと関係ないという理由で、実質的損害がないとされる[96]。

　以上の諸見解からは、従来損害を否定しているとされていた判例も、実際にはこの観点による損害を肯定していたとして、整合的に理解することが可能であるとされている[97]。また、近時、最判平成13年7月19日刑集55巻5号371頁が、請負代金を欺罔により不当に早く受領したという事案について、「請負人が本来受領する権利を有する請負代金を欺罔手段を用いて不当に早く受領した場合には、その代金全額について刑法246条1項の詐欺罪が成立することがあるが、本来受領する権利を有する請負代金を不当に受領したことをもって詐欺罪が成立するというためには、欺罔手段を用いなかった場合に得られたであろう請負代金の支払とは社会通念上別個の支払いに当たると言い得る程度の機関支払い時期を早めたものであることを要すると解するのが相当である」とした。この判例は、一般的に、財産上の損害を判例が考慮した事例として理解されている[98]。

　他方、同判例については、実質的個別損害説との無関係を指摘する次のような理解がある。すなわち、実質的個別損害説を、失敗に終わった目的・被害者の錯誤の性質が財産と実質的関係をもたない場合に詐欺罪を限定する見解とした上で、本件のように、履行期どおりに支払決済を行うという目的の失敗・履行期の錯誤が存在する場合は、明らかにその性質上、詐欺罪による処罰に値するのであって、詐欺罪が否定された決定的論拠は、支払が少し早まっただけでは詐欺罪の成立を認めるには被害の「量」が十分ではないという点にある、と[99]。この理解は、給付目的の失敗という実質的個別損害説

---

(96)　橋爪・前掲注（91）181頁以下参照。
(97)　ただし、全体財産説をとる見解によっても、同様に判例の立場を整合的に説明できることにつき、林（幹）・前掲注（6）143頁以下参照。
(98)　林（幹）・前掲注（6）144頁、高橋・前掲注（94）320頁以下など。
(99)　樋口亮介「判批」ジュリスト1249号（2003年）157頁。

にいう「損害」と、被害の量という意味での「損害」という異なる視点による損害が詐欺罪の成否においてともに問題となっていることを指摘するものといえる。ここで重要なのは、いずれの「損害」においても、評価の対象となっているのは、行為客体それ自体の金銭的価値ではなく、行為客体の喪失に伴って生じた被害者への実質的な被害であるという点である。

被害法益の量の点については、2項犯罪の場面において既に考慮がなされていた。すなわち、債権者の殺害・欺罔などによって一時的に債務支払いを免れるという類型において、行為客体である債務支払いの一時猶予が財産上の利益といえるか否かが議論されているが、一時猶予の場合に財産犯の成立を認める見解[100]においても、猶予期間が短期であれば財産犯の成立は否定されるという見解が一般的である。この見解と前記判例が詐欺罪を否定した理屈は、確かに同じ発想に基づくものであるといえよう。しかしながら、2項犯罪の場面においては行為の客体とされた債務の一時猶予という利益の量の問題であるのに対し、前掲最判平成13年7月19日の場合には、請負代金という行為客体とは別の被害者の錯誤の部分に関連付けられた利益（期限の利益）の量が問題になっているのである。

他方、給付目的の失敗についても、客体として把握されるのは交付された財物であり、目的失敗の部分はあくまで錯誤に関連付けられた別の利益である。この「目的」については、それをどの程度詐欺罪で考慮するかによって犯罪の成立範囲が変動する。また、財産上の損害を不要とする法益関係的錯誤説も、詐欺罪の保護法益に目的達成を含むことで、結局のところは、実質的個別財産説と同じ要素について考慮している[101]。したがって、現在では、詐欺罪における損害概念の実質的な争点は、行為客体の交付以外の錯誤に関連付けられる様々な利益を、被害者の達成しようとした「目的」として把握しなおした上で、詐欺罪において考慮される「目的」とはいかなるものかという点に移っているということが可能である。したがって、次節では、

---

(100)　佐伯仁志「強盗罪（1）」法学教室369号（2011年）135頁、深町・前掲注（36）161頁。なお、西田・前掲注（12）191頁以下も参照。
(101)　松宮孝明「暴力団員のゴルフ場利用と詐欺罪」浅田和茂ほか編『斉藤豊治先生古稀記念論文集』（成文堂、2012年）152頁、西田・前掲注（12）204頁参照。

この点について検討を加えることにする。

第3節　詐欺罪における損害の内容

　詐欺罪における「目的」の範囲については、近時、判例において相当対価
の給付事例や文書の不正取得事例などについて登場した多数の事例をもと
に、盛んに議論が行われている。したがって、ここでは、近時の判例の事例
と、それに対する学説の評価を概観することで、詐欺罪において考慮される
目的の範囲、ひいては、詐欺罪における財産上の損害について検討を行うこ
ととしたい。

　この点に関する現在の判例の傾向は、それを肯定的に捉えるにせよ否定的
に捉えるにせよ、詐欺罪の成立範囲を拡張する方向にあるとの理解が一般的
である[102]。相当対価の給付事例においては、①最決平成16年7月7日刑集
58巻5号309頁が、住管機構が相当対価で根抵当権の放棄に同意したという
事例について、詐欺罪を認めている。

　また、文書の不正取得事例においては、預金通帳の不正目的の詐取事例に
ついて、②最決平成14年10月21日刑集56巻8号670頁が、他人と偽って預金
通帳を詐取した事例について詐欺罪の成立を認め、③最決平成19年7月17日
刑集61巻5号521頁が、譲渡目的の預金通帳の不正取得事例についても処罰
の対象となるとしている。そのほかに④最決平成22年7月29日刑集64巻5号
829頁においては、航空機の搭乗券の不正取得事例について、搭乗券が本人
に交付されることが「経営上重要」であるとして詐欺罪の成立が認められて
いる[103]。

　以上の判例の拡張傾向[104]に対して、時代の変化などを理由にそれを支持

（102）　また、下級審裁判例においてはこのような「拡張傾向」はさらに顕著であり、虐待目的を
　　　　秘して猫を買い受けた事例（横浜地川崎支判平成24年5月23日判時2156号144頁）や、暴力団
　　　　であることを秘してゴルフ場を利用した事例（最高裁でも有罪が認められた。最決平成26年3
　　　　月28日刑集68巻3号646頁）について詐欺罪が認められている。

（103）　現在では、判例は、いわゆる詐欺罪の財産的損害の問題（の一部）について、前掲最決平
　　　　成22年7月29日によって示された（被害者の錯誤に向けられた）欺く行為が、「交付の判断の
　　　　基礎となる重要な事項」に関するものであるかという定式によって判断しているものと理解さ
　　　　れている。

160　第2編　財産上の損害概念の諸相と背任罪の「損害」要件

する見解も存在するものの[105]、学説の多くは否定的である。その理由は、本来財産犯であり、財産の侵害のみを直接の対象とするはずの詐欺罪が、財物・利益の交付を梃子にして、財産法益と関係ない他の利益を保護する犯罪になっているとの理解に基づく[106]。もっとも、そのような基本的発想は共通しても、論者によって、個々の判例の結論を支持するか否かに違いが見られる。それは、目的の範囲をどのように限定するのかという観点と、各事例において問題となった目的の把握の違いによると解される。

　例えば、預金通帳の不正取得事例については、法益関係的錯誤説の論者のなかには、本人確認がなされた者に通帳を交付するという目的の不達成、自己が使用する目的の物に通帳を交付するという目的の不達成を理由に詐欺罪の成否を認める見解[107]がある一方で、財産的損害を必要とする実質的個別財産説に立つ論者は、目的達成を経済的に評価すべきであるとする。しかしながら、個別の事例における目的（＝損害）の理解は様々であり、預金口座が犯罪に利用されるおそれは金融機関の財産的損害とみることはできないとする見解もあれば[108]、犯罪行為に使われる口座を提供したことによる信用低下に基づく経済的損害や[109]、損害賠償請求権の発生の可能性を損害とし

（104）　前掲最決平成22年7月29日の調査官解説（増田啓祐・最判解刑事編平成22年度187頁）によれば、判例の「交付の判断の基礎となる重要な事項」の基準は、「相手方がその点に錯誤がなければ財産処分をしなかったであろう重要な事実を偽ることである」という欺罔行為に関する通説的見解に依拠したものであり、これまでの判例においても当然の前提とされてきたものを明示的にしたものであるとされている（その際には、（一項詐欺について）形式的個別損害説に立つ団藤・前掲注（5）175頁以下〔福田平〕が引用されている）。もっとも、上記通説的見解が、「被欺罔者が真実を知っていれば交付に応じることはなかった」という、いわば被害者の主観を決定的とするのに対し、前掲最決平成22年7月29日以後の判例は、「交付の判断の基礎となる重要な事項」を判断する際に、例えば「経営上の重要性」のような事情を、それとは独立して考慮しているように読めるため、何らかの限定を行っているという評価が一般的である。さらに、その限定は、詐欺罪の処罰を正当化し得る実質的法益侵害、すなわち、財産的損害の観点からの限定であるとの理解もある。ただし、いずれにせよ、判例が、理論的に一貫した態度をとり続けていたと解することができるとしても、近時、判例が詐欺罪の成立を認めた事案は、従来にはなかった新たな事例類型であるといえる。その他詳しくは、品田・前掲注（85）709頁以下参照。

（105）　前田巌・最判解刑事編平成19年度331頁以下など。また、木村（光）・前掲注（94）28頁以下、星周一郎「詐欺罪の機能と損害概念」研修738号（2009年）9頁以下なども参照。

（106）　佐伯仁志「詐欺罪（1）」法学教室372号（2011年）106頁、西田・前掲注（12）209頁など。

（107）　山口厚『新判例から見た刑法〔第2版〕』（有斐閣、2008年）234頁。

（108）　高橋・前掲注（94）324頁など。

（109）　松宮・前掲注（101）161頁、松澤伸「判批」判例セレクト2007年34頁。

て挙げる見解もある[110]。

　以上の点に鑑みれば、詐欺罪の損害としてはその内容として非常に広汎なものが予定されていることが看取される。また、行為態様までを考慮に入れた財物・利益移転から生じる実質的な評価により、前述の損害賠償請求権の発生可能性のような行為客体とは別個といえるような財産上の利益も含まれている。このような実質損害説の傾向に対しては、法益関係的錯誤説に立つ論者から、目的を経済的利益に限定するという前提に立つあまり非常に抽象的な目的まで考慮されることになってしまっているとして、端的に社会的目的も含むべきであると批判されている[111]。これに対し、経済的目的について更なる限定の方向を示す学説もある。たとえば、「客観化可能で具体的給付に内在し、かつ経済的に重要な目的の錯誤」を基準とする見解[112]や、また、処分行為と損害の間に直接性を要求し、いわゆる間接損害は処分行為との間に直接性を持たないとする見解など[113]である。

第4節　小　括

　詐欺罪においては、ドイツ刑法の詐欺罪における損害概念、すなわち、全体財産に対する損害についての議論を参照することで、従来、財産上の損害が必要か否かという議論だけが行われてきた。ここまでは、ドイツ法との関係もあり、財産上の損害要件において個別的・主観的判断を取り入れる見解が有力であった。しかしながら、この後、議論の方向は、（財産犯に共通する）「財産上の損害要件」において個別的・主観的価値を考慮するか否かというものから、詐欺罪において財産上の損害要件が必要なのかという問題意識に基づき「財産上の損害」の要素を詐欺罪固有の欺罔行為や錯誤の要件に解消していく方向へと変化する。例えば、詐欺罪における錯誤は、法益関係的錯

---

(110)　西田・前掲注（12）211頁。以上の点につき各判例に対する論者の見解を詳細に検討しているのは、渡辺靖明「詐欺罪における実質的個別財産説の錯綜」横浜国際経済法学20巻3号（2012年）121頁以下。
(111)　橋爪・前掲注（91）189頁以下。
(112)　佐伯（仁）・前掲注（91）117頁。
(113)　松宮・前掲注（101）161頁以下。

誤であるとする見解がこれに該当する。また、詐欺罪においては金銭的意味での財産減少の要素は必要ではなく、従来「財産上の損害」として考慮されていた要素は欺罔行為や錯誤の要件において考慮すればよいという見解も登場した。これに対して、詐欺罪・恐喝罪においてあくまで財産上の損害が必要であるとする実質的個別財産説においても、「詐欺罪の財産上の損害について、『被害者が失ったものと得たものが金銭的価値において客観的に同じであれば財産上の損害がない』という考え方ではなく、被害者が当該取引において『獲得しようとしたもの』と『給付したもの』との比較が必要」という理解をとる。

　これらの新たな見解は、給付と反対給付を比較するという従来の立場から、流出した行為客体それ自体の価値（損失）以外の、「錯誤に基づく財物・利益の給付」から実際に生じた、また、生じる可能性のある不利益を、「被害者の達成しようとした目的」と捉えなおすということで、まさに実質的な損害を考慮する見解であるといえる。もっとも、そこで考慮されている実質的損害の内容、範囲は、近時の判例についての様々な理解が基礎付けるように、一義的なものではない。

第4章　その他の損害を巡る議論

　以上のように、財産上の損害は、背任罪ととりわけ詐欺罪を巡って議論の対象となってきたが、その他の財産犯の領域においても財産上の損害の要素が議論の対象となってきた。

第1節　権利行使と詐欺・恐喝

　権利行使と詐欺・恐喝とは、正当な債権を有するものが、恐喝や欺罔手段によって弁済を受ける場合をいう。権利行使と恐喝は、例えば、他人が不法に占有している財物を恐喝により取り戻すなどといった、刑法242条の適用が問題になる事例における本権説・占有説の対立と類似する部分があるが、同事例と異なり、被害者は債務の負担はあるものの行為客体である金銭自体は適法に所持し、（民法上）その所有権を有している。

　この点、権利行使と恐喝の場面において、恐喝罪の成立を否定する見解は、その理由として財産上の損害がないことを挙げるものが多い[114]。ここにいう損害の意義が問題となる。従来の全体財産に対する罪の理解にしたがえば、ここで損害が否定されるのは、現金の喝取と同時に、従来被害者が負っていた債務が消滅したことで被害者の財産全体として見れば財産減少は生じていないという理解に基づくのであろう[115]。

　では詐欺罪における実質的損害概念を採用する場合はどうだろうか。前述のように、詐欺罪における実質的損害の内容は、「錯誤に基づく財物・利益の給付」から実際に生じた、また、生じる可能性のある不利益を、「被害者

---

(114)　西田・前掲注（12）227頁以下、山中・前掲注（12）367頁など。なお、中森喜彦『刑法各論〔第3版〕』（有斐閣、2011年）119頁は、法的にみて正当な財産状態が作り出されたことを理由にする。

(115)　前述した背任罪を全体財産に対する罪とする判例として挙げられる前掲最判昭和28年2月13日と同様の理由付けである。

164 第2編 財産上の損害概念の諸相と背任罪の「損害」要件

の達成しようとした目的」として考慮するものであった、この考えを権利行使と詐欺の場面に適用すれば、履行期において被害者がなお金銭を保持しておく目的が、経済的に見て合理性のあるものと評価されるか否かが問題になるであろう。実際、前掲最判平成13年7月19日は、「社会通念上別個の支払いに当たる」かという基準により、支払いを履行期まで行わないという期限の利益の量を詐欺罪の成否において考慮しており、この観点からすれば履行期において支払いを拒否できる特段の事情がない限り、欺罔的手段による権利行使は否定されないことになるであろう[116]。

他方、権利行使と恐喝の場合においては、このような実質的損害をそもそも考慮するか否か、すなわち、実質的損害の要素が詐欺罪固有のものか否かが問題になるであろう。詐欺罪における実質的個別財産説と法益関係的錯誤説の違いとしては、同じ交付罪である恐喝罪についてもこのような実質的損害が認められるか否かであるとされている[117]。問題となるのは、目的達成の失敗という法益侵害の限定が、詐欺罪においてしかはたらかないのか否かという点である。この点、恐喝罪は、取引の相手に対して売りたくないという現実的意思を持っているため、詐欺の場合とは異なり、たとえば、未成年者に売る意思のない本屋に暴行・脅迫を加えて本を売らせた場合には恐喝罪を肯定するという理解がある[118]。しかしながら、売る意思がない本屋を騙して本を売らせた場合にも、欺罔という手段によって本屋の意思を変更している点では、先ほどの恐喝の事例と異ならないのであって、この点は取扱いを変える理由にはならないものと解される。この点に違いを見出すのであれば、恐喝罪については、すでに有効な法益処分の意思がないと認めるのと同様になってしまう。むしろ、問題は、「この人には売りたくない」という物の処分の自由に関する被害者の意思を財産犯の文脈においてどの程度考慮するのか否かにかかるのではないであろうか。

---

(116) 成瀬幸典ほか編『プラクティス刑法Ⅱ各論』（信山社、2012年）259頁〔安田拓人〕、上嶌一高「詐欺罪の成立範囲」研修759号（2011年）15頁参照。

(117) 山口厚＝井田良＝佐伯仁志『理論刑法学の最前線Ⅱ』（岩波書店、2006年）106頁〔佐伯仁志〕。

(118) 山口＝井田＝佐伯（仁）前掲注（117）145頁以下〔井田良〕。また、橋爪隆「詐欺罪（下）」法学教室294号（2005年）93頁以下参照。

この問題は、各財産犯類型が、被害者の財をどのような形で保護しているか否かの問題とも関わる。財の所持という静的な形を保護しているのならば、財が被害者の手元にあることについて、財の交換などの動的な形を保護しているならば、財の移転について、財産犯として保護するのにふさわしい価値があることを必要とするであろう[119]。もっとも、たとえば、窃盗においては財産の静的側面を保護しており、詐欺においては財産の動的側面を保護しているなどとして各財産犯類型の保護法益を区別することは適切ではないと解される。各財産犯類型は、その構成要件に基づき、財の保護を様々な形で行い得るため、被害者の意思をどの程度保護するかについては事案に応じて別途検討が必要だからである[120]。

第2節　財産上の利益に対する犯罪

前述のように、財産上の損害の有無についての判断は、個別の物・利益の評価によって行われる。また、詐欺罪においては、行為客体の評価のほかに、詐取から生じるその他の事情についても目的という形で実質的損害として考慮されている。そのため、財産上の利益についてここで検討しておくこととしたい。

財産上の利益を客体とする犯罪については、客体の移転（利得）を把握するために、何らかの事情を必要とする見解が有力である。例えば、債権者殺害事例においては、債権者に相続人がいないとか、証拠書類が存在しないなどの事情により、債権者を殺害することで、事実上債務の支払いを行為者が免れられるような状況にあることや、債権者の殺害により相当程度の期間債務の支払いを猶予されるという事態があってはじめて利得罪の成立が認められるとの考え方が一般的である[121]。

---

(119)　佐伯・(仁)・前掲注（106）108頁、橋爪・前掲注（91）185頁も参照。
(120)　判例は、不正な遊戯方法によりパチスロ機から玉を奪取する事例（最決平成19年4月13日刑集61巻3号340頁、最決平成21年6月29日刑集63巻5号461頁）において、端的に店側の意思に反したことによって窃盗を認めているのではなく、不正の態様を考慮している。これらの判例について、佐伯（仁）・前掲注（106）108頁以下、内田幸隆「判批」判例時報2169号（2013年）163頁。

166　第2編　財産上の損害概念の諸相と背任罪の「損害」要件

　本稿の問題関心の上で重要なのは、このような利得を把握するための特段の事情が、財産上の利益（そしてその裏返しである損害）の要素であるのか、それとも、利益の移転に関する要素であるのかという点である[122]。

　この点、財物と財産上の利益を対比する場合、むしろ、利得にかかる特段の事情は、財物移転に関する事情として把握するのが素直なように解される[123]。財産上の利益に関する問題を利益の具体性・現実性と利益移転の確実性・直接性に区別し、特段の事情を利益移転の確実性に位置付ける見解も、私見と同様の理解に立つものと思われる[124]。また、前述のように、2項犯罪において犯罪成立を限定する要件として挙げられる財産上の利益の移転性が、背任罪において考慮されず、情報などについても金銭的（経済的）評価を経て背任罪の成立が認められていることもこの理解を裏付けるであろう。

　もっとも、利得罪の移転性については、有力な異論が存在する。すなわち、利得罪においては、財物罪のように財物そのものが移転するということが常に観念できるわけではない。債権者殺害事例などにおいても、行為者が獲得しているのは債務の事実上の免除という利益であるのに対し、債権者が失っているのは債権であり同一性を有しているわけではない。むしろ、利得罪の成立に必要なのは、利益と損害が素材同一（Stoffgleichheit von Schaden und Nutzen）であることである、と[125]。

　確かに、このような批判については正当な部分があるように思われる。もっとも、移転性の問題を素材の同一性と理解する場合、検討するべきことがあるように思われる。すなわち、前述のように、財産犯、とりわけ領得罪・利得罪については、行為の客体である物・利益それ自体に関する損害と、物・利益の移転から生じるさらなる損害（実質的損害）があるということ

（121）　判例は、従来、2項犯罪の成立のためには被害者の処分行為が必要であるとしていたが、現在は、そのような立場をとっていない。
（122）　また、この点は、特段の事情が否定された場合に未遂罪が成立するのかという点にも関係する場合があるであろう。
（123）　佐久間修「財産犯における利得罪の意義」名古屋大学法政論集123号（1988年）286頁参照。
（124）　足立友子「強盗利得罪の客体をめぐる考察」成城法学81号（2012年）147頁以下。
（125）　松宮・前掲注（60）247頁。

を確認した。だとすれば、利益と損害の素材同一という場合の「損害」とは
何を指すのかということを検討しなければならない。この点、「損害」が、
行為者が得た利益と素材において同一であるということを重視するのであれ
ば、行為者が得た利益に相応する部分のみが被害者の損害として理解されて
いるはずである。たとえば、債権の事実上の免除の事例においては、行為者
が得た免除に相応する部分のみがここにいう損害になる。したがって、ここ
での「損害」は、これまでに議論されてきた「実質的損害」とは全く別の意
味であり、行為客体の特定を基礎付ける意味を持つにとどまる[126]。素材同
一性は、本来ドイツ法の詐欺罪に由来するものであるが[127]、上述のように
理解した素材同一性は、日本法の利得罪の構造に応じたものであり、それと
異なるものである。

　なお、いわゆる形式的損害説をとる論者には、2項犯罪については全体財
産に対する罪であるとする見解があるが、1項と2項を並列して規定してい
る条文の体裁上、損害についての考え方を別異に解する理由はないものと解
される。違いがあるとすれば、「財産上（不法）の利益」という文言と、上記
の移転性や素材同一性の考え方から、行為客体である「利益」は財産上のも
のに限られるということのみであろう。

第3節　不法領得の意思

　最後に、領得罪の明文にない主観的要件である不法領得の意思の場面にお
いても、財産上の損害の要素が看取される。不法領得の意思は、「権利者を
排除し他人の物を自己の所有物と同様にその経済的用法に従いこれを利用し
又は処分する意思」であり[128]、明文にはないものの領得罪の主観的要件と

---

(126)　これに対し、松宮・前掲注（101）153頁は、目的達成に失敗した給付と、行為者の利得が
　　　一致することを述べる。しかしながら、行為者が得たのは、あくまで当該客体そのものであっ
　　　て、実質的損害の部分は被害者のみに生じた事情である。むしろ、このような実質的損害にか
　　　かわる部分は、（詐欺罪固有の問題ではなく2項犯罪に共通すると考えるのであれば）実質的
　　　法益侵害を示すものとして「不法に」財産上の利益を得たという要素を基礎付けるものである
　　　考えることもできるかもしれない。
(127)　瀧川・前掲注（1）152頁。また、林美月子「クレジットカードの不正使用と詐欺罪」内藤
　　　謙ほか編『平野竜一先生古稀記念祝賀論文集　上巻』（有斐閣、1990年）476頁以下参照。

して必要であるとの理解が判例・通説である[129]。不法領得の意思の内容は、権利者排除意思と利用処分意思からなる。このうち利用処分意思は、領得罪と毀棄・隠匿罪を区別する機能を有しており、行為者の側の事情のみにかかわるといえる。他方、権利者排除意思については、行為者側の事情のみにかかわるとはいえないように思われる[130]。権利者排除意思は、いわゆる使用窃盗を領得罪の成立範囲から取り除く機能を持つとされている。使用窃盗を不可罰とする理由は、使用窃盗の内実が刑法典で処罰の対象となっていない利益窃盗にほかならないからというのが当初の理由であった。しかしながら、そもそも利益窃盗が処罰されないのは、当罰性が欠けるからではなく、利益の窃取という行為態様の明確な捕捉が困難だからという事情による。実際、電子計算機使用詐欺罪や、不正競争防止法上の営業秘密に対する罪など、行為態様を限定することで利益窃盗を処罰しているケースは見られるところである。そのため、現在では、権利者排除意思の機能は、使用窃盗一般を不可罰にすることにあるのではなく、使用窃盗のなかでも特に利益侵害の程度が軽微なものについて、可罰性が欠けるとして処罰しないということにあると若干の修正が行われている[131]。

　この点をとらえて、権利者排除意思を不要とする見解は、この問題を可罰的違法性の問題として理解すればよいと主張する[132]。これに対し、通説は、客体の返還は行為者の財物取得後の事情であり、占有侵害時においては直接考慮することはできず、また、返還時期を考慮したうえで占有侵害を判断すると領得罪の既遂時期が不明確になるという理由で、権利者排除意思を故意とは別個の主観的要件として位置付けている。

　前述のように、領得罪が（行為者が目的とする）財物・利益の取得を基準としている以上、財物奪取後の目的物の返還という事情は犯罪の成立にとって直接考慮することはできない。その意味で、行為時点の事情を基準とする必

---

(128)　大判大正 4 年 5 月21日刑録21輯663頁、最判昭和26年 7 月13日刑集 5 巻 8 号1347頁。

(129)　例えば、中森・前掲注（114）100頁、西田・前掲注（12）156頁以下、山口・前掲注（ 3 ）197頁以下など。

(130)　塩見淳「奪取罪における不法領得の意思」法学教室399号（2013年）81頁。

(131)　中森・前掲注（114）100頁、西田・前掲注（12）161頁など。

(132)　髙橋・前掲注（94）217頁。

要説は妥当であろう。もっとも、目的物の返還に関する事情は、行為者の主観面という形で考慮されているとしても、本来は、財産法益の侵害程度が軽微であるという要素であり、実際、財産上の利益の場面において、債務履行の一時猶予がある程度の期間を必要とする理由付けとして、権利者排除意思の考え方を援用する見解も存在するところである[133]。

　同様の問題は横領罪においてより顕著にあらわれる。横領罪においては、従来から、委託された金銭や有価証券について、後日に弁償・補填する意思がある場合の取扱いが問題になっていた。この点、判例は、このような意思があったとしても横領罪の成立を否定することはないが[134]、学説の多くは、領得行為自体を否定することや、不法領得の意思を否定することによって不可罰の結論を導いている[135]。

---

(133)　中森喜彦「判批」判例時報1157号（1985年）237頁。
(134)　大判明治42年 6 月10日刑録15輯759頁、最判昭和24年 3 月 8 日刑集 3 巻 3 号276頁。ただし、下級審においては否定例もある（東京高判昭和31年 8 月 9 日裁特 3 巻17号826頁）。
(135)　西田・前掲注（12）246頁。また、宮本・前掲注（ 2 ）386頁以下は、両替の場合については損害がないと述べる。

第5章　ここまでのまとめ

　これまでの検討の結果を踏まえて、明らかになったことをまとめておきたい。我が国における財産上の損害概念は、現在、財産犯において多様な意義を持つものになっているといえる。財産犯一般における財産上の損害の必要性は、従来、有力に主張されており、その内実は詐欺罪を中心に検討されてきたが、そこで想定されていた損害概念は、ドイツ刑法の損害概念の解釈をそのまま転用したものであり、行為前後の行為者の財産状態を比較するという全体財産概念を意味していた。もっとも、全体財産概念は、あくまでドイツ刑法の詐欺罪と背任罪、とりわけ詐欺罪を念頭に展開されてきたものであり、規定の構造が異なる我が国の詐欺罪の解釈論においては上手く適合することはなかった。そのため、損害概念は、それを必要とするか否かという問題自体は残しながらも、詐欺罪の構造を踏まえた形に変容していく。すなわち、被害者が財の交付により達成しようとしていた目的が実現されなかったということが、当該財の交付と結び付けられて損害と理解される実質的個別損害説（及び法益関係的錯誤説）の登場である。ここでは、行為客体そのものの流出（だけ）ではなく、その流出に伴って生じる様々な不利益（の可能性）を、財の交付により被害者が達成しようとした目的という形で実質的に組み込むことで、詐欺罪の構造を保ったままで損害の実質的な考慮を可能にしている。

　このような実質的損害は、詐欺罪以外にも妥当する可能性がある。詐欺罪と類似の構造を持つ恐喝罪においては、とりわけ権利行使と恐喝の場面において損害の有無が問題とされているが、実質的損害説の考え方からすれば、財物・利益が移転したことによってそれに伴い生じる不利益（の可能性）が財産犯として保護される価値を有するか否かを考えなければならない。その際、もっとも広い保護を与えるならば、財の処分の自由に関する被害者の意思も保護すべきということになるであろう。この点は、他の財産犯類型にお

いても同様に検討されるべきであると解されるが、具体的な帰結は、各財産犯の構造によって異なるであろう。

また、以上の議論は、財産上の利益についても異ならないものと解される。利得罪と財物罪の違いは、利益の移転（行為者の利得）の際に、財物の移転と同視できるような事情を有するか、行為客体としての利益が「財産上の」利益といえるか否かという点のみである。

最後に、実質的な損害の要素は、行為者の主観的要件という形でも考慮されている。すなわち、いわゆる不法領得の意思の権利者排除意思は、軽微な一時使用の不可罰を前提に、当該不可罰を領得罪の構造に即した形で考慮しようとした結果、行為者の主観面で反映する形になっているのである。

したがって、背任罪における財産上の損害概念について検討する際には、以上の損害の要素につき、背任罪の構造に照らして検討が加えられなければならないものと解される。

172 　第２編　財産上の損害概念の諸相と背任罪の「損害」要件

第6章　背任罪の「財産上の損害」要件についての検討

第1節　背任罪の特徴

　背任罪の構造上の特徴としては以下の点が挙げられる。まず、背任罪は、犯罪成立のために客体が移転することも、客体を行為者が獲得することも予定していない。この点、詐欺罪や窃盗罪などといった財産の移転を必要とする犯罪については、財産上の損害をどのように把握するにせよ、犯罪の成立のためには、特定の客体（財物、財産上の利益）が被害者から行為者に移転する必要があり、そのことは同時に客体について移転性という属性を必要とする[136]。また、非移転罪である横領罪も含めた領得罪一般については、その客体は、不法領得の意思という行為者の主観面によっても実質上規定されている[137]。他方、財産の移転を必要としない背任罪においては、特定の客体の移動という限定はできず、また、図利加害目的と不法領得の意思は異なる概念であり、客体と主観面も相応する必要はない。毀棄罪の場合も、財産の移転を必要とせず、また、対象に対する行為者の主観面での限定もはたらかない。しかしながら、毀棄罪は基本的に財物という把握可能な客体のみに限定されている。これに対して、背任罪は、財産上の利益の毀棄形態も処罰の対象に含まれている[138]。したがって、背任罪においては、その構造上、財産犯においてもっとも広汎な客体が含まれ得るということになる。

---

(136)　本編第2章第3節第1款を参照。
(137)　本編第4章第3節を参照。
(138)　芝原邦爾『刑法の社会的機能』（有斐閣、1973年）99頁は、「客体が財物の場合は、行為態様による限定が厳格でない場合も、構成要件が不当に不明確になるおそれは少ない」が、「財産上の利益の場合、客体における限定が困難である。この点、現行の詐欺利得罪については行為態様におけるある程度の限定が可能であるから問題が少ない。ところが、背任罪の場合、『任務違背』という行為態様について明確な限定を加えることは困難であ」るとしている。

第6章　背任罪の「財産上の損害」要件についての検討　　173

第2節　考慮される損害の範囲――実質的損害との関係

では、背任罪の構成要件的結果である「財産上の損害」、及び、その具体的な解釈内容である全体財産に対する損害によって何らかの限定を図ることはできるであろうか。

第1款　金銭的価値に限られるか（金銭的な量定、あるいは、その可能性が必要か）

　まず、全体財産に対する損害は、原則として金銭的価値のみによって算定されるという理解について検討する。背任罪における損害概念について詐欺罪との違いを強調する見解は、既に背任罪の財産損害を、金銭的価値による量的評価に値するもののみであることを前提にしているものと解される[139]。そのようなものが経済的利益として財産損害に含まれることに異論はないが、それだけに限定することに合理的な理由があるとは思われない。金銭的価値による物・利益の量定方法は様々であり、必ずしも常に明確な算出を可能にするわけではなく、我が国においては、少なくとも、実際に損害の額を精確に量定することについて判例を含め大多数は必要と考えていない。そうであれば、金銭的価値以外の評価基準を持ち込むことや、そもそも金銭的価値で量れない客体を含むことすら視野に入ってくる。財産上の損害一般の理解としては、金銭的価値による量的比較が妥当しない以上のような場面も含めて統一的に理解されなければならない。

　確かに、ドイツ刑法の損害概念においては、金銭的価値について第一に検討の対象とするのが一般的な理解であったが、現在では、異論も有力である[140]。他方、近時、連邦憲法裁判所が、背任罪の合憲性を判断する際に、いわゆる危殆化損害につき厳密な金銭的算定を要求し、それを詐欺罪においても適用するに至った[141]。しかしながら、このような算定方法があらゆる

---

(139)　長井・前掲注（64）331頁、酒井・前掲注（64）190頁。また、内田浩「詐欺罪における財産的損害」法学教室359号（2010年）36頁参照。

(140)　Klaus Tiedemann, Leipziger Kommentar zum Strafgesetzbuch, 12. Aufl. (2011) §263 Rn 158 ff. などを参照。

174　第2編　財産上の損害概念の諸相と背任罪の「損害」要件

場面に適用される必要があるとは思われないし、また、同判例自体についても、実務上、非常な困難を強いるものとして批判されているところである[142]。

第2款　詐欺罪の損害概念との違い

　次に、実質的個別財産説と全体財産説の違いについて検討する。前述のように、背任罪の損害概念は、全体財産に対する罪として解釈され、その具体的帰結は、行為によって生じた財産喪失と、同時に直接生じた財産利得を比較して損害の減少を決するということにある。詐欺罪における実質的個別財産説は、この点をとらえて、詐欺罪を全体財産に対する罪と把握する見解に対し、価格相当の反対給付の事例において詐欺罪における財産損害として考慮されているのは、行為による被害者の給付と反対給付の比較ではなく、行為による被害者の給付と被害者が獲得しようとした（そして失敗した）物との比較であると批判する[143]。

　しかしながら、全体財産概念に（経済的に合理的と評価される）個別的事情や主観的考慮を持ち込むならば、以上の立場と、実際には大きな違いはないように思われる。たしかに、全体財産概念に主観的考慮を組み込む見解は、「被害者が交付したもの」と、「被害者が得たもの」を比較する。しかしながら、「交付したもの」に対して見合うだけの価値を「得たもの」が持っていたかどうかを判断する際に被害者の主観を考慮するのであれば、被害者が本来「交付したもの」に対して見合うと想定していた「獲得しようとしたもの」の存在を無視することはできないからである[144]。したがって、背任罪を全体財産に対する罪と解して、行為によって生じる給付と反対給付を比較することによって損害を判断するという立場をとったとしても、詐欺罪における実質的損害と同じ要素を考慮することが直ちに否定されるわけではない。

---

(141)　BVerfGE 126, 170（背任罪に関するもの）、BVerfGE 130, 1（詐欺罪に関するもの）。前者については、本書第1編第2章第5節を参照。
(142)　Fischer, a.a.O.（Anm. 7）§266 Rn 160 ff. この点については、本章第5節第1款も参照。
(143)　本編第3章第2節を参照。
(144)　林（幹）・前掲注（6）144頁参照。また、山中・前掲注（12）338頁以下も参照。

第6章　背任罪の「財産上の損害」要件についての検討　　175

　なお、実質的な「獲得しようとしたもの」と「給付したもの」の比較は、「財産上の損害」においてもう一つ問題を提供する。それは、全体財産の比較に仮定的判断を持ち込むのではないかという点である。確かに、詐欺罪の場合には、「被害者が獲得しようとしたものを得た財産状態」は、欺罔行為がなかった場合の仮定にとどまらず、被害者にとって理想的な反対給付が行われた場合の仮定までをも意味するため、財産状態の評価と考えることに困難が感じられるかもしれない。他方、背任罪の場合には、消極的損害や不作為の行為態様が考えられるため、少なくともその場合には「被害者が得ようとしたものを得た（任務に適っていた）場合の財産状態」という仮定的判断を行うことが可能であり、必要であると考えられる。

第3款　経済的価値への限定

　むしろ、真に問題なのは、詐欺罪において実質的個別財産説と全体的財産に対する罪と理解する見解が実質的に同じ意味内容を持つとしても、詐欺罪における損害に関する議論が背任罪の構造に照らしてそのまま転用できるのかということにある。

　背任罪は、その結果として「財産上の損害」のみを文言上要求しており、財物や利益といった特定の行為客体を想定していない。このことから、背任罪は、行為によって直接生じた財産喪失だけではなく財産取得の両者を考慮して「損害」を判断することが想定されている。その意味で、全体財産に対する罪が個別財産に対する罪と対置されるのである。財産の得喪をどのように評価するかの問題は、全体財産に対する罪であるということからは直ちに導かれない。

　詐欺罪においては、法益関係的錯誤説などから、経済的目的に限られず社会的目的も考慮されるべきと主張されてきた。財産犯の要素が行為客体である物や利益の移転によって既に確保されていると解するならば、そのような考え方も可能であり、あとは、どの程度限定を行うのかという価値判断の問題になるであろう。他方、背任罪においては、他の犯罪と異なり、文言上「財産上の損害」という要件において実質的損害の要素を考慮することに特徴がある。そうであれば、損害の判断にあたって考慮されるのは、「財産上

176　第2編　財産上の損害概念の諸相と背任罪の「損害」要件

の利益」と同様に経済的価値を有するものに限られるべきである。

第4款　背任罪の行為態様と損害

　ただし、背任罪と詐欺罪の構造上の違いに照らしてなお検討を要することがある。すなわち、詐欺罪においては、その構造上、被害者の一定目的の物・利益の給付が予定されているため、その給付により「達成しようとした目的」を実質的な同罪の財産損害の考慮要素とすることが可能であった。これに対して、背任罪の場合、その行為態様は多岐にわたり、被害者による給付が常に予定されているわけではない。そのため、財産喪失と財産取得の比較に際して「達成しようとした目的」という要素をどのように考慮するのかが検討されなければならない。

　この問題については、背任罪の行為態様と損害の関係についての検討が必要であろう。詐欺罪においては、その構造に基づき行為態様と財産流出が一体となってその法益侵害性が評価されている。このような行為態様を含めた法益侵害の把握は、背任罪にとっても可能であるし、また許容されるはずである[145]。

　背任罪の行為態様である任務違背は、本人と行為者との委託信任関係を破壊することにあるが、具体的には、財産処分に関する本人の明確な指示がある場合と、そうではない場合に区別される[146]。前者に関しては、本人の明確な指示に反したことが任務違背を基礎付けるが、この場合、詐欺罪の実質的損害と同様に、「本人が達成しようとした目的」の不達成が存在する。これが経済的に評価して損害といえるならば、財産上の損害の要素として考慮されることになる。

　後者の場合、財産保護を命じた法令の違反や、裁量の逸脱行為が任務違背を基礎付ける。この場合には、処分によって「本人が達成しようとした目的」は存在しない。したがって、給付物と反対給付の経済的価値を比較して

---

(145)　この点につき伊東研祐『刑法講義各論』（日本評論社、2011年）127頁以下も参照。
(146)　この点については、本書第1編第3章参照。また、島田聡一郎「背任罪における任務違背行為」植村立郎判事退官記念論文集編集委員会編『植村立郎判事退官記念論文集第1巻第1編理論編・少年法編』（立花書房、2011年）255頁以下も参照。

損害の有無を決することになる。なお、ここで行われているのはあくまで経済的価値の比較であって、金銭的価値の比較ではない。例えば、任務に反した冒険的取引を行い、その対価として将来の反対給付の可能性を獲得した場合、本人からの財産流出と、反対給付（の可能性）は、その金銭的価値のみを算出すれば決して釣り合っていることはない。だからといって常に損害を認めるということにはならないものと解される。また、この場合であっても、経済取引上通常重視される目的は考慮されるものと思われる。そのため、前掲東京地判平成19年9月28日のように、年金資産をリスクの高い1つの金融商品に大部分投資することについては、任務違背による財産流出に対して取得した財産の額が認定できなかったとしても、背任罪を肯定することが可能である。

第3節　損害の直接性

　詐欺罪においては、目的達成の失敗という概念を通じて、実質的には行為客体以外から生じる損害（の可能性）も広く犯罪の成否にとって考慮されていた。他方で、背任罪の場合、行為客体による限定は存在しないため、別途検討する必要が生じる。

　その1つが、詐欺罪において間接損害と呼ばれるものである。その典型例は、財産流出によって第三者が被害者に対して損害賠償請求を行う可能性である。詐欺罪においては、このような副次的損害も実質的損害として考慮に入れる見解や裁判例が登場していた[147]。この点は、行為時点での間接損害の可能性という形で理解することで、支持することも可能かもしれない。

　しかしながら、間接損害をその発生の可能性として常に財産上の利益とすることは、その発生のために第三者のさらなる行為が必要な損害を考慮することになってしまい妥当ではない。前掲最判昭和28年2月13日は、「又若し原判決は、国庫に納入すべき利益金を他の使途に流用したこと自体を以て背任罪を構成するものとする趣旨ならば、それがため国庫に対する納付不能と

（147）　本編第3章第3節参照。

178　第2編　財産上の損害概念の諸相と背任罪の「損害」要件

なり国庫に損害を与えたというは格別、判示のごとく『右営団に同額の損害を与えた』とするがためには、右背任と損害との因果の関係について、審理判示するところがなければならない」としており、国庫からの営団への損害賠償請求を「財産上の損害」と解する余地を認めている一方で、因果関係の必要なことを明示している。

　また、この点が問題になる例として、官製談合が挙げられる。官製談合とは、注文を受注する官庁の職員が入札予定価格などを談合者たちに開示することによって、談合を容易にすることである。この場合、職員の情報漏えい行為が任務違背に該当する可能性はあり、それによって談合行為が行われた結果、注文価格の高騰が生じ、その反面として官庁には損害が発生する。しかしながら、このような損害は、談合行為によって引き起こされたものであり、情報漏えい行為から直接生じたものではない。したがって、直接性（因果関係）の観点から背任罪が否定されるのである⁽¹⁴⁸⁾。

第4節　一時使用の取扱い

　最後に、行為者の一時使用（一時流用）について検討する。領得罪においては、一時使用は、不法領得の意思という主観面によって実質的に考慮されていた。しかしながら、その実態は被害者に発生した害の量についての可罰的違法性の問題であり、だとすれば、領得罪ではない背任罪においても当然問題となるはずである。

　この点、1つの選択肢としては、財産損害の発生まで待って既遂を認めることもあり得る。もっとも、その場合、既遂時期が遅延してしまう可能性があり、不良貸付の既遂時期と比較して不整合が生じる。したがって、任務に背いた財産流出時点で既遂を認めるべきである。この場合、将来の反対給付（返還の可能性）はあくまで可能性であり財産価値としては基本的に必ず減少

---

(148)　前述の通り、いわゆる橋梁談合事件（前掲東京高判平成19年12月7日）においては、談合そのものではなく、それを有利にするためにおこなわれた不要な分割発注、及び、それによる工事代金の増加が背任罪の対象となっている。なお、山本雅昭「官製談合の刑事規制」浅田和茂ほか編『斉藤豊治先生古稀記念論文集』178頁以下も参照。

するが、それを踏まえた規範的な損害算定が必要であると構成せざるを得ないように思われる。判例は損害が後に填補されても犯罪の成否に影響しないとしており[149]、学説も、財産流出時において、犯人に損害を弁償する資力があったかどうかは損害額の認定に影響を及ぼさないと解しているが[150]、弁償が極めて短期に行われる可能性のある場合には、例外的に処罰を否定することが認められるように思われる[151]。

第5節　さらなる検討

第1款　任務違背と損害の一体化（限界撤廃）の問題

　背任罪の「財産上の損害」要件についての本稿の主張に対しては、内田幸隆教授より、目的に基づいて設定された条件の違反それ自体は、「財産処分の自由の侵害ないしは占有侵害をもたらして財産犯の実行行為性を基礎づけたとしても、財産処分・占有移転による具体的な財産的損害を直接的に基礎づけることはできない」という批判が示されている[152]。この批判は、ドイツ連邦憲法裁判所[153]が背任罪の合憲性を認める際に示した、義務違反（任務違背）と財産上の損害の限界撤廃の禁止にも通じるもので、本稿の主張は、同判例に照らせば問題があるものと評価されるであろう。

　もっとも、財産法益、あるいは、その損害については、経済的評価ないし金銭的価値の算定に際して、将来の価値変動リスクが考慮され、刻一刻と変動するものであり、場合によっては専門家の関与も必要になってくる。ドイツ連邦憲法裁判所決定のように、金銭的価値を精確に量定して損害を認めること（義務違反によって、通常の場合の金銭的変動と有意に異なる金銭的変動が生じていると評価すること）は、ドイツでも一部で言われているように非常に困難で労力を要する作業が必要な場合があり、また、そこまで精確に算定する必要

---

(149)　大判昭和3年7月14日刑集7巻477頁。
(150)　団藤編・前掲注（5）295頁〔内藤〕など。
(151)　ただし、実際にこのような理由で不可罰と認められるのは、行為直後に実際に即座に返還している場合のような極めて例外的な事例に限られるであろう。
(152)　内田幸隆「背任罪をめぐる近時の議論状況」刑事法ジャーナル65号（2020年）10頁。
(153)　本書第1編第2章第5節参照。

180 第2編 財産上の損害概念の諸相と背任罪の「損害」要件

があるようにも思われない。加えて、算定が可能であるとして、具体的にどの時点で損害が発生する（既遂になる）のかについても明確ではないように思われる。連邦憲法裁判所は、「財産犯、結果犯としての背任の特性が保持され続けるためにも、経済的考量を排除してはならない」とするが、財産損害の判断において経済的見地に基づく評価が必要であるとしても、厳密な量定を必須とすることまでは要求されないと解される。

　金銭的量定の必要は、義務違反と区別された損害要件の必要から主張されたものであり、連邦憲法裁によれば、この必要は、背任未遂を処罰しないというドイツの背任罪処罰規定についての立法者の意思を尊重することに由来するようである。一方、日本の背任罪については未遂処罰規定があるが、未遂と既遂の区別の必要性にも意味があり、また、日本において背任未遂が実際にはほとんど機能していない現状にも鑑みれば、未遂処罰の有無で連邦憲法裁判所の主張が日本法に妥当しないと言うつもりはない。しかしながら、限界撤廃の禁止の問題は、従来必ずしも明確ではなかった任務違背（義務違反）要件の判断について、（本人の）損害発生を考慮要素に取り込む形で具体化される（場合がある）から生じるようになった問題であるという見方も可能であるように思われる。そうすると、損害の要素を実質的に組み込んで判断されるようになった義務違反と区別するために、さらに損害要件に追加的要素を付け加えなければ立法者の意思に適わない、とまでは言えないのではないだろうか[154]。

　損害の金銭的な量定が望ましくないとすれば、一つの方向性は、「実害」の発生にフォーカスすること、すなわち、将来の価値変動のリスクが実現した段階を文句のつけようのない「財産上の損害」として把握することである[155]。確かに、バブル崩壊後の金融機関の経営破綻の事例のように、（特別）背任罪が実質的に経営破綻の責任追及として機能していたこと[156]からすれ

---

(154)　シューネマンは、この問題について、損害許容の不存在による間接証拠として損害要件から義務違反要件が導出されるのであって、義務違反から損害が導き出されるわけではないとしている（Bernd Schünemann, Leipziger Praxiskommentar Untreue‐§266 (2007) S.131）。

(155)　岡本・前掲注（11）409頁以下。また、内田幸隆「判批」佐伯仁志ほか編『刑法判例百選Ⅱ〔第8版〕』（有斐閣、2021年）147頁も同様の方向と思われる。

(156)　本書第5編第2章第3節参照。なお、このような処理により、責任追及を免れていた経営

ば、そのような方向性も実情に合っていたといえるかもしれない。もっとも、現代において、背任罪の成立時期の後倒し、および、それに伴う背任処罰の事実上の限定を認めることには躊躇を覚える。

　以上のように考えるのであれば、金銭的に厳密な量定をすることなく、将来の価格変動のリスクそれ自体を損害の判断において考慮すべきということになる。さらに、伝統的な全体財産の判断に既に現れていたように、客観的な金銭的価値に限られず、被害者の個別的・主観的な事情（経済的目的）も同様に考慮に値するというべきである。その意味で、任務違背と財産上の損害要件の判断は実際上大幅に重なる場面が出てくる[157]。

第2款　私見による個別事例のいくつかの検討

　あらためて、筆者の見解をまとめると以下の通りとなる。全体財産に対する罪である背任罪の「財産上の損害」は、任務違背行為によって直接的に本人から流出した個々の物・利益（および、本人に帰属する物・利益の経済的価値の低下）と、直接的に本人に流入した物・利益（および、本人に帰属する物・利益の経済的価値の上昇）を比較して判断される。その意味で、「全体財産」と言っても、着目するのは直接的な財の流出入だけであり、その他の財産状態は無関係である。

　流出入の比較の際には、それらを金銭的に量定する必要は必ずしもなく（もちろん、もし量定できるのであれば量定し、罪となるべき事実として認定した方がよい）、また、場合によっては金銭に見積もり得ない要素も考慮され得る。すなわち、詐欺罪において展開されてきた実質的損害の考え方が持ち込まれる。具体的には、任務違背の内容によって区別があり、財産処分に関する本人の明確な指示に反したことが任務違背を基礎付ける場合には、「本人が達成しようとした目的」の不達成が経済的に評価して財産上の損害において考慮される。他方、財産処分に関する本人の明確な指示が存在しない場合、財産保護を命じた法令の違反や、裁量の逸脱行為が任務違背を基礎付けるこ

　　者がいたはずであることも同時に指摘される。
（157）　橋爪隆『刑法各論の悩みどころ』（有斐閣、2022年）408頁も参照。

とになるが、この場合には、処分によって「本人が達成しようとした目的」は明確には存在しないため、経済取引上通常重視される目的のみが財産上の損害において考慮される。

典型的な不良貸付事例においては、信用力のない相手方に十分な担保を採らず貸し付けること自体が裁量の限界を超えて任務違背であると通常評価されるのであれば、経済的評価によれば、貸し付けた金銭に見合う反対給付もないので、貸付けの時点で、財産上の損害も認められる。その際、貸し付け時点の貸金返還請求権の金銭的価値を具体的に量定する必要はなく、任務違背を基礎付ける事実である本人にとって明らかに許容できない経済的リスクを伴った貸付けが、財産上の損害であると評価される[(158)]。この場合、本人にとって明らかに許容できないリスクの負担が財産的損害の実質的内容であると共に任務違背を基礎付けることになっており、両者はほぼ重なることになる。一方、調査・情報収集義務に違反したことが任務違背の根拠となっている場合は、財産上の損害の判断は別途行われる必要がある。

また債務負担の類型について、前掲最決昭和58年5月24日のような信用保証協会の事案の場合、信用保証協会の業務の性質上、保証債務を負担すること自体が直ちに任務違背を基礎付けるわけではなく、また、債務負担自体では財産上の損害とはならない。同協会の負担し得る実損との関係から、倒産を一時糊塗するためで、かつ、十分な担保をとらずに保証をしたことが、明らかに許容できない処分として任務違背を基礎付け、負担する債務が実損となるリスクを根拠に財産上の損害が認められたと解することができる。これに対して、事務処理者が本人に何の理由もなく債務を負担させたというような事案においては、その債務の実現可能性に着目しなくとも、財産上の損害を認めることが可能であろう[(159)]。

（158） 実務上も、不良貸付事例においては、罪となるべき事実において、貸付金額と同額の損害、あるいは、単に損害の存在が認定されているだけで、具体的な量定はないことがほとんどである。

（159） 背任罪についての判示は傍論であるが、前掲大判昭和8年12月4日は、負担債務の実現に着目したのではなく、本文のように理解することも可能かもしれない。また、前掲最決平成8年2月6日も銀行による手形保証債務の事案なので、この類型に該当し得る可能性があるが、約束手形の振出人の決済能力がないことが認定されているほか、争点は、手形保証と引き換えになされた、額面金額と同額の入金が損害を否定する反対給付といえるかであったので、判例

第6章　背任罪の「財産上の損害」要件についての検討　　183

　一方、二重抵当事例の場合、抵当権設定者が第一順位抵当権が未登記の段階で、当該財産を処分しないことが、当該事案における本人の明確な指示であると評価することが可能であり、その指示に反して土地に他者のために抵当権を設定し登記を了したことが、対抗されない第一順位抵当権を取得するという本人の経済的目的の不達成を考慮して損害を認めることができる。その際、考慮されるのは、任務違背行為により直接生じた財の流出入であるので、被害者の有していた債権の回収可能性は考慮されないことになる。

　最後に、談合を契機とした不合理な分割発注が問題となった前掲東京高判平成19年12月7日の事案においては、裁判所は「経済的見地」により実際の契約額ではなく予定価額を損害算定の基準としており、このことは、（金銭的価値に着目する従来の理解を前提とすれば）実際の契約額による損害の算定が困難であり、かつ、談合により工事予定価格が現実の落札価格（受注業者の報酬債権額）に近似していることに基づくのではないかと指摘したが、本稿の見解に基づけば、JHの債務負担上限額を画する予定価額の増大を端的に財産上の損害とすることが可能になるものと解される。

　からは必ずしも明確ではない。なお、同額の入金が当座貸越債務の弁済に充当され、その後当座貸越しによる融資が行われたという事情からすれば、反対給付の存在は経済的評価として上記保証債務の負担に見合うと評価することはできない。本判例については、当座貸越し自体を背任と捉えるべきとの指摘（山口・前掲注（3）330頁）もあるが、財産損害の特定が必ずしも容易でないことに鑑みれば、背任罪の損害要件にいわゆる冗長性を持たせて、本判例のような結論を採ることも許容されるものと考える。

第7章　むすびにかえて

　本稿の結論をまとめると以下のようになる。

　我が国において、財産上の損害概念は、従来、詐欺罪を念頭に置きながら
も、財産犯に共通する概念として検討が加えられてきた。しかしながら、そ
の中身は、ドイツ刑法における詐欺罪、背任罪の解釈に由来するもので
あった。近時は、とりわけ詐欺罪における損害の成否の問題に関連して、そ
の損害を詐欺罪独自の観点から再構成する動きが活発である。これらの立場
は、詐欺罪の損害概念と背任罪の損害概念は別個のものであり、詐欺罪の損
害概念に、全体的財産に対する罪の要素を持ち込むことはできないとする。
ここで想定されている全体財産概念は、「行為による給付と反対給付を金銭
的価値のみによって比較する」というものであるが、このような概念は詐欺
罪における損害概念を展開する上で想定された一種のフィクション上の存在
であり、背任罪の損害概念の中身をあらわすものではなかったといえよう。
むしろ、問題は、詐欺罪における損害が背任罪に転用できるのかということ
にある。

　背任罪の「損害」要件、及び、全体財産に対する罪であるということの意
味は、行為によって直接生じた財産喪失だけではなく財産取得の両者を考慮
して「損害」を判断するということにある。そして、損害の評価は、もっぱ
ら経済的価値によって行われる必要がある。この限りで、詐欺罪における経
済的な実質的損害という限定と同じ要素が考慮の対象となる。

　ただし、背任罪と詐欺罪の構造、とくに行為態様の違いにより、損害概念
の判断基準が異なる場面もある。背任罪の行為態様である任務違背は、本人
と行為者との委託信任関係を破壊することにあるが、具体的には、財産処分
に関する本人の明確な指示がある場合と、そうではない場合に区別される。
前者に関しては、本人の明確な指示に反したことが任務違背を基礎付ける
が、この場合、詐欺罪の実質的損害と同様に、「本人が達成しようとした目

的」の不達成が存在する。後者の場合、財産保護を命じた法令の違反や、裁量の逸脱行為が任務違背を基礎付ける。この場合には、処分により「本人が達成しようとした目的」は存在しないため、経済取引上通常重視される目的のみが考慮されるものと思われる。

　また、いわゆる間接損害は背任罪の損害の算定にとって考慮されず、一方で、犯人が直ちに填補する意思と資金を持って一時流用する場合には、行為者の即座の返還可能性を損害の算定にとって考慮し、不可罰となる余地を認めるべきである。

　本稿では主として、背任罪の損害概念について検討を加えたが、財産上の損害に関連して、なお残された問題は多い。窃盗罪・横領罪などの所有権に対する侵害が問題となり得る犯罪と損害の関係、民事法秩序と損害の関係についても十分な検討は加えられなかった。また、経済的な実質的損害の限界についても検討を加えることができなかった。この点は、「財産」あるいは「財産上」という言葉の限界と同義であり、財産犯全体に関わる問題であり、社会のデジタル化との関連においても、非常に重要な課題である。

第 3 編

背任罪の図利加害目的について

第1章　はじめに

　背任罪（刑法247条）の成立のためには、条文上、「自己若しくは第三者の利益を図り、又は本人に損害を加える目的」（図利加害目的）が必要とされている。この要件の内容や意義については、これまで議論が積み重ねられてきたが、バブル経済崩壊後の責任追及手段としての背任事件が終了したとともに、議論も一旦終息した感がある。もっとも、同要件に関する問題は完全に解決したというわけではない。本稿では、背任罪の図利加害目的要件に関するこれまでの展開を確認した上で、なお残された問題について若干の方向性を示したい[1]。

（1）　本編は、日本刑法学会第97回大会ワークショップ２「目的犯・傾向犯」（オーガナイザー：松宮孝明）における表題と同名の報告とその後の質疑応答に基づくものである。

第2章　図利加害目的の概要

第1節　沿　革

　日本において、背任罪規定は、現行刑法制定時にはじめて創設されたが、図利加害目的の要件はその時から存在しており、現在まで基本的にその内容に変更はない[2]。

　我が国の背任罪の解釈論は、ドイツ刑法に大きな影響を受けてきたが、ドイツ刑法においては、日本の背任罪導入時の旧刑法266条1項も、現行の刑法266条1項も、背任罪の成立要件として特別の目的を求めることはしていない。実際、図利加害目的要件の解釈について、比較法的な見地からの検討が行われてきたことはほとんどない[3]。

（2）　その後の改正案における展開は以下の通りである。まず、刑法改正予備草案においては、背任罪を故意犯とすることが考えられていた（347条）。次に、刑法改正仮案においては、背任罪は、横領罪の二項犯罪として図利目的のみが可罰的とされ、加害目的の背任は処罰されなかった（442条2項）。その後、刑法改正準備草案において、背任罪は横領罪とは別条に規定され、図利目的と加害目的の規定が分けられ、異なる法定刑で処罰されることとされた（362条1項、2項）。刑法改正草案では、現行刑法と同じ目的規定になっている（352条）。なお、満州国刑法においては、図利加害目的要件はなく、代わりに「専ら本人の利益を図るに非ずして」という文言があった。

（3）　むしろ、ドイツの背任罪との相違を強調する記述などもある（木村亀二「背任罪の基本問題」法学志林37巻8号（1935年）26頁参照）。そのため、図利加害目的の比較法的な淵源が問題となるが、これについては、当時のノルウェー刑法草案を参考にしたとの指摘がある（内田幸隆「背任罪の系譜、およびその本質」早稲田法学会誌51巻（2001年）113頁以下参照）。なお、Soichiro Shimada, Der subjektive Tatbestand der Untreue im japanischen Recht, Festschrift für Imme Roxin, 2012, S.841 f. また、松宮孝明「背任罪における『財産上の損害』、『任務違背』、『図利加害目的』の関係」立命館法学375＝376号（2018年）424頁以下も参照。

第2章　図利加害目的の概要　191

第2節　「利益」・「損害」の内容

　図利加害目的要件については、これまで、二つの点が議論の対象となってきた。一つ目は、同目的の「利益」・「損害」について、財産的なものに限られるのか、非財産的なものも含むのかという問題である。この点につき、同罪が財産犯であることから財産的利益に限られるべきであるとする見解も有力であるが、判例[4]・通説は、背任罪における財産犯の要素は「財産上の損害」要件で満たされているとして、利益・損害が財産的なものに限られないとしている。実際、不正融資の事案では、被告人の自己の信用の失墜や責任追及を免れることといった目的（自己保身目的）によって自己図利目的が認められている[5]。

第3節　図利加害目的の意義

第1款　問題の所在
　より重要な問題とされているのは、図利加害目的自体の意義である。条文から明らかなように、図利加害目的の三つの目的は、そのどれか一つが認められれば背任罪を成立させるに足る。他方、背任罪は故意犯である以上、「財産上の損害」要件についての故意が必要である。そのため、とりわけ本人加害目的と財産上の損害の故意とが重複しかねないこととの関係で、図利加害目的自体がどのような意義を持つのかが問題となってきた。

（4）　大判大正3年10月16日刑録20輯1867頁（一般論としては利益と損害の双方について判示しているが、実際には「利益」のみが問題となった事案）、最決昭和63年11月21日刑集42巻9号1251頁など。なお、「損害」については、本書第2編第2章第1節も参照。

（5）　このような自己保身目的も、突き詰めれば財産上の利益を得る（又は不利益を免れる）目的と説明することも可能かもしれない。もっとも、重要なのは、自己保身により生じる可能性のある財産上の利益の有無を認定することなく、端的に自己保身目的によって背任罪の成立を認めることを可能にすることである（青柳文雄『刑法通論II各論』（泉文堂、1963年）549頁以下参照）。

192　第3編　背任罪の図利加害目的について

第2款　学　説

　この点についての学説は多岐にわたる[6]。まず、図利加害の事実の未必的認識、あるいは、認識・認容で足りるとする見解があるが[7]、この理解によると図利加害目的の意義がなくなってしまうとされ、ほとんど支持されていない[8]。現在では、図利加害目的に認識・認容を超えた、あるいは、それとは別の何らかの独自の意義を求める見解が多数である。その内容は様々であり、まず、図利加害の確定的認識[9]や意欲[10]に着目する見解がある。また、図利加害目的の内容を動機と解する見解も、積極的な図利加害の動機を必要とする積極的動機説[11]と、本人の利益を図る動機がないことをその内容と

（6）　学説の詳細・展開については、大塚仁ほか編『大コンメンタール刑法13巻〔第3版〕』（青林書院、2018年）335頁以下〔島戸純〕、上嶌一高『背任罪理解の再構成』（成文堂、1997年）255頁以下、川崎友巳「特別背任罪における『図利加害目的』」高橋則夫ほか編『刑事法の理論と実践』（第一法規、2002年）423頁以下など。

（7）　牧野英一『刑法各論下巻』（有斐閣、1968年）750頁（認識）、小野清一郎『新訂　刑法講義各論』（有斐閣、1950年）273頁（認識・認容）など。両説の違いは、未必の故意に関して各論者の拠って立つ見解に相応するとの分析がある（団藤重光編『注釈刑法6巻』（有斐閣、1986年）321頁〔内藤謙〕）。

（8）　宮本英脩『刑法大綱〔第4版〕』（弘文堂、1935年）394頁は、「背任行為である以上は、〔図利加害〕何れかの予見に基づかないものは一もあり得ない」として、「利得罪と毀棄罪とで犯罪類型を区別し、そしてこれに対する処分を異にする場合に、はじめてその必要があるのであって、既に二者を併せて単一類型と為した以上は、全然無意義なものといわなければならない」とする。

（9）　この見解について、図利加害目的の意義を心情要素である動機と解し、そうである以上は、図利加害の確定的認識が必要であるという論拠が多いが（江家義男「背任罪の解釈学的考察」『江家義男教授刑事法論文集』（早稲田大学出版部、1959年）201頁、大場茂馬『刑法各論上巻』（中央大学、1918年）732頁以下、川端博『刑法各論講義〔第2版〕』（成文堂、2010年）432頁、曽根威彦『刑法各論〔第5版〕』（弘文堂、2012年）187頁、平野龍一ほか編『注解特別刑法第4巻〔第2版〕』（青林書院、1991年）23頁〔佐々木史郎〕、伊藤榮樹ほか編『注釈特別刑法第5巻』（立花書房、1986年）131頁〔伊藤榮樹〕など）、目的の内容が動機であることと確定的認識を要求することは論理必然ではないとされていることもあり（団藤重光『刑法綱要各論〔第3版〕』（創文社、1990年）656頁）、別の観点から、確定的認識を要求する見解もある（大塚仁『刑法概説各論〔第3版増補版〕』（有斐閣、2005年）327頁、大谷實『刑法講義各論〔新版第5版〕』（成文堂、2019年）334頁など。また、田中利幸「背任罪における図利加害目的の意義」西田典之ほか編『刑法の争点』（有斐閣、2007年）209頁も参照）。

（10）　滝川幸辰『刑法各論』（世界思想社、1951年）171頁、内田文昭『刑法各論〔第3版〕』（青林書院、1996年）348頁以下、平川宗信「背任罪」芝原邦爾ほか編『刑法理論の現代的展開　各論』（日本評論社、1996年）247頁（同時に、判例のように考えるのであれば要件から削除するのが合理的とする）、藤木英雄『刑法講義各論』（弘文堂、1976年）348頁、団藤編・前掲注（7）322頁〔内藤〕（確定的・蓋然的認識も必要とする）など。

（11）　佐伯仁志「背任罪」法学教室378号（2012年）107頁以下、芝原邦爾『経済刑法研究（上）』（有斐閣、2005年）183頁以下、斎藤信治『刑法各論〔第4版〕』（有斐閣、2014年）194頁、松

する消極的動機説がある[12]。さらに、近時有力な見解として、図利加害目的の意義を、任務違背を基礎付ける事実を未必的に認識していたとしても違法性がないと判断する場合に、背任罪の成立を否定することにあるとして、任務違背についての違法性の錯誤の場合を特別に救済する機能に求める見解（実質的不利益性認識説）[13]も主張されている。その他に、図利目的と加害目的とで必要な主観的要素を区別する見解もある[14]。

第3款 判 例

続いて、図利加害目的の意義についての判例の展開は、おおむね以下のようにまとめることができる[15]。

まず、本人の利益を図る目的（動機）をもった行為には背任罪が成立しないという判断が大審院時代よりなされている[16]。そして、本人図利目的と、自己・第三者図利目的が併存している場合、いずれの目的が主であるか（目的の主従）によって図利加害目的が判断されるとした一連の判例が存在する[17]。このように目的の主従を判断する手法は、その内容を動機と解さなければ不可能であるとして、判例は動機に着目していると評価されていた[18]。

原芳博『刑法各論』（日本評論社、2016年）344頁以下。

(12) 中森喜彦『刑法各論〔第4版〕』（有斐閣、2015年）161頁、伊東研祐『刑法講義各論』（日本評論社、2011年）233頁、佐久間修『刑法各論〔第2版〕』（成文堂、2012年）249頁、高橋則夫『刑法各論〔第4版〕』（成文堂、2018年）417頁、西田典之著・橋爪隆補訂『刑法各論〔第7版〕』（弘文堂、2018年）279頁、関哲夫『講義刑法各論』（成文堂、2017年）325頁以下。なお、消極の動機説を採り、自己・第三者図利や本人加害の内容を財産上のものに限定する見解として、前田雅英『刑法各論講義〔第7版〕』（東京大学出版会、2020年）293頁、橋本正博『刑法各論』（新世社、2017年）304頁。

(13) 上嶌・前掲注（6）270頁以下。

(14) 団藤・前掲注（9）655頁以下、福田平『全訂 刑法各論〔第3版増補〕』（有斐閣、2003年）288頁以下、松宮孝明『刑法各論講義〔第5版〕』（成文堂、2018年）302頁など。

(15) 品田智史「判批」山口厚ほか編『刑法判例百選Ⅱ〔第7版〕』（2014年）147頁参照。なお、松宮・前掲注（3）444頁以下は、判例が自己保身目的の場合に図利加害目的を認めていることから、判例は、同要件の意味をほとんど有名無実化させてしまったと評価する。

(16) 前掲大判大正3年10月16日、大判大正15年4月20日刑集5巻136頁など。

(17) 大判昭和7年9月12日刑集11巻1317頁、最判昭和29年11月5日刑集8巻11号1675頁、最決昭和35年8月12日刑集14巻10号1360頁（いずれも図利加害目的を肯定している）。

(18) 香城敏麿「背任罪」芝原邦爾編『刑法の基本判例』（有斐閣、1988年）159頁。

194　第3編　背任罪の図利加害目的について

　そのようななかで、特別背任罪に関する前掲最決昭和63年11月21日[19]が登場する。同判例は、「背任罪における図利加害目的を肯定するためには、図利加害の点につき、必ずしも所論がいう意欲ないし積極的認容までは要しないものと解するのが相当」として、意欲が必要との立場をとらないことを示したが、それ以上に図利加害目的についての意義を示すことはしなかった。もっとも、同判例は、被告人が任務違背行為に出たのは、本人の利益を図るためではなく、自己の信用面目が失墜するのを防止するためであると認定しておきながら、最終的に、自己図利目的ではなく第三者図利と本人加害目的を認めており、このことから、消極的動機説に親和的であるとの指摘がされてきた[20]。

　さらに、最決平成10年11月25日刑集52巻8号570頁は、第三者への利益を与えることになることを認識しつつ、あえて融資をおこなったこと、及び、本人の利益を図る動機が融資の決定的な動機ではないということから、本件融資は、主として第三者の利益を図る目的をもって行われたとした。ここで、最高裁は、はじめて図利加害目的の判断の際に「動機」という言葉を用いた一方で、積極的な図利加害の動機について言及することなく、第三者図利の認識・認容と、本人図利動機が決定的ではなかったことの二点から、第三者図利目的を認めている[21]。

　最後に、最決平成17年10月7日刑集59巻8号779頁（イトマン不正融資事件）は、自己・第三者図利目的と加害目的が併存するとされた事案において、「被告人が本件融資を実行した動機は、本人の利益よりも自己や第三者の利益を図ることにあったと認められ、また、本人に損害を加えることの認識、認容も認められるのであるから、被告人には特別背任罪における図利目的はもとより加害目的をも認めることができる」と判示しており、本人加害の動

---

(19)　この時点での特別背任罪は、刑法典の背任と図利加害目的の文言を微妙に異にするが、同じ内容であると一般的に理解されている（会社法成立後、同様の文言になった）。

(20)　なお、第三者図利と本人加害については、被告人が「熟知」していたとの認定がなされている。また、公訴事実には第三者図利目的のみが記載されていた。

(21)　本判例は、第三者図利の確定的認識が認められる事案でありながら、その旨を指摘せず「認識しつつ、あえて」という表現を用いていることから、確定的認識を必要としない判断を示したものとも解されている。

機について認定することなく、加害目的を肯定している[22]。

　以上より、とりわけ近時の判例は、消極的動機説に親和的なものと一般的に理解されている。そのことを前提に、実務における具体的な図利加害目的の判断手法の特徴として、まず、任務違背行為を行い、それによって本人に損害を与えている以上は、被告人の図利加害目的の存在が合理的に推認されると考えられている[23]。また、本人の利益を図る動機の有無が決定的である以上、その利益の内容や必要性等が重要であるが、その判断の際には、本人の利益の客観的な実現可能性が重要で、利益実現の高度の可能性を認識していないと評価される場合は、行為者が抱いているのは単なる希望や願望に過ぎず、背任罪の成立を否定すべき動機とはいえないとされている[24]。

第4款　消極的動機説

　消極的動機説の内容について、もう少し詳しく見てみることにしたい。消極的動機説は、行為者が本人の利益を図る場合、裁判例が伝統的に図利加害目的を否定して不可罰にしてきたことに着目した見解であり、裁判例の分析に基づいて、図利加害目的の意義を、本人の利益を図る動機がある場合を背任罪の処罰範囲から排除する機能を持つものであるとする[25]。同見解によれば、図利加害目的の内容は「図利加害の認識・認容があり、かつ、本人図利の動機がないこと」とされ、自己・第三者図利、本人加害の区別は各認識の有無によってなされることになる。

　消極的動機説は、事務処理者が、故意に任務に反して本人に損害を加えれば、図利加害の動機も本人図利動機も認められない場合であっても背任罪に

---

(22)　本件では、図利加害の確定的認識の有無が争点となり、結論としてそれが否定されているにもかかわらず図利加害目的が認められているので、図利加害目的において確定的認識を必要としないとの考えが一層明確となったとされている（上田哲・最判解刑事篇平成17年度380頁以下、上嶌一高「判批」ジュリスト1372号（2009年）190頁以下）。

(23)　品川しのぶ「背任罪における図利加害の目的について」警察学論集71巻3号（2018年）109頁参照。この旨を明示する裁判例として、京都地判平成22年7月29日判例秘書L06550400がある。

(24)　上嶌・前掲注（6）273頁以下、品川・前掲注（23）112頁。

(25)　香城敏麿「背任罪の成立要件」阿部純二ほか編『刑法基本講座第5巻』（法学書院、1993年）265頁。

196　第3編　背任罪の図利加害目的について

よる処罰を認めるという点で、積極的動機説と結論を異にする[26]。積極的な図利加害と本人図利のいずれの動機も存しない場合（及び、両動機に主従の関係がない場合）については、任務違背により本人に害を加えることを正当視する理由がないという価値判断を前提とするものである。言い換えれば、同じ任務違背を前提とした場合に、自己保身の積極的動機の場合と怠慢の場合との間に処罰・不処罰を限界付けるほどの差異を見つけることは難しいという評価をしているともいえる[27]。

　もっとも、これまでの判例で、実際に前記のような限界事例において処罰を認めたものは存在しないとされる[28]。また、検察官は、図利加害の積極的な動機を公訴事実に記載して立証するのが通常であるという実務家の指摘がある[29]。

　目的の主従を比較して図利加害目的を判断するという、従来判例においてとられている手法について、その目的を動機と解するのであれば積極的動機説に帰着するという意見もある。それによれば、動機を比較している最高裁も、実際には積極的動機説の方に適うのであって、消極的動機説は事実認定論に過ぎないとされる[30]。さらに、本人図利の動機が決定的ではないにしても存在しているような事案は、消極的動機説が念頭においている状況とは異なるとの指摘もある[31]。

　確かに、最高裁は、本人図利動機と図利加害の動機を比較して図利加害目

---

(26)　証明責任との関係では、本人の利益を図る動機が決定的でないことを、合理的疑いを超えて証明した場合に背任罪を認めることになる（品川・前掲注（23）107頁参照）。

(27)　中森・前掲注（12）161頁。これに対して、佐伯・前掲注（11）108頁、斎藤・前掲注（11）194頁。

(28)　前掲最決平成10年11月25日がそのような事案であるともされるが、積極的動機説からも同事案で背任罪の成立を認めることは可能であるとの指摘がある（今井猛嘉「判批」芝原邦爾ほか編『刑法判例百選Ⅱ〔第5版〕』137頁）。この点について、本書第5編第3章第1節も参照。

(29)　木口信之「背任罪における図利加害目的の意義とその認定について」『小林充先生・佐藤文哉先生古稀祝賀刑事裁判論集　上巻』（判例タイムズ社、2006年）448頁以下、品川・前掲注（23）107頁など。

(30)　今井・前掲注（28）137頁、山口厚ほか「〔座談会〕現代刑事法研究会⑥　背任罪」ジュリスト1408号（2010年）143頁以下〔今井猛嘉発言、渡辺咲子発言〕。

(31)　青柳勤・最判解刑事篇平成21年度526頁以下。これに関連して、消極的動機説について、「本人図利目的」が存在しないことが背任罪成立の条件であることを裏から述べた見解である、という表現が不適切であることを指摘するのは、松宮・前掲注（14）310頁。

的の存否を決しているが、前述の通り、最終的な図利加害目的の特定においては、例えば、積極的加害の動機がなくとも、本人加害の認識のみで加害目的を認めている。その意味で、目的の主従の比較は、主たる動機が本人の利益を図るものであったかという意味に理解することになるであろう[32]。

以上のように考えると、消極的動機説は、「図利加害の認識があり、かつ、本人図利の動機が決定的（主たるもの）ではない」場合に図利加害目的を認める見解ということになる。もっとも、消極的動機説の出発点、すなわち、本人図利の動機が（決定的で）ある場合に背任罪の処罰が否定される理由については、実は必ずしも明確ではない。この点について、以下で若干の検討を行う[33]。

---

(32)　井田良『講義刑法学・各論〔第2版〕』（有斐閣、2017）320頁。消極的動機説を唱えた香城・前掲注（18）159頁も、目的に主従がない場合と目的がない場合を併せて当罰的であるとの価値判断を行っている。ただし、目的の主従を比較した判例は、「動機」ではなく「目的」の主従の比較により図利加害目的を認めており、本文のような判断手法と厳密に一致しているとはいえない。この点、「目的」と「動機」の使い分けについて指摘しているのは上田・前掲注（22）381頁以下。

(33)　その他に同説に対する批判として、①条文の文言にそぐわない、②処罰範囲が拡大する（図利加害の動機も本人図利の動機もない場合は、民事責任に任せればよい）などが挙げられている。このうち、①については、文言にそぐわないことは事実であり、あとは、可能な文言解釈の範囲にとどまっているという評価を前提に、消極的動機説を採る実益が示される必要があろう（この点について、島田聡一郎「背任罪に関する近時の判例と、学説に課された役割」ジュリスト1408号（2010年）121頁）。また、②については、確かに、背任罪の成立要件を充たしていても民事責任に任せることで足りるであろう事案も実際は少なくないとは思われるものの、他方で、積極的動機がない事案について常に刑罰を科す必要がないとまではいえず、また、他の経済犯罪が動機のみを処罰・不処罰の基準としているわけではないことと平仄が合わないように思われる。

第3章　検　討

第1節　他の財産犯における「本人の利益を図る動機」

背任罪において「本人の利益を図る動機があれば処罰しない」のは何故なのか、そして、どのような意味をもつのか。この点を検討するために、まず、他の財産犯において「本人の利益を図る動機」（あるいは、本人の利益を図る行為）がどのように取り扱われているのかを考えたい。

第1款　横領罪

委託信任関係に反する罪として背任罪と一括りにされることの多い横領罪においては、「専ら本人のため」の処分であれば不法領得の意思を欠くとする一連の判例が存在する[34]。判例は、ここで「専ら本人のため」という表現を用いており、背任罪における「本人の利益を図るため（動機）」という表現と使い分けているように見える[35]。加えて、「専ら」本人のためであるかどうかは、目的（動機）の主従によって図利加害目的を判断する方法とは異なるはずである。学説は、「専ら本人のため」であれば横領罪の成立を否定する判例の結論自体にはおおむね賛成しているものの[36]、横領の意義の理解が必ずしも統一されていないこともあり、その理論的説明は様々である。

---

(34)　最判昭和28年12月25日刑集 7 巻13号2721頁、最判昭和33年 9 月19日刑集12巻13号3047頁、同刑集12巻13号3127頁、最決平成13年11月 5 日刑集55巻 6 号546頁（結論的には不法領得の意思を肯定）。前掲大判大正15年 4 月20日も「専ら」という表現は用いていないが、同様の判例として挙げられることが多い。

(35)　山口厚ほか・前掲注（30）145頁〔山口厚発言〕。

(36)　小野・前掲注（ 7 ）265頁以下、団藤・前掲注（ 9 ）630頁以下、中森・前掲注（12）153頁、西田・前掲注（12）263頁など。他方、本人のためでも、違法な目的や禁令の趣旨に明らかに違反して行われた場合には横領罪を認めなければならないとするのは、大塚（仁）・前掲注（ 9 ）305頁。

また、判例自身についても、「（専ら）本人のための行為なので不法領得の意思を否定する」という表現は同じでも、その具体的内容としては複数のものがあるという整理もある[37]。

まず、「本人のため」とは、本人の利益を図ることを必ずしも含意するものではなく、いわゆる横領と背任の区別の文脈において横領を否定する根拠となる「本人の計算」と同じ意味であるという理解が、有力に主張されている[38]。例えば、前掲最判昭和28年12月25日が、農業協同組合の内部関係においては事業に属しない貨物営業のため組合資金を支出した事案につき、「支出が何人のためになされたものであるかとの点について何ら判断を示すことなく、直ちに業務上横領罪を構成すると判示し」た原判決を差し戻したのは、そのような理解に沿ったものと評価することもできる。また、横領ではなく背任罪が成立するとした判例について、「本人のため」にする意思による処分について領得の意思を欠くとしたものであるという評価も存在する[39]。このような理解に従えば、横領罪の「専ら本人のため」とは、背任罪の場合の「本人の利益を図るため」と全く別物ということになり、「専ら本人のため」として横領罪が否定されても、本人の利益を図る動機が決定的ではないとして背任罪が成立する場合が出てくる[40]。そのような例とし

（37）　前掲最判昭和33年9月19日の二つの判例は、いわゆる納金ストの事案に関するものであり、会社のためではなく労働組合のためであったとして、そもそも「本人のため」と評価してよいかについて疑問が呈されているほか、財物の一時保管でその間は一切預金を利用するつもりがなかったというものであって、実態は不可罰の一時利用として権利者排除意思が否定される事案であったという評価がある（鎮目征樹「判批」山口厚ほか編『刑法判例百選Ⅱ〔第7版〕』（2014年）135頁、橋爪隆「横領行為の意義について」法学教室439号（2017年）90頁参照）。この問題に関する判例の分析として、十河太朗「本人のためにする意思と委託物横領罪」研修892号（2022年）3頁以下。

（38）　島田・前掲注（33）121頁、小林憲太郎「会社財産の横領」法学教室395頁（2013年）85頁以下（権利者排除意思の問題とする）、穴沢大輔「不法領得の意思における利用処分意思についての一考察（4・完）」明治学院大学法学研究93巻（2015年）260頁以下、大塚裕史ほか『基本刑法Ⅱ各論〔第2版〕』（日本評論社、2018年）301頁以下〔十河太朗〕。また、藤木・前掲注（10）333頁、338頁（横領を、物に対する越権処分と理解する）。

（39）　牧野英一『日本刑法　下巻各論〔重訂版〕』（有斐閣、1938年）446頁以下参照（ただし、そこで挙げられている大判昭和8年3月16日刑集12巻279頁、大判昭和9年7月19日刑集13巻988頁のいずれも、「本人のため」という表現を用いているわけではない）。

（40）　横領と背任の区別についての通説的理解に従うのであれば、事務処理者が横領行為を行う場合には、通常、任務違背行為も行われていることになる。

200 第3編 背任罪の図利加害目的について

て、自己保身目的の不良貸付の事例が挙げられている[41]。

　他方で、判例のなかには、「（専ら）本人のため」の処分として横領が否定される場合に、同時に、背任罪の図利加害目的を否定しているものもある。例えば、寺院の住職が震災で破損した庫裡を補修するため仏像を処分した事案について、前掲大判大正15年4月20日は、被告人が自己の代表する寺院の物を同寺院のために処分したことを理由に、不法領得の意思を否定すると共に、図利加害目的も否定する。この事案においては、（「代表する」とはあるものの）客観的には横領行為に該当することが認められており、本人の経済的利益を図ったことが背任罪だけではなく横領罪を否定したものと理解されている。同様に、大阪高判昭和45年4月22日判タ249号274頁は、特定郵便局長である被告人が、自局の支払準備資金の基準高に関する実績を作るため、貯金の払出高を増加させる手段として、郵便貯金に預入した自己振出の小切手が決済されないうちに、郵便貯金法の規定に違反して、右小切手金額に相当する現金を業務上保管中の公金から払い出し、その払い出した金員をもって自己振出小切手の決済資金にあてた事案について、「〔行為者には〕これにより自己の経済的利益を図る意思がなく、もっぱら、同局における支払準備資金を増加させることにより多額の預金の払いもどし請求にも即時応ずることができるように貯金者の便宜を図り、ひいて郵便貯金を増加させ、郵便貯金事業の推進を図る目的でなされたものと認めるのが相当であるから、その目的達成の手段としてなされた右小切手決済前の払出行為は、不法領得の意思を欠き、業務上横領罪を構成しない」として、明らかに「本人の計算」と評価できない行為であっても、「本人のため」であることを理由に横領罪の不法領得の意思を否定している。さらに、この問題に関する裁判例の多くは、「本人のため」かどうかを判断する際に、自己の利益を図るものではないことを挙げ、その自己の利益を図ることを「自己のため」と言い換えたりもするので、「本人のため」も「本人の利益を図るため」と同視していると評価することも可能かもしれない[42]。実際、本人の利益を図る意思と「本人の

---

(41)　小林・前掲注（38）87頁。
(42)　前掲最決平成13年11月5日は、「専ら本人のため」かどうかを判断する際に、行為者に本人の不利益を回避する意図があったことを挙げており、後藤眞理子・最判解刑事篇平成13年度

ため」を明らかに同視している裁判例もある[43]。

　学説の多くも、同様の理解をしているものと解される[44]。この場合、行為者が委託の趣旨に反した行為をしていても、本人の利益を図る動機があれば横領罪の成立を否定することになるが、その根拠はどのようなものであろうか。この点、財産的損害を加える意思がないとの指摘もあるが[45]、横領罪は全体財産に対する罪ではないため、損害の発生が要件かどうかについては疑問が呈されており、また、非財産的な利益を図っている場合の説明はつかない[46]。他方、「専ら本人のため」を「本人の利益を図る動機」と解しながら、あくまで不法領得の意思の一般論に基づいて説明しようとする見解もある。「専ら本人のため」とは、専ら本人の利益を図る意思であり、経済的利益を自己または第三者に帰属させる意思がない場合で、消極的に利用処分意思の不存在を示しているというものである[47]。このように考えると、横領の「本人のため」と背任の「本人の利益を図る動機」とは全く違う要請から来る基準であり、たまたま内容が類似しているだけと整理されることになる[48]。

　最後に、「専ら本人のため」を、委託信任関係違背、あるいはその認識を欠く場合と理解する見解もある[49]。この場合、委託信任関係違背（の認識）

　　177頁以下は、この意図を「本人のためのものと評価でき」るとしている。また、本判例の「専ら本人のため」の判断方法は、図利加害目的の「本人の利益を図る動機」のそれと類似しているといえる。もっとも、「本人の計算」かどうかを判断する際にも、本人に利益が帰属するかどうかは考慮事情の一つとしても考えられるので、本文の二つの理解の区別は簡単ではない。

(43)　大阪高判昭和32年12月18日裁特4巻23号634頁。

(44)　井田・前掲注（32）308頁、曽根・前掲注（9）168頁、中森・前掲注（12）153頁、大塚仁ほか編『大コンメンタール刑法13巻〔第3版〕』（青林書院、2018年）598頁以下〔小倉哲浩〕。

(45)　島田・前掲注（33）121頁。また、同様の内容を推定的同意の問題と解するものとして、林幹人『刑法各論〔第2版〕』（東京大学出版会、2007年）368頁以下、杉田宗久「横領罪と不法領得の意思」佐藤道夫編『刑事裁判実務体系　8』（青林書院、1991年）485頁。

(46)　行為者の動機が本人図利に尽きることを理由に例外的に不法領得の意思が阻却されているとするのは鎮目・前掲注（37）135頁。

(47)　橋爪・前掲注（37）90頁以下。

(48)　実際、図利加害目的と不法領得の意思は内容を全く異にする。図利加害目的は毀棄行為も含むというだけではなく、図利目的と不法領得の意思との対応もない。

(49)　関・前掲注（12）299頁、橋本・前掲注（12）288頁以下。なお、越権行為説の立場からも、本人のための行為であれば実質的に権限逸脱がないなどとして、不可罰の結論を承認する見解もある（植松正『再訂　刑法概論Ⅱ各論』（勁草書房、1976年）446頁）。

が欠ける以上、横領罪だけではなく背任罪も成立しないことになる。しかし、無権限などを理由として本人の意思に反しているはずなのに、本人の利益になる行為であれば委託の趣旨に反しないと評価されることには、財物をどのように利用・処分するかは所有権者が自由に判断できるという観点から、疑問が呈されている[50]。

　以上のように、横領罪における「専ら本人のため」とは、判例上は複数の内容が同居しているもので、また、学説の考え方も様々である。「本人のため」と「本人の利益を図る動機」を別々の内容であると解した場合、両者はたまたま類似しただけであるということになり、背任罪の「本人の利益を図る動機」を探る手がかりとはならない。また、両者が「本人の利益を図る動機」や委託信任関係違背の不存在という意味で一致した場合、横領罪の不法領得の意思に関する理解からは異質な要素が含まれているのであって、むしろ、背任罪における「本人の利益を図る動機」の理解が横領罪に影響を及ぼしたとも評価し得る。

第2款　移転罪

　移転罪については、この問題はあまり検討されてきたことはないと思われる。例えば、「Xが、金が欲しいと嘆いている友人Aのために、Aの持つ家宝の壺を勝手に持ち出して売却しその金を渡した」などという事例を想定してみると、この場合、Aには損害がないという考えもあり得るかもしれないが、移転罪において損害が要件かどうかについては争いがある。

　横領罪の場合に考えられていたように、行為者には本人の利益を図る動機しかなく、利用処分意思はないとして不法領得の意思を否定することは可能かもしれない[51]。もっとも、その場合には毀棄罪としての可罰性が残されている。その他に、例えば緊急避難による違法性阻却も考えられるが、より多い財産的価値をもたらすからといって処分の自由を害した場合に、直ちに

---

(50)　橋爪・前掲注（37）90頁。
(51)　穴沢・前掲注（38）264頁は、「本人のため」を「所有者でなければできない処分」の問題とした上で、窃盗罪の場合は、委託関係に基づいた占有から生じる本人のためにする意思とは状況が異なるとする。

第3章　検　討　　203

緊急避難は肯定されないものと解される。

第2節　客観的構成要件と「本人の利益を図る動機」の関係

第1款　財産上の損害と「本人の利益を図る動機」

　以上の点からすれば、「本人の利益を図るため（動機）」は背任罪独自の問題として検討することが必要であるように思われる。その場合、背任罪の客観的構成要件において、「本人の利益を図ること」の意味を検討するアプローチが有用である[52]。

　まず、結果要件である「財産上の損害」については、既に述べたとおり、その認識と本人加害目的との関係が問題とされてきた。もっとも、判例・通説のように、図利加害目的の「利益」と「損害」に非財産的なものも含める場合、両者の重複は必然ではない。行為者が、本人の財産上の損害発生の未必の認識を有していたとしても、同時に、本人に非財産的な利益が発生する可能性を行為者が認識していたとしたら、加害目的が否定される可能性が出てくるためである。言い換えれば、財産的利益・不利益、非財産的利益・不利益の総合考慮で最終的に「損害」（本人の不利益）を判断しそれを認識している場合に限って図利加害目的を肯定するのであれば、財産上の損害要件の認識との重複の問題は常に生じるわけではない[53]。

第2款　任務違背と図利加害目的の関係

　むしろ、そのような非財産的利益・不利益を持ち出す場合には、「本人の利益を図る」ことと背任罪の行為態様である任務違背要件（の認識）との関係が問題になる[54]。この点は、任務違背の判断手法と密接に関連する。

---

(52)　このような検討方法について、既に上嶌・前掲注（6）267頁以下。

(53)　上嶌・前掲注（6）268頁以下、上田・前掲注（22）384頁以下も参照。

(54)　任務違背は規範的構成要件であり、その認識は、任務違背を基礎付ける事実の認識で足りるとされているが、任務違背について、事実の認識だけではなく任務違背である旨も認識している必要があるように見えるものとして、大判大正3年2月4日刑録20輯119頁がある。また、学説においては、図利加害目的の内容の議論とは別に、任務違背について確定的認識を要求する見解も主張されている（木村・前掲注（3）24頁、藤木・前掲注（10）348頁、大谷・前掲注（9）333頁など）。

204　第3編　背任罪の図利加害目的について

　任務違背の判断について、かつては法令・定款・内規等の形式的な違反の
みでそれを認めるという見解が有力に主張されていた。同見解によれば、行
為が本人にとって実質的に利益か不利益かという問題は、背任行為の実質的
な違法性の問題として、図利加害目的要件の中で考慮されることにな
る[55]。もっとも、学説の多くは、任務違背要件は、形式的な法令の違背を
手がかりとしながらも、実質的に判断されるべきとしている[56]。また、裁
判例においても、かつては、形式的な違反のみで任務違背を認めたものが多
かったが、最近では、形式的な違反だけで任務違背を認めるものはほとんど
なく、任務違背を実質的に判断する傾向にある[57]。

　そのように任務違背を実質的に判断する場合の基準として、事務処理者の
行為が実質的に本人にとって不利益かどうかで判断するという見解が有力で
ある[58]。ここでの不利益とは、必ずしも、構成要件結果である「財産上の
損害」が発生する危険性のみに限られるわけではなく、もう少し具体的な検
討を必要とする。

　構成要件結果である「財産上の損害」は、任務違背により生じた（経済的
見地に基づく）財産のプラスとマイナスの比較により決せられるが、その際、
将来の財産変動の可能性が全て考慮されているわけではない。そのような

---

(55)　西田・前掲注（12）277頁、伊藤（榮）ほか・前掲注（9）133頁〔伊藤（榮）〕など。ま
　　た、伊藤亮吉『目的犯の研究序説』（成文堂、2017年）283頁以下も参照。
(56)　形式説の論者も、形式的規定の有無がなければ任務違背がないとしているわけではなく、そ
　　のような違反がない場合には、実質的判断によって任務違背が認められる可能性を想定して
　　いる。このような場合、善管注意義務や任務懈怠責任のような規範の違反を法令違反として考
　　えているという言い方もできるかもしれないが、それはもはや形式的判断とはいい難い。この
　　点について、本書第1編第1章第3節第2款第1項参照。他方、形式的規定とされていたもの
　　の一部が、後述する本人の意思を画する機能を果たす可能性はある。
(57)　例えば、東京高判平成19年12月7日判時1991号30頁は、入札談合への加功という明白な法令
　　違反行為から直接に任務違背を導かず、一括発注から分割発注にすることにコスト面で合理性
　　が一切認められないということを任務違背の根拠とする。また、最高裁も、図利加害目的より
　　も任務違背の段階での判断に比重を置いているように見える（最判平成16年9月10日刑集58巻
　　6号524頁、最決平成21年11月9日刑集63巻9号1117頁など）。以上について、品田智史「最近
　　の裁判例に見る背任罪をめぐる諸問題」刑事法ジャーナル31号24頁以下（2012年）、島田聡一
　　郎「背任罪における任務違背行為」植村立郎判事退官記念論文集編集委員会編『植村立郎判事
　　退官記念論文集第1巻第1編　理論編・少年法編』（立花書房、2011年）241頁以下参照。
(58)　上嶌・前掲注（6）269頁、木口・前掲注（29）448頁、大森忠夫ほか編『注釈会社法（8）
　　のⅡ』（有斐閣、1969年）390頁〔藤木英雄〕。

（通常、長期的な観点に基づく）可能性は任務違背判断において考慮されるのが通常であるが、財産上の損害を惹起させた任務違背行為の特定との関係で、本人の財産状態を変動させる可能性を持ちながらも任務違背判断においては考慮されない事情が存在することがある。例えば、「Ａ社社長Ｘは、Ａ社の新規事業開拓のために、革新的な製品を開発中のＢ社に無担保で融資を行ったが、開発は失敗し融資は回収できなかった」という事例で、Ｘは無担保の不良貸付を行っており、その点だけを見れば任務違背に該当するとの評価も可能であるが、その際に、融資先の開発の成功見込み、及び、それに関連する事情を任務違背判断において考慮するのであれば、本人にとってトータルでは不利益な処分ではないという可能性もあり得る。

　次に、任務違背の「不利益」判断において、行為により生じ得る非財産的利益・不利益も考慮するかどうかも問題となる。「Ａ社社長Ｘは、Ａ社の会長であるＹのスキャンダルを理由に暴力団員Ｚから金銭の交付を要求され、スキャンダルが発覚すればＡ社のイメージに傷がつくと考え、Ｚからの要求に応じＡ社の資金をＺに渡した」という事例において、スキャンダル発覚によるＡ社のイメージダウンの可能性を、任務違背判断において考慮するのか、それとも、その点を除いて、例えば金銭交付自体の会計手続の不当性のみで任務違背を判断するのかが検討されなければならない。

　以上の事情をすべて任務違背判断において考慮する場合、任務違背判断は、行為により生じる財産的利益・不利益、非財産的利益・不利益を総合的に判断して、行為が実質的に本人にとって不利益かを判断することになる。

　さらに、任務違背判断の際には、本人の財産処分に関する意向を考慮するかという問題もある。前述のように、横領罪においては、委託信任関係違背の有無は本人の意向に沿うかどうかであり、本人に利益となるかどうかではないと考えられているが、背任罪においても、委託信任関係違背の有無、すなわち、任務違背の判断にとって、本人の意向を無視できないはずである[59]。このことは、背任罪が全体財産に対する罪であること、すなわち、任務違背行為の結果として本人の全体財産がマイナスになる必要があるとい

（59）　本書第１編第３章第２節、島田・前掲注（57）262頁以下。

うこととは別の問題であろう。「『実質的に』本人にとって不利益」という有力説の基準もこのことを含意しているように解される。以上の理解に従えば、本人にとってトータルでは利益となる処分（経済合理的な処分）であっても、本人の意向に反したという意味で、なお任務に違背するということはあり得るということになる。

第3節　「本人の利益を図る動機」の意義

以上のような任務違背に関する複数の判断手法との関係で、図利加害目的（あるいは本人図利の動機）が固有の意義を持つ状況を考察してみたい[60]。

第1款　任務違背を形式的に捉える場合

まず、任務違背を形式的に捉える場合、図利加害目的要件において、処分行為によって客観的に本人の利益になる（不利益にならない）可能性が検討されることになる。このような裁判例として、前掲大判大正15年4月20日が挙げられる。同判例は、「成規の手續を經ずして賣却」したことをもって任務違背を認定した上で、「木像三體を賣却して之に充てんと決意し後日調金したる上之を買い戻して再び寺院の所有に歸せしむべき意思を以て特に買戻の約款を附して賣却し其の代金の全部を右庫裡建設費に充てた」という事情から図利加害目的を否定している。

また、いわゆる不当貸付に関する事案として、前掲大阪高判昭和32年12月18日と、福岡高宮崎支判昭和33年5月30日裁特5巻6号249頁が挙げられる。前者は、農業協同組合の会計係として同組合の経理・金銭出納事務を担当していた被告人が、定期預金通帳を担保に金100万円を借り出し、定款に背き指定外の金融機関に組合の金銭を預け入れたが、預入先が倒産し回収不能となった事案について、「農業協同組合の会計係主任書記が組合総会の決議を経ることなく、定款に背き指定外の金融機関に組合の金銭を預け入れ

---

(60)　なお、積極的動機説を採用する場合であっても、任務違背判断においてどのような事情を算入するかを決定し、そこから漏れた事情を背任罪の可罰性判断でどのように扱うのか検討する必要があると解される。

ることは、組合長の内諾あるいは指示があつても、正当な行為とはいえず、その目的をもつて業務上保管にかかる預金証書等を処分することは、その任務に背いた行為である」とした上で、「被告人が本件預け替えをしたのは、前記のとおり組合長の指示に基き前例にならい、よつて得た利益を組合の会計に繰り入れ、これを組合職員の厚生資金等その他組合の諸経費に充当する意思であつたこと、すなわち本人たる組合の利益を図る意思であつた」として背任罪を否定している。後者は、農業協同組合常務理事の被告人が同組合の定款による業務の範囲外の貸付を行った事案について、「組合員以外の者に対する貸付は事業の範囲外の貸付となり、同組合役員が組合員以外の者に対し組合名義で貸付をすれば、組合の事業の範囲外の貸付をしその任務に背くものといわなければならない」として任務違背を認める一方、公共団体に対する貸付は結局組合のため必要でありまたその利益となるとして、本人の利益を図る目的になされたとして、背任罪の成立を否定する。

形式的な任務違背判断を行った裁判例の図利加害目的判断において特徴的なのは、一時的に財産が流出するという処分行為を内容とするものでありながら、当該財産処分により失われた財産（仏像や貸付金）が帰ってくる見込みについて詳細な判断がなされていない点である。すなわち、図利加害目的判断において、背任行為により本人の利益となる要素については言及があるものの、本人に実質的に不利益となる要素や両要素の関連性には触れられていない。これは、図利加害目的判断の近時の傾向とは明らかに異なるといえる。また、仮に、実際に失われた財産が戻ってくる確実な見込みがあったのであれば、そもそも財産上の損害（の故意）が欠けていた事案とも評価できるであろう[61]。

第2款　任務違背を実質的に判断する場合

次に、任務違背を実質的に判断する場合について検討する。実質的に任務違背を判断しようとする場合、前述の通り、その判断手法については色々な考え方があり得る。そのことは図利加害目的の意義にも影響を及ぼす。

---

(61)　上嶌・前掲注（6）274頁参照。

208　第3編　背任罪の図利加害目的について

　任務違背判断において、特定された「財産上の損害」を惹起した行為だけ
を判断の対象とし、それに関連する将来の財産状態変動の可能性に関わる同
時的・事後的事情を考慮から除く場合、そのような事情と併せてトータルで
見て本人に不利益があるかの判断が残ることになり、その部分を図利加害目
的要件が受け持つことになる[62]。このような手法を採用すると見られる裁
判例として、福岡地判昭和39年6月11日下刑集6巻5＝6号755頁がある。
同裁判例は、国鉄用地の買収、交換等の職務に携わっていた被告人が、国鉄
総裁が承認した土地の交換差金について、必要な承認を受けずに勝手に減額
したことが任務違背であり、その減額分が損害であるとした一方で、本件土
地交換の事業が焦眉の急務とされながらも多くの障害に妨げられて難航を重
ねた状況下で「早急に土地の交換を実現し国鉄の要望に応えんとする意図に
出でたものというべきもので国鉄の利益を図る目的に出でたもの」として、
第三者図利目的を否定した。ここでは、交換差金の減額という点をそれ単独
でみて任務違背とする一方で、それによって同時に得られる土地交換による
利益の部分を図利加害目的において判断している[63]。

　次に、広島高岡山支判平成29年4月19日裁判所ウェブサイトは、A社の
取締役である被告人が、商品開発のための資金としてB社に不良貸付を
行ったとして起訴された事案について、本件貸付に至るまでの一連の処理か
らすると、実質的には他者への売掛未収金として仮装されていた債権を本来
の項目であるB社に対する貸付金に改めたに過ぎず、それ自体によってA
社の財務状況を悪化させたわけではないと認定した上で、「本件貸付の任務

---

(62)　このような判断手法として、山口厚『問題探求刑法各論』（有斐閣、1999年）204頁以下（図
　　利加害目的については、動機ではなく故意の問題であるとする）。また、内田幸隆「判批」刑
　　事法ジャーナル5号（2005年）152頁、山中敬一『刑法各論〔第3版〕』（成文堂、2015年）462
　　頁以下参照。
(63)　類似の事案として、名古屋地判昭和52年9月30日判タ353号139頁がある（土地の購入につい
　　て慎重に検討せず過大な代金を支払ったとして任務違背を認める一方で、本件の特殊な背景と
　　して、空前の不動産ブームのもとにおいては、業績拡大の一手段として、優にその社会的存在
　　と経済的有用性を主張し得た取引であった点を挙げるなどして、図利加害目的を否定）。ま
　　た、東京地判平成23年11月30日判例秘書L06630562も参照（会社の代表取締役がコンサルティ
　　ング契約を仮装して契約相手等に振込み送金したとして起訴された事案において、仮にコンサ
　　ルティング契約の報酬が過大で任務違背に該当するとしても、それによって本人の利益を図る
　　動機が主であったとして特別背任罪を否定）。

違背性自体は認められる余地はあるものの、一連の処理自体により A 社の財務状況を悪化させたものではないし、本件貸付及び返済が会社内部での不良債権の発覚を免れる目的で行われたことをうかがわせる事情もないことからすると、仮に任務違背性が認められるとしても、その程度は大きいものであるとはいえない」とした。図利加害目的については、「任務違背行為に及ぶにあたって第三者の利益を図ることについての認識・認容があり、かつ、同行為に及んだ主たる動機が本人の利益を図るためではなかったと認められることが必要である」として消極的動機説に立脚した上で、その判断基準・方法として「本人の利益を図る動機の有無及び程度の認定に当たっては、被告人自身等の本人以外の者の利益を図る動機の有無・程度、任務違背行為の内容・程度、任務違背行為によってもたらされる本人の利益の内容・その実現可能性等を総合的に考慮して判断すべきである。」「本件貸付が A 社の利益を図る動機からなされたものか否かを判断するにあたっては、本件貸付の任務違背性の程度及び本件貸付によって A 社にもたらされる利益の内容、その実現可能性が問題となり、これらが総合的にみて見合ったものであったか否かという点が判断の分水嶺となる。すなわち、本件貸付の任務違背性の程度が高く、それによってもたらされる A 社の利益がその内容に乏しく、あるいは実現可能性が低いような場合には、本件貸付の主たる動機が A 社の利益を図ることになかったと認定することができるが、任務違背性の程度と A 社にもたらされる利益の内容・実現可能性が見合っているといえるような場合には、本件貸付の主たる動機が A 社の利益を図ることになかったと認定することはできないということになる」とした。そして、前記の通り、「仮に任務違背性が認められるとしても、その程度は大きいものであるとはいえない」と仮定的に任務違背を認める一方、本件貸付によって本人にもたらされる利益については、「新規事業のため多額の資金を投入したのに期待した結果が得られず、事後的に被告人の判断が誤っていたと評価されるとしても、この種の事業の経営判断において、このような一応の根拠のもと努力により成功することを期待するのは不合理ではな」いとして、新規事業の成功可能性を単なる希望的観測に過ぎないとした原判決の評価は不合理であるとした。最終的に、「本件貸付の任務違背性の程度は大きいものとはい

えないことを前提とすると、本件貸付により A 社の利益が実現する可能性について一応の根拠をもって被告人が期待していたといえる以上、本件貸付の任務違背性の程度が同貸付により A 社にもたらされる利益に見合っていなかったとまでは認めることはできない。そうすると、被告人が、本件貸付に及んだ主たる動機が、本人たる A 社の利益を図るためであった可能性を払拭することができず、第三者図利の目的を認定するには合理的な疑いが残るというべきである」とした。

　任務違背判断において財産上の利益・不利益のみを判断対象とする場合、非財産的利益・不利益も含めて総合的に見て不利益ではないかどうかの判断が残され、図利加害目的要件ではその部分を判断することになる[64]。この点について、大阪高判昭和29年 8 月25日裁特 1 巻 7 号273頁は、損害保険会社 A 社の取締役らが、自社の社長が選挙に立候補した際の選挙資金の立て替えのために会社財産から支出したという事案について、「社長が当選することによってはそれだけで会社宣伝の効果が大いに加わり、その他会社事業運営の諸分野において中央の情報収集についての便宜並びに会社の繁栄をもたらすことが必定であるとなし、この選挙こそは会社のためにする選挙であるとの信念の下に会社重役及び職員が選挙運動に奔走したのである」として、被告人らの行為は「右選挙に当選せしめることは会社に大なる利益をもたらす」意思で行われたため、専ら本人たる会社自身のためにする意思を以てなされたものと認められるとして、背任罪の故意と図利加害目的を否定している。

　以上のように、任務違背判断において、同時的・事後的な事情や、非財産的な事情を考慮しないという考え方をとっても、裁判例・学説のいずれも、これらの事情を可罰性の判断から取り除くことは考えておらず、図利加害目的が総合判断の場として機能している（あるいは、任務違背と図利加害目的の両者を併せて総合判断がなされている）。もっとも、この場合、結局最終的な判断の対象となっているのは総合的に見て「本人にとって不利益」かどうかであ

(64)　このような判断方法をとるものとして、橋爪隆「背任罪（ 2 ）」法学教室442号（2017年）92頁以下（消極的動機説を採用する）。

り、それをわざわざ切り離す必要はないという考え方も十分にあり得る[65]。実際、問題となった当該処分単独で任務違背を判断せず、それと関連する本人の利益となるような事情を含めて総合的に任務違背を判断した判例も存在する[66]。このような取扱いの差異は、検察官の設定した訴因や訴訟上の争点にも影響を受けるほか、不良貸付や、取引時の金額の過大・過少など、任務違背判断について事案の集積がある類型については、その基準を基に、通常の業務執行からの大幅な逸脱があり、それが特定された財産上の損害を惹起させたと評価できれば任務違背を肯定し、特殊な事情については別途図利加害目的の箇所で判断しているということなのかもしれない。

では、任務違背判断において、本人に発生する利益・不利益の総合衡量を行う場合、図利加害目的はどのような意義を持つであろうか。任務違背が事務処理者による裁量の限界を超えた実質的に本人に（トータルで）不利益な行為であるとするのであれば、自己の行為が本人の利益になることを基礎付ける事実について認識していることは、通常は任務違背の故意を否定することになる。その場合に、本人の利益を図るための行為であることを理由に処罰を否定するということの意味は、事務処理者が、本人の利益にならない不合理な行為であることを基礎付ける事実を認識しているにもかかわらず、なお本人の利益になると評価した場合になるであろう[67]。このような状況は観念的には想定できるものの、前述の「本人の利益を図る動機」に関する実務の判断手法にはそぐわないし、不可罰とする結論も妥当とはいえないように解される。また、このように考える場合、図利加害目的の独自の意義は存在しないということになる。

---

(65)　前掲広島高岡山支判平成29年4月19日について、安田拓人「判批」法学教室447号（2017）153頁は、「問題がどの要件に位置づけられるかは弁護人の争い方にも大きく左右されうる」と留保を付した上で、「実質的な任務違背性が欠ける」事案であったと評価する。

(66)　前掲最判最判平成16年9月10日。また、東京地判昭和41年2月15日判時459号10頁など（ただし、直接的には任務違背の故意を否定）。

(67)　上嶌・前掲注（6）270頁以下参照。本文のような心理状態と、任務違背の故意が存在しない場合とを区別して評価しなければならないことが極めて困難であるということが、実質的不利益性認識説の論拠となっている。しかしながら、なぜ背任罪においてのみ、違法性の錯誤について特別の基準を認めるのかは明らかではない。また、違法性の錯誤を特別に考慮するのであれば、安易に不利益ではないという判断をした（願望を抱いた）行為者も救済される可能性が出てくる。

212　第3編　背任罪の図利加害目的について

第3款　本人の意向と経済合理性

　もっとも、前述のように、任務違背における「実質的に本人に不利益」の意味は、本人にとってのトータルでのマイナスということではなく、本人の意向に反するということが決定的であった。このように考えた場合、少し違った話になる。すなわち、本人の意向に反した不利益を生じさせる処分が任務違背であるという場合、処分に経済合理性があっても本人との委託関係の趣旨に背いたという理由で任務違背が認められる場合があり得ることになる。

　例えば、「Aから財産を投資するように頼まれた受託者が、同投資のリスクが高いために、勝手に別のリスクが低い投資を行い、その結果、委託者が本来得られた財産価値の上昇を受けられなかった（または、リスクが低かったはずの投資が暴落した）」という事例について、受託者の行為は、Aによる財産処分の指示に反したという意味で任務に反し[68]、その結果財産上の損害が発生している。財産処分は原則として本人の自由であり、受託者に犯罪行為を強いるなどではない限り、受託者はそれに従わなければならないはずだからである。図利加害目的（本人の利益を図る動機）は、この状況ではじめて実質的な意義を持つように思われる[69]。

　ここでは、行為者が本人の利益となる（または、不利益を防ぐ）ための行為をしたが、それは本人の意思に反し、かつ、本人に財産上の損害を与えてしまったという状況が存在している。このような場合、処罰を否定する理由はどこにあるだろうか。この点、行為に合理性があったとしても、委託の趣旨に反し損害を与えている以上、違法性を否定することは難しい。仮に背任罪が全体財産に対する罪であることの意味が、本人の財産処分の自由を捨象した純粋な財産状態のみを行為者が保護すればよいということまで含むと解す

---

(68)　もちろん、そもそも意思に背いていても任務違背にならない委託関係も存在し得る（むしろ、契約締結時からの流れや、受託者の付随的な義務などを鑑みれば、実際には任務違背となる場合の方が少ないのかもしれない）。

(69)　小林憲太郎「刑法判例と実務（第38回）——図利（営利）目的および利用処分意思の周辺——」判例時報2389号（2019年）139頁は、このような状況を「行為者がパターナリスティックな動機に基づいて行動している」と評価した上で、その無制限な可罰性の排除を認めず、そのパターナリスティックな考え方が経済合理性の観点からして、一見して明らかに不適当とはいえない場合に限るべきとする。

る（あるいは、個別事例における本人と事務処理者の委託信任関係がそのような内容であると評価される）のであれば話は別だが、その場合、そもそも任務違背が存在しないはずで、図利加害目的要件に出番はない。

　ここで、本人の意向を踏まえて本人の実質的不利益にかかる全事情を考慮した上で任務違背を認めながらも処罰を否定する理由としては、本人のために経済合理性を追求したことを根拠とする一種の特別な責任阻却を考慮していると考えるしかないように思われる。ここでの責任阻却は、安易に本人の利益を図る動機があるというだけで認められるわけではない。行為者の選んだ選択が客観的に経済合理性を持つことのほか、本人の意向に沿った処分との比較（その処分に合理性があったかどうかや、両処分を比較した場合のメリット・デメリット）、また、行為が不利益を防ぐために行われたのかそれとも利益を得るために行われたのか、任務違背行為を選択するに至った経緯や必要性・緊急性などが備わっているか（または、それを誤信したことに無理もない場合）などを考慮した上で、かつ、本人の利益を図ることが当該措置を選択させる契機となっている場合のように、ごく限定的な場合に限られるものと解される。また、そもそも、委託者の意思に反したことをもって一義的に任務違背を認められるケース自体も実はそれほど多くない。通常の企業などでは、「本人の意思」を確定することがそもそも困難なことも多く、その判断と経済合理性は基本的に重なるものと解されるためである。さらに、銀行や年金の運用者など、リスクをとることが要求されていない事業体の場合には、その経済合理性自体の判断も通常の企業とは異なってくるものと解され、実際に図利加害目的の要件が欠けるとされる場面は極めて限定的になる。

　このように考える場合、従来の裁判例において見られた任務違背と図利加害目的の分業の評価が問題になるが、この分業によってなされているのは、結局のところ、本人の意思が判然としない場合に、任務違背として捕捉された部分以外の事情を任務違背部分と併せて経済合理性を持つかどうかを判断していることに尽きるように思われる。したがって、本稿の考え方を採る場合と結論はあまり変わらない。

第4章　むすびにかえて

　以上、特に任務違背の具体的な判断手法との関係で、図利加害目的の意義とその機能を検討してみた。基本的な方向性としては、「本人の利益を図る動機」が認められる場合についてさらなる絞りをかけるというもので、図利加害目的の意義をさらに限定することになると思われる。もっとも、それは、現在の実務の傾向とあまり違いがあるわけではないと解される。

　最後に、図利加害目的との関係でさらなる課題があることを指摘しておきたい。経済犯罪の構成要件においては、「不正の利益を得る目的」という主観的要件が設けられていることがある。この要件は、一定の公益目的を図る場合を処罰から除外する機能を果たしている。例えば、不正競争防止法の営業秘密侵害罪において、「不正の利益を得る目的」の充足が認められない場合として、内部告発などの公益目的が挙げられている[70]。翻って、背任罪においても、そのような公益目的がある場合にどのように処理するのかが問題となり得る。例えば、前述の営業秘密侵害罪には、横領・背任類似の類型（法21条1項3号）[71]があるが、内部告発目的で営業秘密侵害行為を行いその結果財産上の損害をもたらした場合、営業秘密侵害罪の構成要件該当性は認められない。しかし、本人の利益を図る動機があるわけではないので、（内部告発が究極的には本人に実質的に不利益を与えるものではないとでも判断されない限り）背任罪の構成要件該当性は認められるということになる。この場合には違法性阻却事由による解決も考えられるのかもしれないが、営業秘密侵害罪のよう

---

(70)　この要件は講学上「図利加害目的」と呼ばれているが、具体的な文言は異なる（文言の違いを重視する立場からは「不正利得加害目的」と呼ばれている）。もっとも、最決平成30年12月3日刑集72巻6号569頁は、その判断について、正当な目的が存在しないことを理由に、不正の利益を得る目的を認めており、背任罪の図利加害目的判断との類似性があるようにも見える。

(71)　令和5年不正競争防止法改正により、営業秘密侵害罪は、両罰規定の有無により罰則の順序が整理され、現行の21条1項3号は、同条2項1号に移動することになっている（遅くとも令和6年6月16日に施行）。

に、そもそも構成要件に該当しないという評価を示すのも有用であろう。したがって、主として公益を図る動機で機密漏洩をした場合、「本人の利益を図る動機」と並んで図利加害目的を否定するということも検討されてよいと思われる。

第 4 編

背任罪の共犯
——不正融資の借り手の刑事責任について

第1章　問題の所在

　2000年代初めころ、不正融資の借り手が（特別）背任罪の共同正犯として刑事責任を追及される事案が見られ、処罰の限界をどこに引くのかについて活発な議論が行われていた。（特別）背任罪は身分犯であるため、融資を行う者のみしか犯罪を行うことができない。しかしながら、刑法65条１項が示すように、非身分者も身分犯の共犯[1]として処罰されることは可能であり、融資の相手方である借り手もそのような意味で処罰の対象となり得る[2]。しかし、不正融資の借り手に背任罪の共同正犯を簡単に認めてよいのかについては疑問が呈されてきた。この疑問は、融資の借り手は本来貸し手と利害が対立しており、安易に共同正犯を認めることは借り手の自由な経済活動に対する過度の規制であるという問題意識に基づく。

　本問題は判例においては共同正犯の成否という形で検討がなされており、また、学説においても「背任罪の共同正犯」として議論されることが多いが、その具体的内容は共同正犯か無罪（不可罰）かという形であり、共同正犯が認められない場合に狭義の共犯の成立が認められるという形の議論はほとんどされていない[3]。実際、共同正犯ではないが狭義の共犯として可罰的であるとするならば、上記問題意識にそぐわないであろう。したがって、この問題意識を是とするのであれば、共犯一般の成立の限界と考えるべきである[4]。主導的役割を果たした借り手の手足として働いただけの者に背任罪の

（1）　刑法65条１項の「共犯」に共同正犯を含むかについては争いがあるが、判例（大判昭和９年11月20日刑集13巻1514頁）・通説はこれを肯定する。
（2）　ここでは、背任罪の主体かつ特別背任罪の主体に、いずれの身分もない者が加功しているという意味で、業務上横領罪における、業務上の占有者に対し非占有者が加功する場合と類似の問題が生じる。実務では、横領の場合と同様に、65条１項により非身分者には特別背任罪の共同正犯が成立し、２項により通常の背任罪の刑が科されるという取扱いを行っている。
（3）　借り手に背任罪の共同正犯が成立する基準を「通常の取引を逸脱したか否か」としたうえで、そのような段階に至らなくても当該申込が任務違背の実行を促進などさせた場合には狭義の共犯を認めるのは、内田幸隆「背任罪の共同正犯」企業と法創造５号（2005年）41頁。

共同正犯ではなく幇助犯を認めた最判昭和57年4月22日判時1042号147頁も
このことを裏付ける。

（4）　この点について島田聡一郎「対向的取引行為と背任罪の共同正犯」山口厚編『クローズアッ
　　プ刑法各論』（成文堂、2007年）347頁、林幹人「背任罪の共同正犯」判例時報1854号（2004
　　年）3頁、橋爪隆「判批」刑事法ジャーナル15号（2009年）125頁など参照。

第2章　判例とそれに対する学説の対応

　この問題については、近時、複数の最高裁判例が相次いで出されている。代表的なものとして、最決平成15年2月18日刑集57巻2号161頁（住専事件）、最決平成20年5月19日刑集62巻6号1623頁（石川銀行事件）、また、不正融資の事案ではないが最決平成17年10月7日刑集59巻8号1108頁（イトマン絵画取引事件）の三つの最高裁判例が挙げられる。上記各判例は、貸し手の背任罪に対する借り手の加功を主観面、客観面共に（詳細に）認定した上で共同正犯を認めたものである[5]。

　それ以前に出された著名なものとして、不当貸付事案に関する最判昭和40年3月16日集刑155巻67頁（千葉銀行事件）がある。同判例は、背任罪の共同正犯を主観面（のみ）で限定したものと理解され、そのような方向を支持する見解も存在した[6]。しかしながら、これに対しては、批判が多く、現在においては支持を得られていない[7]。

　主観的限定への批判的傾向は、近時の三つの判例に対しても示されている。すなわち、各判例においては、共犯者側の主観面として、「高度の認

（5）　また、近時の無罪例として最判平成16年9月10日刑集58巻6号524頁があるが、やや特殊な事例である。

（6）　藤木英雄『経済取引と犯罪』（有斐閣、1965年）242頁は、主観面（のみ）での限定を図った見解とされている。

（7）　また、千葉銀行事件における最高裁の判示もそのような限定を施す意図であったか疑わしい。同事件の原審は、借り手が銀行に損害を与えるという認識を有していなかったと認定しているので、そもそも貸し手の特別背任罪に関する構成要件該当事実の認識がなく、その点で特別背任罪の共同正犯の成立する余地はない。そのため、最高裁の判示は、検察官の判例違反の主張に応えただけに過ぎないといえる（朝山芳史・最判解刑事篇平成15年度71頁参照）。さらに、借り手の認識として、原審が、「身分者が抱いた任務違背の認識とほぼ同程度の認識」を要求しているのに対し、最高裁は、「身分のある者について同罪が成立するのに必要な任務違背の認識と同じ程度の認識」と微妙に異なっており、当該事案における貸し手と同じ認識でなくとも、貸し手の背任罪成立のために最低限必要な認識さえ借り手が備えていればよいという、いわば共犯の成立要件として当然のことを示したにすぎないともいえるためである（上嶌一高「判批」現代刑事法6巻9号96頁）。以上の点については、品田智史「不正融資と背任」松原芳博編『刑法の判例　各論』（成文堂、2011年）184頁も参照。

識」や「十分な認識」が認定され、未必の故意以上のものが要求されている
ようにも見える。しかしながら、学説においてはこの限定はあまり重視され
ておらず、各事案において認められた認識の程度を示しただけで何らかの基
準を示したわけではない、または、客観的関与態様を補充する間接事実にす
ぎないなどと理解されている[8]。

他方、近時の判例に特徴的な要素として着目されているのは、借り手の客
観的な関与態様への言及である。すなわち、前掲最決平成15年2月18日（住
専事件）や前掲最決平成17年10月7日（イトマン絵画取引事件）においては、貸
し手（事務処理者）と借り手（共犯者）が人的・経済的に共通の利害関係を有
したという「利害共通性」（利害の一体化）が共同正犯の認定において挙げら
れており、前掲最決平成20年5月19日（石川銀行事件）においては、借り手が
融資に「積極的に加担」したことが挙げられている。また、前掲最決平成15
年2月18日においては迂回融資への協力などといった借り手の「不当な協力
行為」も根拠として挙げられている。各要素の関係については、前掲最決平
成20年5月19日の原審が「利害共通性」を挙げて共同正犯を肯定したが、最
高裁はその点に言及せず「積極的な加担」のみを挙げていることから、「積
極的な加担」が十分に認められるのであれば「利害共通性」は必ずしも必要
がないようである[9]。また、借り手の「不当な協力行為」は、「積極的加担」
の一部と位置付けられ、「利害共通性」と「積極的加担」は別個独立に判断
されるわけではなく、相関的な判断も認められているものと解される。

学説においてはこの問題について様々な見解が示されているが、以上のよ
うな判例の客観的関与態様への言及は、主観的限定と対照的に基本的に支持
されている[10]。すなわち、判例の挙げる「積極的な加担」や「利害の共通

（8） 朝山・前掲注（7）83頁など。これに対し、橋爪・前掲注（4）125頁（判例の立場として
であって、そのような限定自体には否定的）。
（9） 青柳勤・最判解刑事篇平成20年度399頁以下。
（10） 貸し手は事実上の対向犯として借り手と必要的共犯の関係にあり、違法性や期待可能性が原
則としてないため、常に背任罪の共犯は成立しないとの見解もある。関哲夫「背任罪の共同正
犯についての一考察」西原春夫ほか編『刑事法の理論と実践』（第一法規、2002年）362頁、同
「不正融資における借り手の刑事責任について・再論」川端博ほか編『立石二六先生古稀祝賀
論文集』（成文堂、2010年）655頁参照。以上をまとめたものとして、同『不正融資における借
手の刑事責任について──事実的対向犯説の提唱──』（成文堂、2018年）1頁以下。

性（の利用）」などの基準は、当初の問題意識である「借り手と貸し手の利害の対立」を乗り越え、あるいは、喪失させるものであると理解されているのである。

第3章　若干の考察

　以上の点につき、この問題の当初の出発点について再検討しながら若干の考察をしてみたい。まず、背任罪の共犯による処罰が、借り手の自由な経済活動への過度の制約であること、言い換えれば、借り手の関与が自身の経済的利益の追求を理由に許されると理解されるのは何故であろうか。この点、「（共犯を含む）犯罪に該当するような経済的利益の追求は許されない」との理解もあり得ると思われるが、ここでは「経済的利益の追求として許されるならば、犯罪には該当しない」という価値判断が採用されているようである[11]。他方、貸し手の不良貸付は代理権濫用であり、判例によれば、貸し手の背任について借り手が認識していれば、当該貸付は私法上無効である（民法93条但書類推）[12]。したがって、私法上の法律行為の有効性などといった議論は、ここで経済的利益の追求を支える事情とはなり得ない[13]。そのため、借り手の利益追求を保護することの基礎付けは必ずしも明らかになっていないように思われる[14]。また、「詐欺や恐喝とは異なり背任における正犯

---

(11)　島田・前掲注（4）336頁、上嶌・前掲注（7）96頁。

(12)　平成29年の債権法改正により、代理権濫用については民法107条によって法律で定められるようになった。同条は、改正前の判例を明確化したものであり、内容面での変更はない。

(13)　したがって、二重売買の買い手に対し不動産登記制度を根拠に横領の共犯を限定する立場とは別種の考慮が存在することになる。もっとも、そもそも横領の共犯の場合にも、民法177条の存在とは別の考慮によるという可能性もある。佐伯仁志「民法と他領域（3）刑法」内田貴＝大村敦志編『民法の争点』（有斐閣、2007年）13頁参照。

(14)　ドイツにおいて背任罪の狭義の共犯の成否について検討しているトーマスは、ここで、共犯者が借り手企業の経営者であり、借り手企業に対して背任罪の主体という関係にある場合を問題として挙げる。すなわち、この場合、借り手に利益となる貸し手の背任行為に協力しなければ、借り手本人に得られたはずの利益を与えなかったという損害を加えたという理由で借り手側でも背任罪になり、進退窮まってしまうというのである（Sven Thomas, Strafbare Teilnahme an einer Untreue nach § 266 StGB bei gegenläufigen Interessen? Festschrift für Ruth Rissing- van Saan（2011）S.681 ff.）。しかしながら、他者の犯罪に協力して得られたはずの逸失利益が損害として評価されるのかについては問題があるし、また、犯罪行為への協力が借り手企業の意向にかなうとしても、それを実行しないことはそもそも背任罪の義務違反にはならないであろう（本書第1編第3章第2節参照）。

不法は本人と事務処理者の内部関係であり自由競争秩序に影響を及ぼすものではなく、共犯の経済的利益の追求は害されるべきではないと理解できる」との指摘もあるが[15]、このような指摘はむしろ共犯者が事務処理者と本人の内部関係に配慮する必要がないという考え方の裏返しであるように思われる[16]。もっとも、身分がない外部者であっても対向関係にない者であればこのような限定の問題は生じない。そうであれば、ここで決定的なのは（身分者ではなく）貸し手本人と借り手の利害が対立していること、さらに言えば、本人の利益に配慮することが借り手にとって経済的に不利益となるということであり、借り手の経済的利益の追求とはその不利益を免れようとすることである[17]。したがって、背任罪の共犯の成立を特別に限定しようとすることは、借り手が本人の利益に配慮しないでよい領域を考えるということである。もっとも、限定の対象として狭義の共犯を含めれば、そのような領域の存在の基礎付けはなお十分ではないように思われる[18]。

　また、判例の基準の一つである身分者と借り手の「利害共通性」について、同基準が限定として機能しているのか疑問がある。「利害共通性」とは、身分者と借り手が取引から共通の利益を得ることを意味するのではなく[19]、経済的・人的癒着関係によって身分者と借り手の利害が一致し、「背任となるような取引をすること」について対向関係にある両者が賛同して実

---

(15)　和田俊憲「（第8講）議論のまとめ」山口厚編『クローズアップ刑法各論』（成文堂、2007年）351頁。

(16)　そのように理解しなければ、正犯不法が自由競争秩序に影響を及ぼさない犯罪類型の共犯全てにおいて経済的利益の追求が考慮されなければならなくなってしまうであろう。

(17)　朝山・前掲注（7）68頁は非身分者と利害が対立するのは「より正確には身分者にとっての本人」とする。したがって、仮に、背任行為の相手方であることに特別の限定の根拠を認めるとしても、その射程は、本人（被害者）と身分者が本来一体として対向者と取引関係に立つ場合に限定されるべきであり、本人（被害者）が行為者と対向者の取引と関係ない立場にある場合などは別問題と解される。以上について、品田智史「不正融資と背任罪」法学教室393号（2013年）75頁以下を参照。

(18)　上嶌一高「背任罪の広義の共犯」井上正仁＝酒巻匡編『三井誠先生古稀祝賀論文集』（有斐閣、2012年）397頁以下。また、青柳・前掲注（9）395頁は、身分者と借り手が通常の関係にあり、経済的緊張関係、対立関係にある場合には、そもそも身分者の任務違背が通常存在しないという理解を前提に、判例の基準は規範的限定ではなく、共同正犯が認められるのが、事実上そのような場合に限定されているという理解を示唆する。同様の理解を支持するものとして、橋爪隆『刑法各論の悩みどころ』（有斐閣、2022年）414頁以下。

(19)　そこまで要求するのは、橋本正博「判批」ジュリスト1269号（2004年）63頁。

226 第4編 背任罪の共犯

行するということを意味する。この際、一般的には、長期間の癒着関係が共同正犯を認めるためには必要であるとされている[20]。もっとも、貸付（背任行為）の時点に限って見れば、利害の方向が動いたのは任務（本人の意思）に背く身分者だけであり（借り手は通常貸付を歓迎する）、借り手の関与態様としては、身分者の利害が動く事情を認識して契約締結行為をしただけに過ぎないともいえる。また、身分者の利害が動く事情の認識は、共犯の成立にとって通常必要な身分者の任務違背、積極的な図利加害目的（自己保身目的）の認識があれば、認められるように思われる。そうであるとすれば、前掲最決平成20年5月19日（石川銀行事件）のように「利害共通性」の利用よりも「積極的加担」が関与の態様は明らかに強度であり優先的な基準となるのは頷けるところである[21]。もっとも、前述のように、借り手が自己の経済的利益の追求として処罰を免れる根拠と限界は必ずしも明確ではない。

　以上のような理解に立てば、従前より人的・経済的癒着関係が存在していない場合であっても、少なくとも、申込段階で貸し手の任務違背・図利加害目的を基礎付けるような事情を借り手が明確に認識していれば（例えば、当該経営者が銀行に恨みを持ち損害を与えようと考えているのを借り手が知った場合）、背任罪の共犯が否定される理由はないように思われる[22]。たしかに、借り手は本人と行為者の内部規律を調べる必要はないが、認識してしまった場合にそれについて配慮しないでよいかは別問題であろう。不正融資事案における癒着関係の存在は、（訴追の対象とされていない）最初の不良貸付から企業の破綻が決定的となった時点までの貸し手と借り手の関係として認定されることが

---

(20)　内田・前掲注（3）44頁は、このような癒着関係は融資の背景に過ぎないと指摘する。

(21)　西田典之『刑法各論〔第5版〕』（弘文堂、2010年）257頁などは、利害の共通性よりむしろ借り手の加功行為の存在を強調しているように思われる。

(22)　東京地判平成12年5月12日判例タイムズ1064号254頁が、背任罪の共同正犯が認められる類型の1つとして「任務違背を明確に認識しながら貸し手と意思の連絡を遂げた場合」を挙げる（結論としては無罪）ほか、福岡高判平成21年4月10日高刑速（平21）284頁は、特別背任の共謀が認められる類型として、身分者の任務違背に対する非身分者の認識が明確な認識（確定的認識）である場合と、非身分者の認識が未必的認識にとどまるが身分者と非身分者の特別な関係などで両者の緊張関係が失われている場合の2つを挙げ、本件が後者に該当するとして背任罪の共同正犯を認めている（最決平成23年9月15日は上告を棄却している）。また、山口厚ほか「〔座談会〕現代刑事法研究会⑥　背任罪」ジュリスト1408号（2010年）164頁〔橋爪隆発言〕参照。

多い。従来のような企業破綻後の責任追及としての背任罪の運用であれば、そのような要素も考慮に値することが多かったのであろうが、今後背任罪の運用状況次第では身分者と借り手の「利害の対立」を解消させる別の事情も考慮に値するものと思われる。

第5編

会社法罰則（特別背任罪）のエンフォースの動向に対する理論的な評価

第1章　はじめに

　会社の活動に関わる人々は、会社に関係するどのような行為が違法とな
り、また、犯罪となるのかについての明確な基準の構築をしばしば要請
する。それは、彼らが比較的合理的な計算に基づいて行動を決定すること、
及び、エンフォースメント手段としての刑罰が、それ自体としても社会的な
意味においても、その他のエンフォースメントに比して非常に強力であるこ
とに基づく。その一方で、会社法規範違反に対する刑事規制は、経済活動に
対する刑事規制の一つとして、殺人・窃盗などの典型的な犯罪と異なり、許
容される行為と許容されない行為がいわば連続性を有しているため、犯罪の
成否の限界が不明確になりがちである[1]。

　このような不明確性は、関係する刑罰法規のある程度の広範・不明確さと
してあらわれる。したがって、刑罰によるエンフォースについての実務動向
の評価の際には、そのような広範・不明確な規定が裁判所によってどのよう
に解釈されているかを検討することがまず重要である。

　もっとも、実務動向の検証のためには、それだけでは足りない。すなわ
ち、捜査機関に認知された犯罪行為の全てが起訴され公判の対象となるわけ
ではない。検察官によって起訴・不起訴が判断される段階、捜査機関によっ
て捜査が開始される段階において既に事件は選別される。警察は、被害額が
僅少で軽微な犯罪であれば、微罪処分（刑訴法246条但書）として、事件を検
察に送致しないことができるし、検察官は、起訴便宜主義に基づき公訴を提
起しないことができる（刑訴法247、248条）[2]。捜査機関が様々な理由で無罪判
決が下されることを恐れるという前提に立つのであれば、法律の条文が広

（1）　芝原邦爾『経済刑法研究（上）』（有斐閣、2005年）11頁参照。
（2）　なお、事件が訴追され裁判所によって犯罪の事実が認定されたとしても、被害が軽微であり
　　処罰に値しない場合などには、可罰的違法性がないとして犯罪が成立せず無罪が言い渡される
　　可能性もある。もっとも、可罰的違法性が量的に軽微であることを理由に犯罪を不成立にする
　　ことは現在ではほとんど行われておらず、また、裁量の幅も検察官のそれに比べれば狭い。

範・不明確であり、適法行為と違法行為との境が曖昧であればあるほど、裁判の前段階で選別される頻度も増えるといい得る。捜査の対象となったとしても、不起訴処分になれば刑罰による制裁を受けるわけではない。しかしながら、実際には、捜査の対象となった時点で、対象者は社会的に大きな損失を被り、また、対象者以外の者に対しても、捜査・訴追を受けるリスクに基づき萎縮効果が及ぶであろう。したがって、実務動向の評価の際には、捜査・訴追段階も重要である。

その際、とりわけ検察官の訴追実務に注目する必要がある。裁判所で審理される事件（犯罪事実）の内容は、訴因に左右される。訴因の内容を決めるのは、公訴提起権限を持つ検察官であり、その裁量は非常に広い。すなわち、検察官は、事案の軽重、立証の難易等諸般の事情を勘案して、犯罪行為の一部だけを訴追することも可能であり[3]、裁量の逸脱が違法となるのは、たとえば公訴の提起自体が職務犯罪を構成するような極限的な場合に限られる[4]。加えて、会社法規範の刑事罰によるエンフォースについては、会社法に関する知識が必要であるため、警察よりも検察が主導となる機会が多い。したがって、本稿では、主として検察の訴追実務を中心に取り扱う。

なお、会社法規範のエンフォースメント手段としての刑罰は、会社法罰則内の規定に限られるわけではない。会社財産の不当な支出に対しては刑法典の業務上横領罪（刑法253条）によって、いわゆる見せ金については公正証書原本不実記載罪（刑法157条）によって対応されてきた[5]。また、金融商品取引法が適用される株式会社（同法24条参照）においては、同法上の刑事罰（第8章）の適用も問題になる。さらに、会社の業務により、部外者の生命・身体等に被害が生じれば業務上過失致死傷罪（刑法211条）が、独占禁止法・不正競争防止法その他の法令に違反すれば各法律に規定された刑事罰が問題と

（3）　最大判平成15年4月23日刑集57巻4号467頁参照。この一部訴追は、量的な意味（特別背任罪に該当し得る行為について、会社財産危殆化罪の限度で訴追する）でも質的な意味（一罪関係にある複数の犯罪の一部だけを訴追する）でも可能である。

（4）　最決昭和55年12月17日刑集34巻7号672頁。なお、検察審査会により不当な不起訴処分とされた場合には、強制起訴による統制が及ぶ（検察審査会法41条の6、41条の9、41条の10）。

（5）　たとえば、最決平成13年11月5日刑集55巻6号546頁（業務上横領罪）、最判昭和47年1月18日刑集26巻1号1頁（公正証書原本不実記載罪）など。

なる。もっとも、エンフォースメントの実務は、各法律毎に様々な形態を有するため、本稿では、主として会社法罰則内の刑事罰によるエンフォースメントについて検討を加え、その他の刑事罰によるエンフォースメントについては、必要に応じ適宜言及するのみとしたい。

第2章　刑事罰によるエンフォース

第1節　金融商品取引法のエンフォースとの異同

　会社法違反事件は、一般的な刑法典違反事件と同様に、警察・検察によって捜査され、訴追される。その際、例えば、金融機関の不正融資事案に見られたように、事件の規模が大きければ、経済事犯を取り扱う検察庁特別捜査部（特捜部）や特別刑事部が同事件を担当する。

　これと対照的なのが、現在の金融商品取引法に関するエンフォースメントである。金融商品取引法は、旧規定である証券取引法時代には、会社法の特別法としての側面も持っていたなどともいわれ、大規模な事案については特捜部の取扱いになり、また、粉飾決算事例などにおいては金商法と会社法が同時に問題となったことも多い。しかしながら、金融商品取引法は、その実際のエンフォースメントにおいて、会社法とは大きく異なる。まず、金融商品取引法においては、エンフォースメント手段として、刑事罰の他に、金銭的負担により違法行為の抑止を図る課徴金制度（同法第6章の2）が平成16年より導入されている。また、証券取引等監視委員会が設置され、金商法のエンフォースメントについて重要な役割を果たしている点が重要である。同委員会は、行政処分・課徴金納付命令に関して違法行為の調査権限（金商法194条の7第2項～4項）、勧告権限（金融庁設置法20条1項）を持つほか、刑事事件については犯則調査権限（210条～211条の2）を有し、犯則事件について告発の義務を有する。実際、平成4年の証券取引等監視委員会の設立以降、告発事件は徐々に増加している。

　他方、会社法においては、課徴金制度は存在せず、行政罰である過料（会社法976～979条）はエンフォースメントとしてほとんど機能していない[6]。その結果、金商法と比べてエンフォースメント手段としての刑事罰の相対的な

重要性は高い。一方で、会社法罰則に関しては、証券取引等監視委員会のような専門機関は存在せず、刑事罰によるエンフォースは、金商法違反が絡んで証券取引等監視委員会が動くことなどがない限り検察により主導的に行われる。しかしながら、検察官の関心は、特別背任罪（会社法960条）や利益供与罪（会社法970条）などの特定の犯罪にのみ向けられ、その他の犯罪類型は滅多に用いられないと指摘されている[7]。したがって、会社法は、金融商品取引法に比べて、エンフォースメントに関する整備状況が不十分であると評価できる。

第2節　会社犯罪の保護法益と刑事行政

　もっとも、会社犯罪と金融商品取引法上の犯罪を経済犯罪として一括りにして比較することについては、ためらいを覚えないわけではない。そもそも、両者は保護法益や規定ぶりの点で相当に性質を異にするからである。まず、金融商品取引法は、「企業内容等の開示の制度を整備するとともに、金融商品取引業を行う者に関し必要な事項を定め、金融商品取引所の適切な運営を確保すること等により、有価証券の発行及び金融商品等の取引等を公正にし、有価証券の流通を円滑にするほか、資本市場の機能の十全な発揮による金融商品等の公正な価格形成等を図り、もつて国民経済の健全な発展及び投資者の保護に資することを目的と」（同法1条）し、各犯罪類型はその目的を達成するために設けられている。保護法益の具体的内容に関しては一部の犯罪において議論があるものの[8]、現在、健全な証券市場の維持と投資家の

（6）　過料事件は非訟事件手続法に基づき処理され、過料事件の裁判は、裁判所の職権による事件の探知または通報によるとされているが、実際には登記官が商業登記規則118条に基づいて登記懈怠の通知書を管轄裁判所に通知することによって開始される場合が多い（落合誠一編『会社法コンメンタール21巻』（商事法務、2011年）169頁〔佐伯仁志〕参照）。なお、行政罰によるエンフォースメントについては、山田泰弘＝伊東研祐編『会社法罰則の検証』第3編第2章〔松井智予〕を参照。

（7）　高崎秀雄＝佐伯仁志「【対談】会社法における罰則規定」（落合編・前掲注（6）『会社法コンメンタール21巻』附属）13頁参照。

（8）　具体的には、インサイダー取引の罪（金商法166条、167条、197条の2第3号）や、損失保証・損失補てんの罪（金商法39条、198条の3）などにおいて、保護法益の内実が争われてきた。

保護が中核となっている点にほぼ争いはない。

　これに対し、会社法上の刑事罰が保護の対象とするのは、第一に会社の財産である。具体的には、会社財産の侵害を保護するものとして特別背任罪（会社法960条）、抽象的危険犯としての会社財産を危うくする罪（同法963条）、及び、預合いの罪（同法965条）がある。第二の類型として挙げられるのは、会社の運営の健全性を害する罪である。具体的には、株式超過発行の罪（同法966条）、取締役の贈収賄罪（同法967条）、株主等の権利の行使に関する贈収賄罪（同法968条）、利益供与罪（同法970条）がここに位置付けられる。しかしながら、第二類型の会社の運営の健全性の内実においては、会社の財産を保護法益とすべきとの考え方の影響が強く見られるところである。すなわち、取締役等の贈収賄罪について、東京高判昭和37年5月17日高刑集15巻5号335頁は、「同法〔旧商法〕493条1、2項の涜職罪の規定は、株式会社役員又は前記商業使用人の清廉性を要求する面も存するが、第一義的には、営利を目的とする株式会社の財産的損失を防止することを立法目的としたものであり、……同条の規定は特別背任罪を規定した同法第486条第1項の規定を補足したものと解すべきである」としている[9]。また、利益供与罪についても、同条が「会社の計算において」という文言を備えていることから、株主等の権利行使の公正を保護法益とする会社法968条とは異なり、その保護法益の内実を会社財産の浪費を通じて会社運営の健全性が妨げられるものと理解するのが通説的見解である[10]。したがって、会社法上の刑事罰は、特別背任罪とその補充規定という会社の財産を保護するための規定が大部分を占めることになる。

　このような会社犯罪が会社をいわば被害者として位置付けているという理解は、その規定ぶりからもうかがうことができる。すなわち、金融商品取引

（9）　同様に解する見解として、大森忠夫＝矢沢惇編『注釈会社法（8）の2』（有斐閣、1969年）411頁〔藤木英雄〕、佐々木史朗編『判例経済刑法大系　第1巻』（日本評論社、2000年）236頁〔松原芳博〕。反対するのは、上柳克郎ほか編『新版注釈会社法13巻』（有斐閣、1990年）597頁以下〔芝原邦爾〕、落合・前掲注（6）125頁〔佐伯〕、山口厚編著『経済刑法』（有斐閣、2012年）43頁以下〔古川伸彦〕など。

（10）　伊藤栄樹ほか編『注釈特別刑法（5）』（立花書房、1986年）231頁〔伊藤〕、平野龍一ほか編『注解特別刑法（4）〔第2版〕』（青林書院、1991年）116頁〔佐々木史朗〕など。

法が、両罰規定を設け、会社が処罰の対象となる可能性を設けているのに対し、会社法の場合、両罰規定は、973条、974条という業法違反の性格を持つものに限られているのである。

以上のように、金融商品取引法と会社法上の刑事罰の保護法益は異なるものであると解されているが、いわゆる（狭義の）経済刑法と呼ばれる領域において一般的なのは、金融商品取引法の保護法益の類型、すなわち、①取引の公正の確保や社会の信用制度・経済秩序といった一定の取引の公正や取引制度・秩序の維持と②取引関与者（消費者、預金者、投資家等）総体の財産的利益一般である[11]。したがって、会社個人の財産を保護することを主目的とする会社犯罪の方がむしろ経済犯罪の領域においては異質なものということになる。会社法上の刑事罰が一般的に経済犯罪として取り扱われているのは、その設立趣旨による。すなわち、会社法において刑事罰が設けられているのは、今日の社会において会社が重要な機能を有しており、会社犯罪が一般社会にとって及ぼす害悪が大きいという、会社の一種の公共的性格に基づく[12]。この公共性を株式会社の財産を通じて事実上保護しようとする場合、具体的には、株式会社の財産に利害関係を持つ者（株主、債権者）の総体的利益（上記②）という形となってあらわれる。しかしながら、このような保護の態様はあくまで間接的なものにすぎない。また、他の経済刑法と同様に、会社法規範のエンフォースメント手段として会社犯罪を捉えようとする場合、株式会社制度の維持（①）という観点が重要になるが[13]、会社を被害者（個人的法益の保持者）とする構成からはこの観点は導き難い。会社犯罪の一部において、会社運営の健全性から、会社の財産という要素を取り除いたとしても、そこで保護されているのが実際には当該会社の関係者のみであるとすれば同じことである。

刑事行政の有する人的・物的資源は有限であるため、その分配はもっとも効率のよい形で行われなければならない。経済事犯においては、社会経済活

---

(11) 芝原・前掲注（1）12頁以下。
(12) 会社法上の刑事罰の立法経緯については、山田＝伊東編・前掲注（6）第4編第1章第2節〔伊東研祐〕を参照。
(13) 島田聡一郎「経済刑法」ジュリスト1348号（2008年）102頁参照。

動に対する影響の大きさ（事件そのものの及ぼす影響と、それに対するエンフォース
により生じる影響）をその分配の一つの基準とすることが許容されるであ
ろう。その場合、直接的な被害者を会社とし、せいぜい利害関係者の利益を
間接的に保護するのみである会社犯罪は、金融商品取引法をはじめとする経
済刑法に比べれば、類型的な社会経済活動に対する影響という意味で劣位す
るといわざるを得ない[14]。したがって、前述のように、金融商品取引法違
反についてのエンフォースメントが、会社法違反についてのエンフォースメ
ントより、様々な点で優先され整備が進んでいるということも理解できる。
この場合、法益の観点から見れば、より具体的な個人的法益である会社の財
産（及び利害関係者の総体的利益）よりも、抽象的な法益である市場の健全性及
び一般投資家の保護が、刑事行政において重視されていることになるが、そ
のこと自体が直ちに問題になるわけではない[15]。

　また、両罰規定の有無も、資源分配に影響を与えるであろう。すなわち、
両罰規定に基づき会社に対する責任を追及できる場合の方が、会社を被害者
と捉える場合よりも、エンフォースにより生じる影響という意味で、より社
会経済活動に対する影響力が大きいといえるからである。その意味でも、会
社犯罪は、他の経済犯罪に遅れを取る。この関連で挙げられるのが、2000年
頃から経済犯罪、企業犯罪に対する社会的非難の度合いが強くなったとの指
摘[16]である。ここで言われる企業犯罪に対する非難の増大は、社会に対し
て何らかの被害を与えた企業に対する責任追及が焦点となっており、いわば
加害者としての企業の責任に目が向けられたものである。そのため、企業内
部で完結する犯罪類型である会社犯罪が問題になる事案については、あまり
関心を払われてはいない。企業の社会的責任の追及と共に重要となっている
企業の内部統制などのコンプライアンスの徹底についても、確かに、広い意
味では会社財産に被害を与える会社犯罪の適用も問題になり得るが、むし
ろ、その主眼は、企業による業法などの法令違反、企業の経営判断により第

---

(14)　もちろん、会社法違反事件が金商法違反事件より常に影響力に乏しいということを意味して
　　いるわけではない。
(15)　島田・前掲注（13）105頁も参照。
(16)　木村光江「経済活動と刑事的規制」刑法雑誌47巻2号（2008年）235頁参照。

三者に被害を与えた場合に向けられている[17]。したがって、近時の企業犯罪厳罰化の動きからも、会社犯罪は取り残されているといってよいであろう。

第3節　会社犯罪の訴追選択基準

　前述のように、会社法上の刑事罰は会社財産を主たる保護の対象としながらも、刑事行政においては、経済刑法のカテゴリとして、会社の公共的性格、すなわち社会経済活動への影響が重視されているものと解される。そのため、経済犯罪としての会社犯罪の訴追選択をはじめとする捜査機関の資源分配の基準としては、社会経済活動への影響がどれだけ大きいかが基準になると推測される。その際には、被害の規模だけではなく、利害関係者の規模も考慮される。まず、被害にあった会社が金商法適用会社である場合は、そうでない場合に比べて利害関係者が多くなるので事件化されやすくなる[18]。逆に、金融商品取引法の適用を受けない会社については、経済犯罪としてではなく、会社を被害者とする単なる財産犯の一種として取り扱われる可能性がある。その場合、会社犯罪は、窃盗・強盗のように行為者が同種犯行を繰り返すおそれがあるという事情や、詐欺のように犯罪集団による組織的犯行であるという事情を有することは少ないため、優先順位が低下するのかもしれない。犯行が、小規模な会社内部の勢力争いに過ぎない場合であればなおさらである。次に、銀行のように預金者という多数の利害関係者を抱えている場合にも、その社会に及ぼす影響の大きさに鑑みれば立件されやすいであろう。また、当時社会に蔓延していた総会屋への対策という目的をもって設けられた利益供与罪は、他の会社法罰則に比べて運用され易かったものと解される。もっとも、現状では総会屋の数は減少し、その役割を低下させている[19]。

---

(17)　会社による第三者に対する加害行為については、山田＝伊東編・前掲注（6）第4編第1章第1節〔松井秀征〕参照。

(18)　金商法適用会社については証券取引等監視委員会の目があるため、その活動に捜査の手が及びやすく、その際、会社法罰則の適用についても調査される可能性も高まるため、この意味でも訴追の対象となり易いものと解される。

240 第5編 会社法罰則（特別背任罪）のエンフォースの動向に対する理論的な評価

　さらに、社会経済活動への影響の大きい場合として、経営破綻が会社犯罪に起因する場合が挙げられる。そのような運用を行っている例の一つが、会社法上の特別背任罪である。特別背任罪の訴追実務については大きな変遷があるといわれている。従来、特別背任罪は、財産犯の一種としてその領得罪的側面を強調され、「私利私欲に走る」及び「本人を食いものにする」ことを本質とし、行為者が例えばリベートを得ているなどの不正な利得を得ていることが立件への足がかりであるとされ、そのような本質のない事案については立件についての食指が動かないとされていた(20)。これに対し、1980年代ころより、とりわけ経営破綻した金融機関において、破綻直前の不良貸付行為を特別背任罪として訴追し、経営者の責任を追及する事例が目立ち始めた(21)。このような傾向は、バブル崩壊後の金融機関の破綻についても同様に妥当する(22)。このような類型の特別背任事案は、放漫な貸付を繰り返した結果不良債権が増大しその発覚を恐れるために融資を継続してきたという経緯のもと、その最終局面となる融資が、当該金融機関の破綻後に起訴されたという背景を持ち、そのため、行為者の不正利得にはあまり力点はおかれ

---

(19)　山田泰弘「序論　会社法秩序の変容とその規制手段としての刑事法の役割」法律時報84巻11号（2012年）7頁参照。

(20)　吉嶋覺「バブル崩壊と背任罪」金融法務事情1451号（1996年）7頁は、これを「伝統的な実務感覚」とする。吉嶋はこの理由について、背任罪の立法理由が「他人ノ為メソノ事務ヲ処理スル者私利ヲ営ミソノ任務ニ背キタル行為ヲ為シ本人ニ損害ヲ加フルコト往々ニシテ見ル所ナリ此等ノ場合ニ於テハ理論上民事訴訟ニ依リ損害賠償ヲ求ム道ナキニアラスト雖モ事実上ガ概ネ其救済ナキト同一ニ帰ス加之其行為ノ治安ヲ害スルコト敢テ本章及ヒ次章ニ於テ規定スル罪ニ譲ラス是特ニ本条ヲ置キテ其弊ヲ防止セントスルトコロナリ」となっていたことに求め、加害目的の存在を異質なものと評価する。ただし、同様の趣旨のもと制定されていた明治35年草案につき、第16回貴族院特別委員会において「番頭ナリ仲買ノ如キガ主人ニ怨カアリ、財産上ノ損ヲカケテヤラウト云ウ考エヲ以テ買ウヘキモノヲ買ハズニ置イタトカ、又ハ売ルヘキ所モ売ラズニ置イテ非常ナ、財産上ノ損害ヲ被ラシムル、ソレハ自己ノ主人ニ対スル怨若クハ主人カ他ノ雇人ヲ庇フカ為ニ雇人ハ主人ニ対シテ損害ヲ加ヘヤウトシテヤル場合ガ想定サレルト思ヒマス」と述べられており、加害目的の場合も立法時点で想定されていた。

(21)　例えば、最決平成10年11月25日刑集52巻8号570頁（平和相互銀行事件）。

(22)　例として、最決平成15年2月18日刑集57巻2号161頁（住専事件）。ただし不正融資の借り手が貸し手の特別背任罪の身分なき共同正犯に問われた事案）。また、最決平成21年11月9日刑集63巻9号1117頁（拓銀事件）。なお、バブル崩壊による金融機関の破綻後に、特別背任罪以外で経営者の責任が問われた事案として、最判平成20年7月18日刑集62巻7号2101頁（長銀事件）、最判平成21年12月7日刑集63巻11号2165頁（日債銀事件）がある（両事件とも無罪）。両事件については、品田智史「経済活動における刑事規制」法律時報82巻9号（2010年）26頁以下も参照。

ていない。ここでは、金融機関が経営破綻することによって、預金者という多数の利害関係人に多大な影響を与えたことが立件の決め手となっているものと解される。加えて、このような事例の実際の起訴の流れは、経営破綻が決定的となった後に、捜査機関が破綻の原因となった犯罪行為を立証していくという形をとるため、事実上、経営破綻の責任追及としての機能を果たしている[23]。

---

(23) なお、ここで責任追及されるのは、もっぱら最後に経営者の椅子に座った者である。貸付先企業が未だに健在である場合、最初の貸付が不良貸付であり、理論上はその時点特別背任罪が成立し得るとしても、その時点での立証は容易ではない。その結果摘発が遅れ、貸付先企業の倒産、若しくは、当該金融機関の破綻後に捜査が開始されることになるが、その際には、時の経過により時効や、証拠の散逸が生じてしまい当初の経営者の責任を追及できなくなるのである。永野義一「最近の金融犯罪」金融法務事情1546号（1996年）15頁参照。

第3章　特別背任罪の解釈と訴追状況

　次に、会社犯罪の実際の運用状況について検証する。その際、刑罰の不利益の重大さに鑑みれば、謙抑的なエンフォースメントがなされているか否かが重要な視点の一つとなる。具体的には、抽象的で広範な行為が構成要件に包摂され得る会社法罰則において、どこまで広範な行為が刑事事件化されているかを検証する。そのためには、裁判所による構成要件の解釈がどのように変化しているかに加えて、検察官が実際にどのような事案を訴追しているのかを見る。検証の素材として、現在の会社犯罪の典型であり、事例の蓄積も多い特別背任罪を用いる。

　会社法上の特別背任罪（960条）は、取締役や監査役その他一定の主体が、「自己若しくは第三者の利益を図り又は株式会社に損害を加える目的で、その任務に背く行為をし、当該株式会社に財産上の損害を加えたとき」に成立する犯罪である。同罪の保護法益は、判例・通説によれば、前述のように会社の財産であり、刑法典の背任罪（247条）とは、主体の範囲を限定した特別法の関係にあるとされ、主体以外の要件については、背任罪と同じ解釈が妥当する。なお、特別背任罪の主体の範囲は、例えば、「使用人」（960条1項7号）なども含まれており、背任罪の主体である事務処理者の範囲に比べてさほど限定されているわけではない。そのため、特別背任罪の全ての主体に、背任罪と比べて重い刑罰の対象とすることに疑問を呈する意見がないわけではないが[24]、実務上は量刑で処理しているものと解される。

---

(24)　五十嵐さおり「特別背任罪の主体について」法政理論43巻2号（2011年）30頁参照。五十嵐は、この点を理由に、特別背任罪の保護法益が背任罪と異なると主張する。

第3章　特別背任罪の解釈と訴追状況　　243

第1節　図利加害目的

　（特別）背任罪の成立には主観的要件としていわゆる図利加害目的が必要である。図利加害目的は、自己図利、第三者図利、本人加害目的のいずれかがあればよい。前述のように、従来の検察実務においては自己図利、とりわけ、行為者が財産上の利益を得る目的による行為が背任罪の本質・典型として捜査の主たる対象とされてきたが、1980年代頃より、行為者が財産上の利益を得ることを目的としていない類型が中心となってきたとされている。後者の類型においては、放漫経営に基づく訴追されていない原初の不正融資が明るみに出て自己の責任を問われることや、自己の評判が低下することを恐れて不正融資を継続することが問題とされており、訴因においては、自己の信用面目を保持することが図利加害目的として把握されている（自己保身型）。

　しかしながら、既に大審院の時代より、図利加害目的にいう「利益」には財産上の利益だけではなく、自己の信用面目を保持するといった非財産的利益も含まれるとされていた[25]。したがって、このような事例が近時目立ったことは否定できないが、裁判所の採る解釈に変更があったわけではない。

　より検討されるべきは、図利加害目的の意義に関するいわゆる消極的動機説についてである。消極的動機説は、図利加害目的の機能を本人の利益のために行為した場合の処罰を排除することに求め、同目的を、「図利加害の認識・認容があり、本人図利の動機がない場合」とする[26]。同見解は、図利加害目的に関する判例の分析を経て主張された見解であり、裁判所の採用する立場であるとの理解が一般的である[27]。消極的動機説について重要なのは、図利加害の動機も本人図利の動機もいずれも（決定的には）認められない場合に、背任罪として処罰することを是認することにある。この立場によれば、従来の検察実務において重要であった利益獲得の動機だけでなく、近時

---

(25)　大判大正3年10月16日刑録20輯1867頁。通説でもある。
(26)　香城敏麿「背任罪」芝原邦爾編『刑法の基本判例』（有斐閣、1988年）159頁。
(27)　判例として、最決昭和63年11月21日刑集42巻9号1251頁（東京相銀事件）、前掲最決平成10年11月25日、最決平成17年10月7日刑集59巻8号779頁（イトマン不正融資事件）。

の「自己保身型」における責任回避の動機の認定も、直接的には必要ではなくなる。

消極的動機説の成り立ちが、昭和初期からの判例の検討の結果によるものであるとしても、少なくとも、背任罪の立法段階においては明言されていなかった事例類型（積極的な利得目的も加害目的もない場合）を処罰の対象とするという意味で、処罰範囲の拡張をもたらさないとはいい切れない。しかしながら、裁判実務が消極的動機説に立ち、積極的な図利加害目的がなくとも背任罪が成立し得ると理論上はいえても、現実の訴追、裁判段階において、そのような限界事例は見られない。すなわち、裁判において、最終的には本人図利目的の不存在が決定的になるとしても、それを立証するために用いられるのは、被告人が別の目的（動機）を有していたことがほとんどである。例えば、「自己保身型」の不良貸付事案においては、自己の責任追及を免れる目的を有していたことをもって、本人図利目的が否定されることが多い。また、訴追段階においても、検察は、積極的な図利加害の動機が被告人にあったという形で訴因を構成するのが通常である[28]。逆にいえば、捜査段階で積極的な動機を認めることができない場合には、立件に躊躇することがあるということである。なお、積極的目的も消極的目的もない事案として、前掲最決平成10年11月25日が挙げられることがあるが、積極的動機説の論者からは、同事案においても、積極的動機説からも図利加害目的が認められるものであったとも評価されている[29]。

第2節　任務違背

特別背任罪の行為態様は、任務に背く行為（任務違背）である。しかしながら、従来、訴訟においてはこの要件はあまり重視されてこなかった。というのも、図利加害目的要件において、前述のように、行為者に主として本人

---

(28)　山口厚ほか「〔座談会〕現代刑事法研究会⑥　背任罪」ジュリスト1408号（2010年）142頁〔渡邉咲子発言〕。また、そのような訴訟追行によって公判が紛糾することも指摘されている。山田＝伊東編・前掲注（6）第3編第1章第1節〔大鶴基成〕も参照。
(29)　今井猛嘉「判批」芝原邦爾ほか編『刑法判例百選II〔第5版〕』137頁。これに対して、佐伯仁志「判批」ジュリスト1232号（2002年）196頁は、積極的動機の認定が必要であったとする。

図利目的があれば不可罰になるが、その立証のために、客観的に見て被告人の行為が本人の利益になったか否か、すなわち、実質的な行為の不当性が争われてきたからである[(30)]。学説においても、図利加害目的が要件とされているのは、形式的要件である任務違背では違法性を基礎付け得ないからであるなどともいわれてきた[(31)]。

しかしながら、客観的に見て本人の利益になる行為であれば、そもそも任務違背ではないこともあり得る。実際、現在の学説の多数は、任務違背を法令違反から直ちに導くのではなく、実質的な基準により行うべきと説く。判例も、近時、任務違背において実質的判断を行うことに親和的なものが登場し[(32)]、下級審裁判例においても任務違背の判断を重視する傾向が見られる。もっとも、このような訴訟における任務違背要件の重視は、従来図利加害目的要件において審査されていた事情を任務違背要件において審査するというだけであり、訴訟における図利加害目的要件の比重の低下を意味する可能性はあるものの[(33)]、処罰範囲に影響はないものと解される。

任務違背要件についてもう一点重要なのは、会社法におけるいわゆる経営判断原則の考慮である。判例は、前掲最決平成21年11月9日において、弁護側からの上告趣意に応える形で、最高裁として経営判断原則にはじめて言及するとともに、同原則が銀行の融資業務においては限定されることを示した。では、同判例によって、経営判断原則が任務違背により考慮され、結果、特別背任罪の成立範囲に変化が生じるであろうか。

従来の（特別）背任罪の解釈においても、「冒険的取引」の概念を用いて、損害が発生したからといって直ちに責任を負うわけではなく、行為者には裁量の余地が認められていることが前提とされてきた[(34)]。もっとも、経営判断原則の採用によって、取締役の裁量の幅が、背任罪において従来想定され

---

(30) 上嶌一高『背任罪理解の再構成』（成文堂、1997）272頁、品田智史「最近の裁判例に見る背任罪をめぐる諸問題」刑事法ジャーナル31号（2012年）参照。
(31) 長井圓「判批」西田典之ほか編『刑法判例百選Ⅱ〔第6版〕』（有斐閣、2008年）146頁参照。
(32) 最判平成16年9月10日刑集58巻6号524頁（北國銀行事件）、前掲最決平成21年11月9日。
(33) 前掲最決平成21年11月9日においても、第一審、原審の争点は図利加害目的の有無にあったが、最高裁はそれについては触れることなく、任務違背要件についてのみ判断している。
(34) 前掲最判平成16年9月10日など。

ていたものよりさらに広がったと考えることも可能である。そうであれば、従来の背任事案において、経営判断原則の採用がなされていれば任務違背が否定されていた事例もあり得たということになる。しかしながら、背任罪として訴追された従来の不正融資事案は、前掲最決平成21年11月9日のように「著しく不合理」な措置を行った、「任務違背が明らか」な事案ばかりであった[35]。例えば、ノンバンクの不良貸付にかかる前掲最決平成15年2月18日においては、借り手企業が再建可能かという点につき十分に検討されないまま無担保の融資が行われたとされており、経営判断原則によって認められる広い裁量の幅によっても、その限界は超過され任務違背は認められたであろう[36]。したがって、背任罪における裁量の余地は従来広い範囲が想定されており、また、不正融資事案において裁量の限界が問題となるような事例はそもそも起訴されてこなかったのではないかと推測される。これは、不正融資事案のほとんどが、前述の「自己保身」型ということに由来する[37]。なお、前掲最決平成21年11月9日に従えば、少なくとも、銀行の融資に関しては経営判断原則が制限されるため、「著しく不合理」な行為でなくとも処罰され得ることになり、その意味で今後任務違背においても処罰の拡張の可能性があるということになる。

第3節　相手方の共犯

　最後に、近時、（特別）背任罪において盛んな議論が交わされているものとして、背任行為の相手方の共犯という問題がある。とりわけ、不正融資の相手方が特別背任罪の身分なき共同正犯に問われる事例が重要である。この問題は、近時多数の最高裁判例が登場した[38]ことに基づいて活発に議論され

---

(35) そもそも前掲最決平成21年11月9日において経営判断原則に言及する必要は必ずしも必要なかった。弥永真生「判批」ジュリスト1329号（2010）179頁、また同決定の田原補足意見も参照。

(36) 岩原紳作「判批」ジュリスト1422号（2011年）140頁。

(37) 以上につき、本書第1編第4章参照。

(38) 前掲最決平成15年2月18日（住専事件）、最決平成20年5月19日刑集62巻6号1623頁（石川銀行事件）、不正融資の事案ではないが、前掲最判平成16年9月10日、最決平成17年10月7日刑集59巻8号1108頁（イトマン絵画取引事件）。

るに至った。

　もちろん、従来も、不正融資の借り手が特別背任罪の共同正犯に問われた
事例は存在する。

　しかしながら、判例における判断方法が変化していると理解されている。
すなわち、この問題に関する従来の判例[39]が借り手の主観面を重視してい
たのに対し、近時の判例は、借り手の加功の客観面について詳細に認定し、
むしろそちらを重視している[40]。

　では、このような判例の変遷に伴い実際の処罰範囲はどのように変化して
いったであろうか。限定方法の変更は必ずしも処罰範囲の広狭を導くわけで
はない。この点、前掲最判昭和40年3月16日が、被告人が銀行の経営者に不
当貸付を懇請した事案で被告人を無罪とした事案であったのに対し、前掲最
決平成15年2月18日が不正融資において被告人を有罪とした事案であったこ
とから、借り手にも社会的責任を負わせる、借り手も自己の利益だけを追求
するわけにはいかなくなったなどの評価を加え、処罰範囲が拡大したとの分
析もある[41]。しかしながら、千葉銀行事件は銀行に損害を与えるという認
識を有していなかった事案であり[42]、最高裁の文言が主観的限定を意図し
ていたのかについても疑問が呈されているところである[43]。実際、近時の
判例においては、背任罪の共同正犯の成立を否定した事案もあり[44]、この
種の事例において、判例が理論構成はともかく一種の限定を志向しているこ
とは間違いない。その理由は、対向者は、事務処理者と利害が対立してお
り、安易に共同正犯を認めることは借り手の自由な経済活動に対する過度の
規制であるという問題意識に基づくものだと一般的に理解されている[45]。

---

(39)　最判昭和40年3月16日集刑155巻67頁（千葉銀行事件）。
(40)　このような客観的側面の重視の契機となったのは、中森喜彦「背任罪の共同正犯」研修609
　　　号（1999年）5頁以下である。なお、近時の判例においても、借り手側の主観面としては、事
　　　務処理者の任務違背・図利加害目的についての「高度の認識」や「十分な認識」が認定されて
　　　いるが、一般的に重視されていない。
(41)　木村・前掲注（16）238頁以下。
(42)　朝山芳史・最判解刑事篇平成15年度71頁。
(43)　上嶌一高「判批」現刑6巻9号92頁（2004年）96頁。
(44)　前掲最判平成16年9月10日。もっとも、同判例は、身分者の任務違背、借手の故意について
　　　も疑問が示された事例である。
(45)　この問題意識の当否について、本書第4編第3章参照。

248 第5編 会社法罰則（特別背任罪）のエンフォースの動向に対する理論的な評価

とはいえ、バブル崩壊後の不正融資事案において借り手の責任がクローズアップされるようになったのは、金融機関の破綻をもたらした者への責任追及という側面があったことは否定されない。不正融資の借り手が背任罪の共同正犯として処罰されている類型は、①借り手が背任行為に積極的に加担したもの[46]と、貸し手と借り手の長期間の癒着関係を前提に②事務処理者が本件融資に応じざるを得ない状況にあることを、非身分者が利用したもの[47]である。このうち、②は例外的な事例とされているが、まさに、「自己保身型」の不正融資における借り手を補足する類型である。重要なのは、そのような背景のなくなった現在の状況において、何らかの変化があるのかということであろう。その際、この問題につき必ずしも理論的根拠が定まっていないという点は拡張の余地も孕んでいることになる。

第4節　まとめ

裁判所における現在の特別背任罪の解釈に従えば、その処罰範囲は従来に比べて広範になり得ることが明らかにされたものと思われる、また、実際の処罰事例も、時代の変化に伴い、会社（及び、その関係者）の社会的責任追及という観点に従い、拡大してきているようにも見える。しかしながら、それでもなお、特別背任罪についての裁判所の解釈に基づく、広範な処罰範囲の限界に位置する事例は、今のところ見られない。図利加害目的については、消極的動機説を採用することがほぼ確定となり、積極的な図利加害の動機がない場合も処罰され得ることが明らかになったが、条文の体裁等により、そのような事例は訴追されてきていない。また、任務違背に関しても、そもそも特別背任罪として訴追されてきたのは、経営判断原則の採用によっても処罰に問題がないような重大な任務違背の事例のみであった[48]。

---

(46)　前掲最決平成20年5月19日。

(47)　前掲最決平成15年2月18日、前掲最決平成17年10月7日（イトマン絵画取引事件）。

(48)　なお、特別背任罪には未遂犯処罰規定があり、財産上の損害要件についての判例・通説の理解に基づけば未遂犯の成立時期は相当早期になるが、現実にはそのような形での未遂犯適用事例は存在しない。その理由としては不正融資事案をはじめとして、実際に立件するためには経営破綻などの失敗がなければ証拠の確保などの点で難しいこと、犯行の失敗以前に未遂犯を訴

このように限界事例を除き処罰が明らかな事例を中心に訴追を行っているという運用は、捜査機関の自発的なものか、他の要因によるのかという点はさておき、謙抑的なエンフォースメントという観点からは、好意的に評価されることになる。

　しかしながら、今後の時代の変化に応じて、運用状況が変化していくことは否定され得ず、前述のように検察官の訴追裁量を統制する手段は基本的にはない。金融商品取引法において、証券取引等監視委員会が、いわゆる「不公正ファイナンス」事案について、同法158条を用いて積極的に規制しようとしてそれに成功したことは記憶に新しいところである[49]。実際、バブル崩壊後の金融機関の刑事責任追及処理が終了し、（訴追の対象となっていない）不正融資に端を発する貸し手と借り手の長期間の癒着関係が減少し、両者の緊張関係がむしろ強調される現在においては、従来の「自己保身型」の不正融資の枠組みは必ずしも適合しない。この場合に、会社の社会経済活動への影響に鑑みた責任追及手段として特別背任罪を積極的に用いようとするならば、裁判所の解釈に基づく特別背任罪の処罰範囲の限界事例が問題になってくる可能性も否定できない[50]。そのような時代の変化に応じて刑罰法規の適用が変化していくことは、必ずしも常に排斥されるものではないが、解釈運用の変化のみによる急な方向転換は、関係者に重大な影響をもたらすことに留意すべきである。

　　追することについては悪影響も考えられることなどが考えられる。
(49)　2010年代初頭の傾向である。不公正ファイナンスについては、福田尚司「金融商品取引法158条違反の取引について」刑法雑誌51巻1号（2011年）94頁以下参照。
(50)　また、金融商品取引法のエンフォースメントが活発化していることは、会社犯罪に関する捜査機関の早期の介入を招き得るであろう。

第4章 むすび

　以上、刑事法による会社法規範のエンフォースに関して若干の考察を行った。会社犯罪の大部分は、個人的法益である会社の財産を保護するものとして、会社を被害者とする構成を採っているが、刑事行政においては、株式会社の公共的性格が重視され、金融商品取引法などと同じ経済犯罪として取り扱われている。そのため、訴追選択の基準として、その社会経済活動への影響が重視されている。もっとも、本来、個人的法益に対する罪を社会的法益に対する罪として取り扱うことは、やや無理のある運用であり、会社犯罪は、金融商品取引法をはじめとする他の経済犯罪に比べて刑事行政における優先順位は低下している。

　これに対し、近時、刑法学説においては、会社法上の刑事罰の内容を再検討し、その保護法益を会社財産（及び、利害関係人の総体的利益）から、制度的利益に捉えなおすことで、狭義の経済刑法により近づけていこうとする動きが活発である。その例として、会社財産危殆化罪の保護法益を、払い戻し規制に裏打ちされた会社債権者の株式会社制度に対する信頼とする見解[51]や、特別背任罪を、資本主義市場経済の持続及び健全な展開・発展状況、その為の円滑な経済活動秩序（の維持）という社会法益を保護する犯罪と捉え直し、個人の財産を保護する刑法247条の背任罪とは異なる性質の犯罪類型とすべきと主張し、対社会的な任務違背行為を捕捉する犯罪類型とすべきであると主張する見解[52]などが挙げられる。また、会社犯罪に両罰規定を導入すべきという主張[53]も、会社を被害者から加害者側へと変更するという

---

(51)　神例康博「資本制度の変容と開示・剰余金分配の規律としての罰則規定」法律時報84巻11号（2012年）18頁。

(52)　伊東研祐「会社法罰則と背任罪（刑法247条）解釈の視座」刑事法ジャーナル17号（2009年）47頁以下、同「会社経営の規律の重層化と刑事罰の規律の意義」法律時報84巻11号（2012年）46頁。

(53)　高崎＝佐伯・前掲注（7）6頁以下。

意味で、同様の方向性を持つであろう。このような動きは、会社法上の刑事罰を会社法規範の実効性確保手段として純化して捉えるものと評価することができ、経済刑法に関する刑事行政における会社犯罪の相対的重要性を増すことに繋がる。その結果、会社法学説において度々主張されるエンフォースメント手段としての刑事罰の積極的な利用に行きつくであろう[54]。このことは同時に、現状の会社犯罪が、近時の企業厳罰化の流れに取り残された後れを取り戻すという意味も持つかもしれない。

　しかしながら、特別背任罪の箇所で述べたように、解釈運用のみによる急な方向転換は、関係者に重大な影響をもたらす。また、規範の実効性確保手段として刑罰を考える場合、民事的・行政的規制が機能していることを前提に、それらが不十分な場合に刑罰が対処するという形が望ましいが[55]、会社法のエンフォースメント手段として行政的規制が十分に活用されているとはいえない。したがって、刑事罰と行政的規制の総合的検討を行った上での立法的対応がなされるべきである。

---

(54)　以上の見解と同様の方向性を持ち、さらに、刑法学の観点から会社犯罪の積極的利用を主張するものとして、上田正和「刑事法による会社財産の保護」大宮ローレビュー 9 号（2013年）28頁以下。
(55)　島田・前掲（13）102頁。

第 6 編

クレジットカードシステムと背任罪

第1章　はじめに

　本編では、クレジットカード制度をめぐる犯罪のなかでも、いわゆるクレジットカードの不正使用以外の場面について検討する。まず、日本における背任罪の意義、構成要件を概観したのち、問題となる場面について検討を加える[1]。

（1）　本編は、2013年3月18日に華東政法大学（中国・上海）で開催された第1回日中経済刑法研究会「クレジットカード犯罪をめぐる諸問題」における同名の報告に基づくものである。

第2章　背任罪構成要件について

第1節　総　説

　日本の背任罪（247条）[2]は、ドイツ刑法266条の背任罪（Untreue）と同じく、事務処理の委託を受けた者が、その委託に反して本人に損害を与えることを内容とする犯罪であるが、その処罰範囲については若干違いがある。ドイツ刑法においては、背任罪はホワイトカラー犯罪の一つであり、一定の社会的地位にある者が職業上犯す犯罪として理解されている。他方、日本においては、背任罪はホワイトカラー犯罪としての側面ももちろん有するが、それ以外に、委託物横領罪（刑法252条）の補充的規定という側面も事実上有している。委託物横領罪は、委託を受けて他人の物を占有している者が、委託物を領得する犯罪だが、客体となるのは物（有体物）のみである。そこで、当罰的な利益の横領形態を処罰するために、委託物横領罪と同様に委託関係の侵害を内容とする背任罪を用いているのである。両国における背任罪の罪質の違いは、解釈論上、日本刑法の背任罪の主体の範囲がドイツ刑法に比して拡張されているという形であらわれている[3]。このように、財産犯について時代の変化に対応するための特別な規定を設けず、刑法典の文言の解釈により基本的に対処していく方法は、クレジットカードの不正使用に詐欺罪を適用する点にも見られたところであり、日本の財産犯規定の特徴といってよいであろう。

（2）　中国刑法においては、一般的な背任罪に相応する規定は存在しない。他方、背任による上場会社利益損害罪（中国刑法169条の1）は、日本における会社法上の特別背任罪（960条）に類似する規定内容を持つが、その性質については争いがあるようである。中国刑法の背任処罰の沿革・展開については、趙飛侑「中国の背任罪について──中国における一般的な背任罪の新設に向けて──（1）（2・完）」阪大法学74巻（2024年）1号189頁以下、2号99頁以下を参照。

（3）　後述の本章第3節第1款参照。

第2節　背任罪の本質

　日本においても、ドイツと同様、背任罪の本質とは何かについて従来から盛んに議論が行われてきた。その対立の中心となってきたのは、権限濫用説と背信説である。前者は、背任罪の本質を「法律上の処分権限ある者が権限を濫用する点」に見出す[4]。ここにいう「権限」とは、法的代理権を指すと理解されている。この権限（代理権）濫用説によれば、そもそも、法律上有効な代理権を有しない者は、背任罪の主体とはなり得ないことのほか、背任行為は、代理権の範囲内にある有効な法律行為でなければならず、代理権を逸脱した行為や無効な行為は含まれないという帰結が導かれる。

　他方、背信説とは、背任罪の本質を信任関係の違反に求める見解である。同説によれば、広く信任関係に違背する行為が背任となる。すなわち、行為が法律行為であるか事実行為であるか、法律上有効か無効か、作為か不作為かは問われない。

　権限濫用説によれば、背任罪の成立範囲は明瞭となるが、同罪の成立範囲が過度に狭くなる。そのため、事実上の信任関係違背を背任と見る背信説が判例[5]・通説となっている。しかし、単に「信任違背」というだけでは、背任罪の成立範囲が広範・無限定なものとなるため、同説の論者は、個々の要件（特に主体）の解釈に際して限定を加えている。

第3節　背任罪の構成要件一般

第1款　事務処理者

　背任罪は、「他人のためにその事務を処理する者」（事務処理者）を主体とする身分犯である。判例・通説である背信説を採用する場合、主体の要件との関係で、単なる債務不履行と背任罪として処罰される信任違背を区別するこ

（4）　瀧川幸辰「背任罪の本質」民商法雑誌 1 巻 6 号（1935年）11頁。
（5）　大判大正 3 年 6 月20日刑録20輯1313頁などを参照。

とが必要となる。この点、「他人のためにその事務」という文言からは、「他人の事務」を他人に代わって行うことを要するというのが一般的な理解である。これにより、本人と行為者が対向関係にある消費貸借契約、売買契約などにおける給付義務の不履行を「単なる債務不履行」として背任罪の成立範囲から除外しようとするのである。

　判例も、従来、単なる給付義務の不履行を背任罪の成立範囲から除いていた。例えば、大判大正8年7月15日新聞1605号21頁は、鉱業権という権利をある人に売り渡した後、権利移転登録申請（効力発生要件）を行う前に、他者に同権利を売り渡しその手続をなしたという鉱業権の二重譲渡事例において、背任罪の成立を否定している。

　しかし、判例は、その後、上記事例と類似の事案において背任罪の成立を認めており、事務処理者の範囲を拡張している。すなわち、ある債権者のために既に抵当権を設定しておきながら、その抵当権が未登記であることに乗じて、別の債権者のために後に再び抵当権を設定し登記を了するといういわゆる二重抵当の事案[6]や、県知事の許可を条件とした農地の売買[7]後、許可がある前に農地を処分した事案[8]、質権設定者が質権設定後に除権判決を申し立て、株券を失効させた事案[9]において、最高裁は、いずれも背任罪の成立を認めたのである。このような最高裁の立場を理論的にどのように基礎付けるのかについては議論があるが、一つの有力な考え方は、上記各事例においては、対象となる財産が本人に既に実質的に移転しているが、登記や対抗要件などの形で形式的な処分権限を行為者がなお有しているという点が、単なる給付債務不履行の事例との違いであるとする[10]。例えば、二重抵当や農地売買の事例においては、登記名義をなお移転していないことをもって形式的な処分権限が行為者にあるとされ、除権判決の事例においては、行為者が株主の地位にあった質権設定者であったため[11]、公示催告・除権判決の

（6）　最判昭和31年12月7日刑集10巻12号1592頁。
（7）　農地売買において、県知事の許可がなければ所有権は買主に移転しない。
（8）　最決昭和38年7月9日刑集17巻6号608頁。
（9）　最決平成15年3月18日刑集57巻3号356頁。
（10）　西田典之『刑法各論〔第6版〕』（弘文堂、2012年）257頁、香城敏麿「背任罪の成立要件」阿部純二ほか編『刑法基本講座第5巻』（法学書院、1993年）263頁参照。

第 2 章 背任罪構成要件について 259

申立てをすることにより、株式質を喪失し得る地位にあったと評価されている。しかしながら、このような基準においても単なる債務不履行と前記事例との区別は不可能であるとして、反対説も有力である[12]。

なお、背任罪の主体は委託された事務についてある程度の裁量の余地を有するとの有力説があるが、前述の事例において既に明らかなように、判例においてはそのような限定は要求されておらず、通説もこれを認めている[13]。

第 2 款 任務違背

背任罪の行為態様は「その任務に背く行為」（任務違背行為）である。任務違背は、「事務処理における信任関係に違背する行為」などと定義されている。任務違背の具体的な判断基準については、法令・定款の違反があれば直ちに任務違背を肯定し、実質的な不当性は後述の図利加害目的要件などで審査されるべきとの見解もあるが、判例・通説はそのような立場をとらず、法令・定款違反をあくまで「手がかり」として、当該措置が「通常の事務処理の範囲」から逸脱しているかなどを実質的に判断している。

第 3 款 財産上の損害

背任罪が既遂になるためには、「財産上の損害」が必要である。一般的な理解によれば、背任罪は窃盗、詐欺、横領などの個別財産に対する罪に対して、全体財産に対する罪であるとされている。「全体財産に対する罪」とは、「被害者の財産状態全体に対して侵害が加えられ損害を生じた場合に成立する犯罪」であり、その具体的帰結として、「財産上の損害」を判断するためには、財産の喪失及び取得を全体として評価し、犯罪行為によって損害が生じたが、同時に相当対価の反対給付を取得したような場合には、犯罪の成立が否定される。喪失及び取得した財産は、経済的見地により評価される[14]。たとえば、銀行の取締役が信用に不安のある企業に無担保で融資を

---

(11) 質権設定者も公示催告申立権者となる。
(12) たとえば、山口厚『刑法各論〔第 2 版〕』（有斐閣、2010年）323頁以下参照。
(13) 他方、ドイツにおいては、背任罪の主体には裁量の余地を必要とするのが通説である。たとえば、Schönke/Schröder/Peter Cramer/Walter Perron, Strafgesetzbuch, 28. Aufl., (2010) §266 Rn 23a 参照。

行う場合、銀行は企業に対する現金の貸付と同時に、企業に対する返還請求権という債権を取得する。この場合、銀行が取得した債権は、たしかに、額面上は貸し付けた現金と等価であるということができる。しかしながら、金融機関の取得した債権は実現可能性に乏しいもので、経済的に評価すれば貸付金と等価とはいえず、損害があると評価されるのである。

第4款　図利加害目的

　以上の客観的要件に加えて、背任罪の成立には、「自己若しくは第三者の利益を図り又は本人に損害を加える目的」（図利加害目的）という主観的要件が必要である[15]。図利加害目的は、条文上、自己・第三者図利目的、本人加害目的のいずれかを有していれば認められるが、加害目的と「財産上の損害」要件に対する故意が重複するように見えることから、その意義が議論されている。この点、図利加害の積極的意欲や確定的認識を要求する見解もあるが、学説においては同要件を動機と理解する見解が有力である。その中でも、判例が採用しているとされる見解は消極的動機説と呼ばれる。同説によれば、図利加害目的は、「図利加害の認識・認容があり、かつ、本人図利の動機がないこと」を内容とし、本人の利益のためにする行為を背任罪から排除する機能を持つ。この見解によれば、自己・第三者図利の動機も本人図利の動機もない場合であっても、背任罪は成立することになる。なお、本人図利目的と、自己・第三者図利目的が併存する場合、いずれの目的が主であるかによって図利加害目的が判断される。

第5款　他罪との関係

　以上の成立要件の問題に加え、従来活発な議論が行われてきたものとして、同じ委託信任関係の違反を内容とする委託物（業務上）横領罪との関係が挙げられる。現在の有力な見解によれば、背任罪と委託物横領罪は交差する二つの円の関係にあり、両罪の区別はその交差する部分においていずれの

---

(14)　判例（最決昭和58年5月24日刑集37巻4号437頁）・通説である。
(15)　ドイツ法にはこのような主観的要件はない。

第 2 章 背任罪構成要件について 261

犯罪が優先的に成立するかという問題として捉えられ、横領罪が優先される
と理解されている。したがって、両罪の成立が問題になり得る場合、委託物
横領罪の成立要件を検討してその要件を満たせば委託物横領罪が、同罪の成
立要件が満たされない場合には、背任罪の成立要件を検討することになる。

　学説においては、行為者が与えられた権限を超えた場合には委託物横領罪
が成立し、権限を逸脱しておらず濫用にとどまる場合には背任罪が成立する
という見解も有力に主張されている。しかしながら、権限逸脱と権限濫用の
区別は同説の論者によっても明確ではないこと、客体が利益である場合には
権限逸脱であっても背任を認めざるを得ないことなどが批判されている。

262　第6編　クレジットカードシステムと背任罪

第3章　クレジットカードシステムにおいて背任罪が問題になり得る場面

　以下では、クレジットカードシステムとの関係で背任罪が問題となり得る三つのケースを挙げて検討する。

第1節　カード会員が他人にカードを使用させていた場合

　背任罪の成立が問題になり得る事例としてまず考えられるのは、カード会員が他人（非会員）にカードを一定限度の条件付きで使用させている場合に、非会員が、その限度額を超えたカードの利用を行う事例である。

　この場合、会員との関係で委託物横領罪の成立は考えにくい。非会員は、クレジットカードを用いて、実質的には会員の資金（通常は引き落とし口座に入っている）を自己のために消費しているわけであるが、その金銭という財物を占有しているとはいえないからである。たしかに、横領罪における「占有」要件は、行為者の委託財産に対する支配力を意味するものであるので法律上の占有でもよいと一般的に理解されており、例えば、行為者が委託された預金の正当な払戻権限を持つ場合には、預金されている金銭に対する法的な占有を認めるとされている（いわゆる預金による金銭の占有）。しかし、この法律構成は、実際には、占有だけではなく、物概念さえも拡張するものであり、取扱いは慎重でなければならない[16]。行為者は会員から預かったクレジットカードによる商品購入を通じて、会員の預金口座にある金銭を事実上処分することが可能である。しかし、その実質は会員に債務を負担させた反射的効果に過ぎないのであって、預金口座の金銭を処分できる権限を有しているとは評価できないであろう。

---

(16)　「預金による金銭の占有」構成を否定する見解として、松宮孝明『刑法各論講義〔第3版〕』（成文堂、2012年）272頁。この問題について詳しくは、品田智史「金銭に対する横領罪について」山口厚ほか編『髙橋則夫先生古稀祝賀論文集〔下巻〕』（成文堂、2022年）401頁以下参照。

第3章　クレジットカードシステムにおいて背任罪が問題になり得る場面　　263

　なお、クレジットカードの限度額を超えた使用により、クレジットカード自体を財物としてその横領と構成する余地はあり得ないではないが、そのような構成は被害の実態にそぐわないであろう[17]。

　背任罪の成否を考える際、問題となるのは、カード会員が他者にカードを利用させることは、クレジットカードシステムの規約上、一般的に禁止されているという点である。また、他人名義のカードを用いて加盟店から商品・サービスを購入する行為は、加盟店に対する詐欺罪をも構成するとされている[18]。このように、他者の利用がそもそも認められていないのに、非会員によるカード会員との間の委託関係を保護してよいのかという点が問題となる[19]。

　委託関係が民事上無効や取り消し得る場合であっても、背任罪における委託信任関係は否定されないという理解がおそらく一般的であると解される[20]。他方、同様に委託信任関係を犯罪の成立要件とする委託物横領罪において、盗品の保管・あっせんを委託された者が当該委託に反し物を領得する場合、委託信任関係は保護されないという理由で窃盗犯人を被害者とする委託物横領罪を認めない見解が有力である[21]。このことと比較して、委託関係がいわば詐欺の一部を構成するといえる本事例の場合、委託信任関係を保護してよいのかという問題が生じ得るであろう。もっとも、盗品の横領の場合、被害者（最初に盗まれた人）との関係では盗品等罪（刑法256条）が成立し

---

(17)　この場合、カードの所有権は通常カード会社にあるため被害者はカード会社になる。

(18)　最決平成16年2月9日刑集58巻2号8頁。

(19)　樋口亮介「背任罪の構造：二元的理解の構築に向けて」法曹時報75巻12号（2023年）44頁は、背任罪が他人の事務の代行と利益横領の二元的に理解されるということを前提に、本文で指摘した問題の前に、そもそも名義人からカードの利用を許された（委託された）者が名義人との関係で事務処理者に該当すると解することは、上記二元的理解に包摂されていない権限濫用を捕捉するものである、として疑問視する。背任罪に二つの性質が異なるものが混じっているという整理には（そのことの妥当性を措けば）基本的に賛同するが、カード許諾の事例自体は、いわば売買契約の代行として、他人の事務の代行の類型に包摂されているのではないかと解される（債権取立て委任の事例のように、受託者の経済的満足が主かどうかでは、その性質は左右されないのではないか）。

(20)　この点、日本においては横領罪のように必ずしも議論があるわけではないが、委託関係の発生根拠に事務管理・慣習が含まれ、また、客観的な信任関係でよいとされていることから、当然の前提とされているものと思われる。

(21)　西田・前掲注（10）243頁、山口・前掲注（12）303頁以下など。この問題について詳しくは、品田・前掲注（16）401頁以下も参照。

264 第6編 クレジットカードシステムと背任罪

得るのに対し、本事例の場合には、背任罪の成立を否定すれば被害者（本人）
との関係では犯罪は成立し得ないことになる。また、カード会員が非会員に
カードの使用を許したことが詐欺を構成し得るとしても、盗品の横領の場合
と異なり、被害客体（会員の財産）自体は適法なものであるので、背任罪の成
立を肯定する余地はあると思われる。

第2節　加盟店の従業員がカードの不正利用者と通謀して　いる、若しくは、途中で不正利用に気付いた場合

第1款　加盟店との関係

　カード会員が支払意思なく加盟店から物・サービスを購入する場合、日本
の裁判例においては、加盟店の商品を詐取したとして、加盟店に対する1
項・2項詐欺が成立する[22]。では、加盟店の従業員が、カード会員が不正
利用をしていることに気付いた場合や、そもそも、カード会員と通謀して不
正利用を行おうとする場合は、どのような犯罪が成立するであろうか。

　この問題は、加盟店の従業員に物・サービスの処分権限があるか否かに
よって結論が異なると解される。まず、従業員に処分権限がない場合、従業
員は、単独で若しくは会員と共謀して、加盟店の処分権者を欺罔して物・
サービスを会員に販売させることになるので、加盟店に対する1項・2項詐
欺（の共犯）が成立することになる[23]。

　次に、従業員に処分権限がある場合、処分権者の錯誤による交付行為が存
在しないため、詐欺罪の成立は問題にならない。この場合、販売する商品が
物であれば、従業員は、加盟店の物について処分権限を有することによって
占有していると評価できるため、物を会員に販売した点を捉えて加盟店に対
する業務上横領罪（刑法253条）が成立し得る[24]。業務上横領罪の成立におい

---

(22)　福岡高判昭和56年9月21日刑月13巻8＝9号527頁、東京高判昭和59年11月19日判タ544号
　　251頁など。
(23)　本江威憙監修『民商事と交錯する経済犯罪II』（1995年）277頁。また、古田佑紀「クレジ
　　ットカードの不正使用」経営刑事法研究会編『経営刑事法I』（1986年）187頁。
(24)　ただし、詐欺罪の被欺罔者であることを基礎付ける処分権限と、窃盗罪と横領罪の区別と
　　しての占有の有無を基礎付ける処分権限の意義が、完全に一致するかどうかについてはなお検討

第3章　クレジットカードシステムにおいて背任罪が問題になり得る場面　265

て問題になるのは、（支払意思のない）カード会員に対する物の販売行為が横領行為に該当するか否かである。本人の名義かつ計算で取引を行う場合、前記第2章第3節第5款いずれの立場に立っても横領行為とは評価されない[25]。加盟店の従業員が商品をカード会員に販売する場合、当該法律行為の名義は加盟店であることに間違いはない。問題は、当該行為が加盟店の計算といえるか、すなわち、加盟店に経済的な効果が帰属しているといえるかという点である。もっとも、この判断はかなり実質的に行われており、必ずしも明確な基準があるわけではない。従業員に商品の処分権限があるとしても、支払能力・意思のない者と通謀して同人に商品を販売することは許されていないと考えるのであれば、形式的には加盟店名義であっても、その経済的効果は加盟店には帰属しないとして、横領行為と評価される余地がある。

　業務上横領罪が成立しない場合、又は、販売する商品がサービスの場合（委託物横領罪の成立はおよそ問題にならない）、加盟店に対する背任罪の成否を問題とすることになる。背任罪の成否において問題になるのは、財産上の損害の有無である。すなわち、加盟店はサービスを提供したとしても、その代金の支払いを原則的にカード会社から受けられることになるため、損害が発生していないと一般的に理解されているのである[26]。このように、物の場合には業務上横領罪が成立し得るのに対して、サービスの場合には背任罪が成立せず、不可罰となるのは、背任罪が全体財産に対する罪であるのに対し、業務上横領罪が個別財産に対する罪であることからくる帰結である。

　しかしながら、この結論に不都合はないであろうか。すなわち、ここでは財産上の損害を考慮するか否かのみで処罰の可否が分かれているが、業務上

を要するように思われる。この点の詳細な検討は本稿では行わないが、仮に、行為者たる従業員の処分権限が被欺罔者であることを基礎付けても占有を基礎付けなければ、窃盗罪が成立することになる。また、行為者が占有者と評価されても、それ以外の者も（被欺罔者とは評価できないが）占有者と評価できる場合には共同占有になるため、横領罪ではなく窃盗罪が成立する。

(25)　領得行為とも権限逸脱とも評価されないためである。判例は、この基準を用いて横領と背任を区別していると評価されている。大判大正3年6月13日刑録20輯1174頁、最判昭和33年10月10日刑集12巻14号3246頁など。

(26)　厳密に言えば、提供した商品に相応する対価と評価されるのは、カード会社に対する代金支払請求権である。

266　第6編　クレジットカードシステムと背任罪

横領罪の成立に財産上の損害が必要ではないのかについてあらためて考える必要があるように思われる。日本において、横領罪は所有権を保護法益とする財産犯であると解されているが、被害者に実害がない場合にまで犯罪を成立させる必要はなく、やはり横領罪においても財産上の損害の要素は何らかの形で考慮される必要があると解するべきであろう[27]。また、財産上の損害の有無については、詐欺罪の成否においても同様に問題になり得る。実際、学説の多くは、裁判例とは異なり、クレジットカードの不正利用の形態において、加盟店に被害が生じていないことを理由に、被害者をカード会社とする三角詐欺の理論構成を主張しているのである[28]。

　なお、カードの不正利用の形態が他人名義のカードの不正利用の場合には別の考慮が必要である。自己名義のクレジットカードの不正利用の場合と異なり、カード会員と購入者の同一性はクレジットカードシステムの根幹にかかわる内容であり、加盟店が本人確認を怠れば規約上カード会社から商品代金の支払いがなされない可能性がある。具体的に言えば、加盟店は、カード会社に対して事実上代金支払請求を行うことは可能であるが、実際にはその請求権はカード会社に拒絶され得るものであり、実現できないリスクを負ったものと評価される。したがって、経済的見地から財産上の損害が認められ背任罪が成立する可能性があるであろう。

第2款　カード会社との関係

　では、実際の被害者であるカード会社との関係では、加盟店の従業員にいかなる犯罪が成立するであろうか。まず、従業員に商品の処分権限がない場合、裁判例の立場に従えば、従業員はカード会員の代わりに若しくは共犯として加盟店に対する詐欺罪が成立し、クレジットカードの不正利用において被害者をカード会社とする三角詐欺構成を採る有力説によれば、従業員に処

---

(27)　大塚仁ほか編『大コンメンタール刑法13巻〔第2版〕』（青林書院、2000年）384頁〔吉本徹也〕は、「横領罪は財産罪であるから、財産的損害の全く発生していない場合にまでその成立を認めることはできない」とする（ただし、必ずしも本文のような事例を念頭に置いているわけではない）。

(28)　中森喜彦『刑法各論〔第3版〕』（有斐閣、2011年）123頁、西田・前掲注（10）202頁以下、山口・前掲注（12）266頁。

第3章　クレジットカードシステムにおいて背任罪が問題になり得る場面　　267

分権限がない場合には、被害者をカード会社、処分権者を加盟店の決済権者とする三角詐欺が成立する。他方、従業員に商品の処分権限がある場合、いずれの立場でもカード会社に対する背任罪が成立する余地があるであろう（物をカード会員に提供した場合には加盟店に対する横領も成立し得る）。この場合、問題となるのは、加盟店の従業員がカード会社の事務処理者といえるか否かである。この点、前述の三角詐欺構成を採る立場は、加盟店の従業員がカード会社との関係で事務処理者に該当することを前提としているとも思われるが、あらためて検討が必要であろう。事務処理者の意義・限界について、本編第2章第3節第1款で述べた判例の立場を基礎付ける有力説に立つ場合、加盟店がカード会社との関係で財産の形式的な処分権限を有していることが必要であるとされる。この観点からは、加盟店（の従業員）は、会員への商品の販売によりカード会社に立替払請求権を生じさせることで、カード会社の財産一般に対する処分権限を有しているといえなくもない。しかしながら、このような基準に従えば、債権者は債務者との関係で常に事務処理者性が認められることになりかねず不都合が生じる。実際、判例が事務処理者を認めた事案も、担保権侵害の事案や登記などの対抗要件具備の関係でなお処分権が行為者に留保されている場合のみである[29]。

　また、加盟店に対して詐欺罪における欺罔行為及び錯誤が成立する論拠を、信義則上加盟店がカードによる取引を拒絶すべき点に求めるのであれば、処分権者が不正使用であることを秘してカード会社に支払いを請求することについても、詐欺罪と評価される余地がないわけではない[30]。しかし、そのような信義則上の義務を根拠に詐欺罪を認めることについては学説上議論があるところである[31]。他方、他者名義のクレジットカード不正利用の場合、その事実を知っていながら加盟店の従業員がカード会社に代金を請求する場合には、別途詐欺罪が成立し得ることに問題はないと解される。

　仮に背任と詐欺のいずれも成立すると解した場合、両罪の関係が問題に

---

(29)　広島地判平成14年3月20日判タ1116号297頁は、請負代金支払のために融資金が振り込まれる預金口座の指定を債権者と合意したのに、実際には同合意とは異なる口座を指定した者について、「未だ物権的な信任関係」はないことを理由に背任罪の成立を否定している。

(30)　本江・前掲注（23）277頁。

(31)　松宮・前掲（16）250頁参照。

268 第6編 クレジットカードシステムと背任罪

なる。背任罪と詐欺罪の関係も、背任罪と横領罪の関係と同様に、両者が同時に成立する場面があることを前提に、どちらが優先するかを考えることになるものと解される。そして、背任罪は、あくまで補充的な犯罪類型である以上、詐欺罪が成立する場合にはそちらが優先するとの理解が有力である。一部の見解は、背任と横領の場合と異なり、背任と詐欺の場合には背任罪についてのみ委託信任関係の侵害があることから両罪の観念的競合を唱えるが、委託信任関係侵害はあくまで財産の侵害態様にすぎないと解される[32]。

第3節　加盟店の従業員が、架空売買により代金をカード会社から得る場合

　最後に、従業員が、カード会員と通謀するなどして売買を仮装し、カード会社から代金を取得する場合が考えられる。ここでは、加盟店との関係では財産犯の成否は問題にならない。本章第2節の場合と異なり、商品の流出が存在しないからである。加盟店が架空売買により得た利益は、カード会社からの損害賠償請求により返還され得るが、利益自体が犯罪行為により得たものであり、損害賠償請求の反対給付といえるため、損害賠償請求（の可能性）をもって損害と構成することはできない。また、従業員が架空取引という犯罪行為を行ったことによる加盟店の信用低下を経済的な損害と見て、それのみを理由として背任罪を成立させることも困難であろう。

　したがって、もっぱらカード会社との関係で犯罪の成否を検討することになる。架空売買の場合、商品が現実には販売されていない以上、カード会社に支払義務は存在しないため、架空売買であることを秘して売上票をカード会社に送付し代金を請求する行為は当然詐欺罪に該当する。判例においても、傍論ではあるが詐欺罪の成立を示唆したものが見受けられる[33]。また、本章第2節と同様に背任罪の成立も考えられるが、結局のところ詐欺罪

---

(32)　観念的競合を認める見解は、従来の通説であったが、現在は、詐欺罪が優先するという立場が多く主張されている。判例（最判昭和28年5月8日刑集7巻5号965頁）は詐欺罪のみを認める。

(33)　最決平成15年12月9日刑集57巻11号1088頁。

第3章　クレジットカードシステムにおいて背任罪が問題になり得る場面　　269

が優先するであろう。

第4章　おわりに

　クレジットカードの不正利用を巡る問題においては、登場人物が多く、また、民事上の複雑な契約関係が絡むため、刑事責任を問う場合にも様々な考慮が必要である。もっとも、従来の議論は、カード会員による不正利用の事例が中心であり、また、日本の実務においては、加盟店に対する詐欺罪を認めることでこの問題が既に決着したような感さえ漂っている。しかしながら、今回挙げた事例のように、クレジットカードを巡る財産犯の問題は未だ様々な議論の余地を残しており、不正利用の問題も、それらの事例についての処理と併せてあらためて検討する必要があるように思われる。

判例索引

日 本

大判明治42年 6 月10日刑録15輯759頁
………………………………… 169

大判明治44年 4 月17日刑録17輯605頁
………………………………… 105

大判大正 2 年 4 月17日刑録19輯511頁
……………………………… 125, 141

大判大正 3 年 2 月 4 日刑録20輯119頁
………………………………… 203

大判大正 3 年 6 月11日刑録20輯1171頁
………………………………… 154

大判大正 3 年 6 月13日刑録20輯1174頁
………………………………… 265

大判大正 3 年 6 月20日刑録20輯1313頁
………………………………… 257

大判大正 3 年10月16日刑録20輯1867頁
………………………… 8, 191, 193, 243

大判大正 4 年 5 月21日刑録21輯663頁
………………………………… 168

大判大正 8 年 7 月15日新聞1605号21頁
………………………………… 258

大判大正11年 9 月27日刑集 1 巻483頁
………………………………… 125

大判大正11年12月15日刑集 1 巻763頁
………………………………… 150

大判大正12年 7 月14日刑集 2 巻650頁
………………………………… 154

大判大正12年11月21日刑集 2 巻823頁
………………………………… 154

大判大正12年12月 1 日刑集 2 巻895頁
………………………………… 105

大判大正14年 8 月 3 日刑集 4 巻506頁
………………………………… 141

大判大正15年 4 月20日刑集 5 巻136頁
………………… 8, 193, 198, 200, 206

大判大正15年 9 月23日刑集 5 巻427頁
………………………………… 148

大判昭和 3 年 7 月14日刑集 7 巻477頁
………………………………… 179

大判昭和 7 年 9 月12日刑集11巻1317頁
………………………………… 193

大判昭和 7 年10月31日刑集11巻1541頁
………………………………… 150

大判昭和 8 年 3 月16日刑集12巻279頁
………………………………… 199

大判昭和 8 年10月19日刑集12巻1828頁
………………………………… 150

大判昭和 8 年12月 4 日刑集12巻2196頁
………………………… 138, 147, 182

大判昭和 9 年 7 月19日刑集13巻988頁
………………………………… 199

大判昭和 9 年11月20日刑集13巻1514頁
………………………………… 219

大判昭和 9 年12月10日刑集13巻1699頁
………………………………… 154

大判昭和10年 4 月13日大審院裁判例 9 巻
刑16頁………………………… 141

大判昭和13年10月25日刑集17巻735頁
………………………… 138, 146, 148

最判昭和24年 3 月 8 日刑集 3 巻 3 号276
頁…………………………… 169

最判昭和26年 7 月13日刑集 5 巻 8 号1347
頁…………………………… 168

福岡高判昭和26年11月23日刑集 7 巻13号
2329頁……………………… 146

最判昭和27年12月25日刑集 6 巻12号1387

頁 ································· 154
最判昭和28年2月13日刑集7巻2号218頁
································· 130, 163, 177
最判昭和28年5月8日刑集7巻5号965頁
································· 268
最判昭和28年12月25日刑集7巻13号2321
頁 ································· 147, 198, 199
大阪高判昭和29年8月25日裁特1巻7号
273頁 ································· 210
最判昭和29年11月5日刑集8巻11号1675
頁 ································· 193
東京高判昭和30年5月30日裁特2巻11号
538頁 ································· 23
東京高判昭和31年8月9日裁特3巻17号
826頁 ································· 169
最判昭和31年12月7日刑集10巻12号1592
頁 ································· 143, 258
大阪高判昭和32年12月18日裁特4巻23号
634頁 ································· 201, 206
福岡高宮崎支判昭和33年5月30日裁特5
巻6号249頁 ································· 206
最判昭和33年9月19日刑集12巻13号3047
頁 ································· 198, 199
最判昭和33年9月19日刑集12巻13号3127
頁 ································· 198, 199
最判昭和33年10月10日刑集12巻14号3246
頁 ································· 105, 265
最判昭和34年2月13日刑集13巻2号101頁
································· 104
最決昭和34年9月28日刑集13巻11号2993
頁 ································· 154
千葉地判昭和34年12月3日下刑集1巻12
号2577頁 ································· 23
最決昭和35年8月12日刑集14巻10号1360
頁 ································· 193
最判昭和37年2月13日刑集16巻2号68頁
································· 138, 141

東京高判昭和37年5月17日高刑集15巻5
号335頁 ································· 236
最決昭和38年3月28日刑集17巻2号166頁
································· 6, 138
最決昭和38年7月9日刑集17巻6号608頁
································· 258
福岡地判昭和39年6月11日下刑集6巻5
＝6号755頁 ································· 208
熊本地判昭和39年6月26日下刑集6巻5
＝6号780頁 ································· 19
最判昭和40年3月16日集刑155巻67頁（千
葉銀行事件） ································· 221, 247
東京地判昭和41年2月15日判時459号10頁
（武州鉄道汚職事件） ················· 24, 211
広島高判昭和42年2月17日判タ208号213
頁 ································· 24
最判昭和43年4月26日刑集22巻4号301頁
································· 131
最決昭和43年10月24日刑集22巻10号946頁
································· 142
大阪高判昭和45年4月22日判タ249号274
頁 ································· 200
大阪高判昭和45年6月12日刑月2巻6号
626頁 ································· 22, 107
最判昭和45年6月24日民集24巻6号625頁
································· 111
最判昭和47年1月18日刑集26巻1号1頁
································· 232
諫早簡判昭和50年3月28日刑月7巻3号
419頁 ································· 137
東京高判昭和52年9月14日判タ364号299
頁 ································· 21
名古屋地判昭和52年9月30日判タ353号
139頁 ································· 208
東京高判昭和53年3月29日東高刑時報29
巻3号59頁 ································· 19, 21
最決昭和55年12月17日刑集34巻7号672頁

……………………………………… 232

神戸地判昭和56年 3 月27日判時1012号35
頁（東洋レーヨン産業スパイ事件）
……………………………… 23, 25, 95

福岡高判昭和56年 9 月21日刑月13巻 8 = 9
号527頁 ……………………………… 264

最判昭和57年 4 月22日判時1042号147頁
……………………………………… 220

最決昭和58年 5 月24日刑集37巻 4 号437頁
…… 17, 22, 106, 127, 139, 140-, 182, 260

新潟地判昭和59年 5 月17日判時1123号 3
頁（大光相互銀行事件）………………… 9

東京高判昭和59年11月19日判タ544号251
頁……………………………………… 264

東京地判昭和60年 3 月 6 日判時1147号162
頁……………………………………… 136

最決昭和63年11月21日刑集42巻 9 号1251
頁（東京相銀事件）… 109, 191, 194, 243

最決平成 8 年 2 月 6 日刑集50巻 2 号129頁
………………………………… 128, 130, 182

大阪高判平成 8 年 3 月 8 日判時1590号149
頁（大阪府民信組事件）………… 9, 15

最決平成10年11月25日刑集52巻 8 号570頁
（平和相互銀行事件）…… 9, 10, 109, 194,
196, 240, 243, 244

東京地判平成12年 5 月12日判例タイムズ
1064号254頁 ……………………… 226

最判平成13年 7 月19日刑集55巻 5 号371頁
………………………………… 157, 158, 164

最決平成13年11月 5 日刑集55巻 6 号546頁
………………………………… 198, 200, 232

広島地判平成14年 3 月20日判タ1116号297
頁……………………………………… 267

東京地判平成14年 4 月25日判時1793号140
頁……………………………… 100, 111

東京地判平成14年 7 月18日判時1794号131
頁……………………………………… 100

最決平成14年10月21日刑集56巻 8 号670頁
……………………………………… 159

最決平成15年 2 月18日刑集57巻 2 号161頁
（住専事件）… 114, 221, 222, 240, 246, 247,
248

最決平成15年 3 月18日刑集57巻 3 号356頁
……………………………………… 258

最大判平成15年 4 月23日刑集57巻 4 号467
頁……………………………………… 232

最決平成15年12月 9 日刑集57巻11号1088
頁……………………………………… 268

最決平成16年 2 月 9 日刑集58巻 2 号 8 頁
……………………………………… 263

最決平成16年 7 月 7 日刑集58巻 5 号309頁
……………………………………… 159

最判平成16年 9 月10日刑集58巻 6 号524頁
（北國銀行事件）…… 10, 20, 101, 107, 204,
211, 221, 245, 246, 247

東京地判平成16年 9 月28日判時1886号111
頁……………………………………… 100

東京地判平成17年 2 月17日判時1929号126
頁…………………………………97

大阪高判平成17年 4 月28日高刑速（平17）
257頁 ………………………………… 101

高松高判平17年 7 月12日高刑集58巻 3 号
5 頁 ………………………………… 107

最決平成17年10月 7 日刑集59巻 8 号779頁
（イトマン不正融資事件）……… 109, 194,
243

最決平成17年10月 7 日刑集59巻 8 号1108
頁（イトマン絵画取引事件）… 221, 222,
246, 248

名古屋高判平成17年10月28日高刑速（平
17）285頁 ……………………………… 101

札幌高判平成18年 8 月31日判タ1129号116
頁（北海道拓殖銀行事件控訴審判決）
……………………………………… 100

274　判例索引

最決平成19年 4 月13日刑集61巻 3 号340頁
…………………………………………… 165
最決平成19年 7 月17日刑集61巻 5 号521頁
…………………………………………… 159
東京地判平成19年 9 月28日判タ1288号298
頁…………………………… 145, 147, 148, 177
東京高判平成19年12月 7 日判時1991号30
頁（旧日本道路公団鋼鉄製橋梁談合・背
任事件）…… 20, 107, 149, 150, 178, 183,
204
最判平成20年 1 月28日集民227号43頁（北
海道拓殖銀行栄木不動産事件上告審判
決）……………………………………99
最判平成20年 1 月28日集民227号105頁
（北海道拓殖銀行カブトデコム事件上告
審判決）………………………………… 100
最決平成20年 5 月19日刑集62巻 6 号1623
頁（石川銀行事件）… 221, 222, 226, 246,
248
最判平成20年 7 月18日刑集62巻 7 号2101
頁（長銀事件）………………………… 240
福岡高判平成21年 4 月10日高刑速（平21）
284頁 ………………………………… 226
最決平成21年 6 月29日刑集63巻 5 号461頁
…………………………………………… 165
東京地判平成21年 9 月18日判例秘書
L06430404 ………………………… 121
東京高判平成21年11月16日判時2103号158
頁…………………………………………… 136
最決平成21年11月 9 日刑集63巻 9 号1117
頁（北海道拓殖銀行事件）…… 100, 103,
112, 115, 119, 204, 240, 245, 246
最判平成21年11月27日集民232号353頁
（四国銀行事件）……………………… 114
最判平成21年12月 7 日刑集63巻11号2165
頁（日債銀事件）……………………… 240
最判平成22年 7 月15日集民234号225頁

…………………………………………… 111
最決平成22年 7 月29日刑集64巻 5 号829頁
………………………………… 159, 160
京都地判平成22年 7 月29日判例秘書
L06550400 ………………………… 195
最決平成23年 9 月15日………………… 226
東京地判平成23年11月30日判例秘書
L06630562 ………………………… 208
横浜地川崎支判平成24年 5 月23日判時
2156号144頁 ………………………… 159
最決平成26年 3 月28日刑集68巻 3 号646頁
…………………………………………… 159
広島高岡山支判平成29年 4 月19日裁判所
ウェブサイト………………… 208, 211
最決平成30年12月 3 日刑集72巻 6 号569頁
…………………………………………… 214

ドイツ

RGSt 1 , 172-175 …………………………28
RGSt 3 , 283-286 …………………………28
RGSt 14, 184-187 …………………………28
RGSt 69, 58-64 ……………………… 29, 31
RGSt 69, 65-76 ……………………………32
RGSt 69, 203-208 …………………………42
RGSt 71, 90-92 ……………………………33
BGHSt 3 , 23-27 …………………………34
BGHSt 3 , 289-295 ………………………32
BGHSt 8 , 254-261 ………………………38
BGHSt 17, 360-363 ………………………39
BGHSt 20, 304-305 ………………………58
BGHZ 45, 223-230 ………………………33
BGHSt 24, 386-390 (Scheckkarte) … 29-
OLG Hamm NJW 1973, 1809-1811 ……39
BGH NJW 1975, 1234-1236 ……… 34, 42
BGH GA 1977, 18-19 ……………………33
BGH bei Holtz, MDR 1978, 625 …………32
BGH NJW 1983, 461-462 ………………33

BGH wistra 1985, 190-191 ·········· 42, 46

BGH NStZ 1986, 361-362 ···············39

BGHSt 35, 333-339 ·····················59

BGH wistra 1988, 227-230 ···············39

BGH NJW 1991, 2574-2575 ············33

BGHSt 41, 224-231 ·····················32

BGH wistra 1996, 72-73 ················35

BGHZ 135, 244-257（ARAG/Garmen-
beck）······························ 50, 55, 77

BGHSt 44, 376-388 ·····················68

BGHSt 46, 30-36 ··· 34, 45-, 55, 74, 77, 87,
99

LG Bonn NStZ 2001, 375 -379 ··········45

BGHSt 47, 148-157 ····· 47-, 53, 55, 62, 65,
76, 85, 87

BGHSt 47, 187-202 ····· 34, 37, 48-, 54, 55,
62, 65, 76, 85

BGHSt 47, 295-311 ················ 34, 39

BGHSt 48, 354-360 ·····················68

BGHSt 49, 147-166 ·····················59

LG Düsseldorf NJW 2004, 3275-3286 ···54

BGH NJW 2006, 453-456（Kinowelt）
·················· 49-, 55, 62, 66, 77, 85

BGHSt 50, 331-346; NStZ 2006, 214-218
（Mannesmann）····· 31, 34, 39, 45, 52-,
55, 57, 62, 66, 74, 77, 85, 92, 99

BGHSt 51, 100-124（Kanther）····· 34, 35,
57

BGHZ 173, 246-269 ·····················60

BVerfGE 126, 170-223··· 29, 79-, 90, 92, 93,
119, 174, 179-

BGHSt 55, 266-287 ················ 92, 108

BGHSt 55, 288-314（AUB）············90

BGHSt 56, 203-222（Kölner Parteispen-
den）···························· 91, 92

BVerfGE 130, 1 -51················ 89, 174

BGHSt 60, 94-120·····················92

BGHSt 61, 48-76（Nürburgring）········93

BGH NJW 2017, 578-582（HSH Nord-
bank）···························· 92, 121

著者略歴

品 田 智 史（しなだ さとし）

1981年　兵庫県に生まれる
2004年　京都大学法学部卒業
2008年　京都大学大学院法学研究科博士課程修了
　　　　博士（法学）
現　在　大阪大学大学院高等司法研究科准教授

経済活動と背任罪

2024年9月1日　初版第1刷発行

著　者　品　田　智　史
発行者　阿　部　成　一

〒169-0051　東京都新宿区西早稲田1-9-38
発行所　株式会社　成文堂
電話03（3203）9201代　FAX03（3203）9206
http://www.seibundoh.co.jp

製版・印刷　藤原印刷　　製本　弘伸製本　　　　　　検印省略
© 2024　S. Shinada　Printed in Japan
ISBN978-4-7923-5427-5 C3032

定価（本体6000円＋税）